杉本耕一
宮野真生子
両名に捧げる

はじめに

人文学の危機の時代だと言われる。実利的な研究が推奨され、人文学のように社会的有用性を持たない学問は社会的要請の高い分野にポストを転換するよう、各大学に向けて行政的指導がなされたりする。こうして次の世代の研究者を育成することもままならず、衰退を余儀なくされているのが人文学の置かれた現状である。

しかし、学問に短期的かつ実利的な効用を求めるのは、それだけ社会が逼迫し、ゆとりをなくしているからであろう。時代はただ人文学にとってのみ危機なわけではなく、世界そのものが危機に瀕しているのである。資源の枯渇や生物種の絶滅などが久しく訴えられながらも、抜本的な対策が取られることはなく、大小のテロ行為が今この時も世界のどこかで起こり続け、経済的格差は止めようもなくグローバルに拡大し、各国の内政では社会的分断が進み政治がポピュリズムと化してゆく。

人文学の研究者とて、何もこうした時代の現実から目を背け、悠久の世界にひたって自足しているわけではない。様々な視点から時代の危機が訴えられる中で、まず何よりも問題状況の根底において人間の精神性が喪失されることに危機を覚え、それを失わせまいとそれぞれの現場で戦っているのである。

ただ、他の諸学と同様に、人文学も研究が進むほどに専門性が細分化されてゆくために、専門家の間で交わされるプロパーな議論を社会的な文脈の中で意味づけ、一般の人がシェアできるよう語り直すことは、困難でもあり、研究とはまた違った能力を要求されることにもなる。テクノロジーの開発であれば、その技術が結果として社会的有用性を持てばよいのだから、技術を可能にする専門的知見について研究者が一般に向けて語る必要を持たない。人文学の場合、学術的知見は主体的に体認されて初めて意義を持つことになるから、研究の成果は研究者自身が社会に向けて了解可能な形で提示しなければ、いつまでも社会に共有されるものとならないのである。

その意味で、実利的な研究ばかりがもてはやされる時代だからといって、人文学の研究者が社会に向けて発信することをやめ、己れの専門性に閉じこもることになれば、それこそ人文学にとっての危機となるだろう。研究に経済的な実利性を求めるほどに視野の狭窄な時代だからこそ、かえって人文学に課せられた責務は大きいのだと言わねばなるまい。

現代とはまた異なる危機の状況にあった昭和十二年（一九三七年）、文人哲学者の和辻哲郎（一八八九－一九六〇）は、学問や芸術に携わる者に向けて、次のように呼びかけていた。

政治的あるいは軍事的な大事件が起こった際に、学問や芸術に携わる人々が、事件の刺激に興奮して「仕事が手につかない」ということを時々聞かされる。平生は十分に意義を認めているこれらの仕事が、事件の前に急に意義を失うように感ずるというのである。

……文化的創造に携わる人々の任務はきわめて重い。……学問や芸術に携わる者は、己れの仕事の意義が失われるどころか、かえってますます深まってくるのであることを自覚しなくてはならぬ。……我々は学者や芸術家が、大衆の歓迎と否とに頓着せず、持続的な強い意志をもって真実の文化的創造に邁進せられむことを要望する。（『全集』17、四四一頁、四四四頁）

「政治的あるいは軍事的な大事件」というのは、直接には同年七月に勃発した盧溝橋事件を指していよう。泥沼の戦争へと突入する時局にあって、この論説を通じ提示される日本の「文化的創造」の「世界史的意義」という議論がある種の思想的偏向を含み持っていたことについては、ここでは特に立ち入らない（この点については、和辻哲郎『日本倫理思想史(三)』（岩波文庫）所収の拙論「解説3」で触れているので、ご参照いただきたい）。ただ、社会全体が学問や芸術の意義を喪失してゆく危機の時代にあって、それゆえにこそ、人文的学問に携わる者は「持続的な強い意志をもって真実の文化的創造に邁進」すべきではないかとする訴えには、なお傾聴すべきものがあるように思われる。

人文学（Humanities）がルネサンス的なフマニタス研究を一つの土台とするものであれば、総合的な人間形成こそがその本義であり、またその点にこそ、社会において人文学の担うべき意義も存するはずである。広い歴史的視野、深い哲学的思索、柔らかな文学的感性が一つの個性に融合された、真に教養ある人間性という理念を、人文学に携わる者が見失ってはならないし、社会には必ずそれを求める人がいるはずだという信念を捨ててはならない。

しかし、それはどのようにして可能であるか。細分化された研究の先端において専門的知見が要求される今、人文学に携わる者自身、幅広い視野で研究を遂行することがきわめて困難になっているのではないか。

われわれが今ここに『和辻哲郎の人文学』を世に示そうとするのは、人文学の置かれたこうした現代的状況を踏まえてのことである。和辻の学術的研究には、時代を遡れば、『ホメロス』や『論語』の原典批判、原始仏教や原始キリスト教の研究、邪馬台国論争への一見解など多くの業績があり、時代を降れば、ハイデガーや弁証法神学など同時代の最先端の哲学的議論に関する業績がある。今後、このスケールの学者を世に出すことはおよそ不可能ではないかと思わせるほど、その存在は広くまた大きい。

和辻自身は、そうした己れの業績を、「ギリシア的自由とキリスト教的敬虔」（『全集』6、二一七頁）が一つの個性において融合された真の教養人ラファエル・フォン・ケーベルの薫陶によるものと自負していた。和辻は、次のようなケーベルの言葉を伝え残している。

> Philosophie（哲学）は非常に多くのことを約束しているが、自分は結局そこからあまり得るところはなかった。Philologie（文学）は何も約束してはいないが、今となってみれば自分は実に多くのものをそこから学ぶことができた。（同、四三頁、括弧は原文）

時に「倫理学者」との肩書で呼ばれることがあるが、和辻は狭義に「哲学」ないし「倫理学」の専門家であったわけではない。ケーベルから授かった文献学的手法（フィロロギー）を自家薬籠中の物として、古今東西のあらゆる思想・文化に手を広げ、その本質を摑んで己れの言葉で明晰に語った人文学者であり、哲学というのなら、より原義に立ち返った総合的な知の愛好者なのである。

今、あらためて和辻の書が広く世に求められているのも、古今東西の文化を自己の言葉で語り得る教養の深さが、社会の実利的な風潮を超えて求められているからであろう。むろん、和辻の著述には、現在の先端的研究から見れば学術的な瑕疵もあり、また時に責任の問われるべき時局的な発言も認められる。それも含めて、和辻の学問は近代日本の一つの精華であり、西洋に発する人文学の日本への土着化を示すメルクマールなのである。

実のところ、本書の発行元であるナカニシヤ出版からは、いち早く一九九九年に『甦る和辻哲郎――人文科学の再生に向けて』が刊行されている。同書は、和辻が教鞭をとった東京大学文学部倫理学研究室出身の、和辻の孫弟子にあたる世代を中心とした論集で、巻末には和辻の直弟子であった湯浅泰雄（一九二五－二〇〇五）を囲んでの座談会も併録されている。和辻の直系である倫理学研究者たちが、和辻の何をどのように継ぐべきであるか、「負の側面の確認も含めて、和辻を今日において甦らせることによって何が見えてくるのか」を問うたものであった。

同書を一つの機縁として、その後、和辻の業績を再評価しようという動きが人文系の学界で高まった。二〇〇六年には、哲学系の商業誌として伝統のある『理想』（六七七号）で、和辻の特集号が組まれ、和辻を初代会長とする日本倫理学会でも、二〇一九年の大会で「和辻倫理学の可能性」と題するシンポジウムが開かれたところである。

その間、和辻自身の著書が一般により広く読まれる環境も整えられた。岩波文庫からは大著の『倫理学』『日本倫理思想史』がそれぞれ四分冊で刊行され、ちくま学芸文庫からは初版の『古寺巡礼』、初稿の『倫理学』が刊行されたほか、講談社学芸文庫からは初期の随想を集めた『和辻哲郎感想集』も刊行されている。全集で二巻分に相当する大著や、入手困難な初版や初稿、初期の著述まで文庫で刊行されるところに、一般の読書子からも和辻の著作が高い関心を持って受け入れられていることが示されていよう。さらに、和辻の蔵書を管理している法政大学図書館では、「和辻哲郎の書き込みを見よ！　和辻倫理学の今日的意義」と題される企画展示が二〇〇九年に催され、その際の図録・解説も翌年に内容を拡充して出版された。

このように、『甦る和辻哲郎』刊行後の二十年ほどの間で、和辻への関心が倫理学という枠を超えて広く人文学の学界や読書界に広がってきた。同時に和辻の研究においても、著述の最終形態を収録した全集版にとどまらず、初版本や初出論文、さらには蔵書への書き込みまでもが用いられる段階に進んで来ている。戦時期には進歩派として、戦後には保守派として、左右両極から攻撃を受けた和辻であるが、そうした時局を離れて、客観的にその業績を検証すべき時機が到来していると言えよう。

『甦る和辻哲郎』は、直接教えを受けた第一世代の学者が故人となりゆく時期、直系の第二世代の倫理学研究者たちによって、和辻の学問をどのように継承すべきかという問題意識から刊行されたものであった。それに対し本書は、そこからさらに二十年以上経過した現在の状況を踏まえ、世代的に直接の影響関係を持たない中堅・若手研究者を執筆陣に取り揃えた。そして、今となっては独力でカヴァーすることが困難なほど多様に展開される和辻の学問の現代的意義を検証するため、倫理学・仏教学・美術史・日本近代文学など、専門を異にする研究者が協同することで、その課題を果たすこととした。それはまた、この危機の時代にあって、人文学の一つのあるべき姿を示すことにもなるのではないだろうか。

先に引いたケーベルの言葉に続いて、和辻は、古典フィロロギーを学ぶことが外国文学の研究に限らず、国文学や漢文学、ひいては哲学の発達においても不可欠であるとして、次のように若い世代への希望を語っている。

> 著者は将来の日本を担う若い学徒がこれらの学問の間の親密な連関に留意し、在来のようなちぐはぐな歩き方に甘んぜられないことを希望してやまない。(『全集』6、四四四頁)

その後の人文学は、和辻の時代以上に「ちぐはぐな歩き方」を強いられている。それでも、人文学が希望を見失うことなく前に進もうとする時、近代日本の人文学の礎を築いた和辻の業績は、その道程で足下を照らす灯りとなるだろう。和辻に導かれつつ、あるべき人文学の姿を探究するわれわれの試みが、次代に人文学の理念を継承するものとなることを願う。

木村純二

和辻哲郎の人文学＊目次

Ⅱ　和辻倫理学の理論構成

Ⅲ　和辻哲郎と東洋思想

Ⅳ　和辻の日本文化史研究

和辻哲郎の人文学

I　和辻の人物論

第一章　〈通路〉の自覚
――初期の和辻の文芸活動について――

佐藤淳一

一　はじめに

和辻哲郎の初期の文芸活動を検討する際、まず想起されるのは谷崎潤一郎「若き日の和辻哲郎」（一九六一年〔昭和三十五年〕三月、『心』）が伝えている挿話ではないだろうか。和辻が先行して読み、アンダーラインが引いてあったオスカー・ワイルド「ドリアン・グレイの肖像」[1]を借り受けて読んだ谷崎は「大変面白く読んだ、しかし僕は君がアンダーラインをしていなゐところの方を一層面白く読んだ」と告げる。これを受けて、後年、和辻は次のように述べたという。

今だから、白状するが、僕が創作家になるのを止めて方向を変へる気になつたのは、あの時の君のあの言葉が大いに影響してゐるのだ。……僕はつまりあの文章の中のアイロニカルな警句にばかり興味を感じたのだが、君は小説としての面白味に興味を惹かれたんだ。僕はそのことを感じ

たので自分の天分は小説家には向かないことを悟つた。君のあの時の一言は、僕の将来を決定する上に非常に大きな力があつた

この発言については、それを記している谷崎の奢りを指摘する見解もあるのだが、[2] 座談会「春宵対談」（一九四九年五月、『塔』）において和辻自身が同趣旨の発言をしていることを踏まえると、和辻が、谷崎との比較を意識しつつ、創作について蹉跌の念を抱いていたことは確かであるように思われる。

こうした和辻の認識にそった形で谷崎との比較を行なった論考も多く積み重ねられてきた。同時期の谷崎と同様に耽美的傾向の強い文芸創作を目指した和辻は、しかしそれを断念し新しい方面に転回していったという理解を軸として、初期の文芸活動はいわば「本質」に回帰する以前のものとして論じられてきたのである。例えば、勝部真長は、和辻は耽美派的な「文学青年・演劇青年としての生き方」を、「結婚生活による情緒の落ち着きと娘の誕生、長男の早産死」「阿部次郎との対話による思索の深まり」「漱石山房における木曜会の影響」「横浜三溪園における美術研究」などにより否定し克服したとする。[3] 具体的な作品評価としては、和辻の唯一の長編小説「健陀羅まで」（一九一八年三月二十日－四月十九日、『読売新聞』）について「やや甘い印象を受ける作品」であるとし、和辻の本質として、そうした「美的幻想の世界」にとどまり得ない「倫理的志向」を持っていたのだとする湯浅泰雄の指摘がある。[4] また「首級」（一九一一年三月、『スバル』）については、「グロテスクな幻想への嗜好を表わした作品」であるが、谷崎と比較すると「描き方は淡泊」で、「刺戟と快楽」に「浸りきり退廃美を賞揚するには」至っていないとする苅部直の評価や、[5] 作中には「死骸や黒髪、官能や死、闇や血といっ

た」「ワイルド的な趣向」が見られるが、「世紀末の時代の意匠にあわせてやや無理を重ねている」のであり、「屍や血への嗜好を表現するわざ」については「とうてい谷崎の敵ではなかった」とする熊野純彦の指摘がある。(6)

こうした指摘は妥当なものであるのだが、ここで留意してみたいのは、和辻と谷崎との著作を読み比べていくと、文芸活動の始発期以外にも、両者が同じような問題関心を示す局面がしばしば見られるということなのである。

例えば、和辻の最晩年の自伝であり、幼少期の体験を多くの分量と鮮やかな描写で表現していることで知られている「自叙伝の試み」(一九五七年〔昭和三十二年〕一月-、『中央公論』)は、同様の特徴を持った谷崎「幼少時代」(一九五五年四月-、『文藝春秋』)との少なくない共通点を見出すことができる。谷崎は「私の「幼少時代」について」(一九五五年六月)で「自分が小説家として今日までに成し遂げた仕事は、従来考えていたよりも一層多く、自分の幼少時代の環境に負うところがあるのではあるまいか」と述べているが、「自叙伝の試み」にも幼少期の環境や体験を描くことで自己の資質の中核的な要素を探ろうとする指向性が見出せるのではないだろうか。(7)

また、和辻は哲学的思考と日本語という表現形態との関係についての論考を「日本語に於ける存在の理解」(一九二九年二月、『哲学研究』)および「日本語と哲学の問題」(一九三五年九月、『続日本精神史研究』所収)にまとめているが、その時期は日本語による文学表現の可能性を探った谷崎の「現代口語文の欠点について」(一九二九年十一月、『改造』)と『文章読本』(一九三四年十月)の発表時期と重なりを見せている。それぞれの問題領域はまったく別のもののように見えるが、着目している日本語による表現の特性には共通点も多いのではないだろうか。[8] 歌舞伎や人形浄瑠璃について幼少期の観劇体験を基にかなり後年になって論じていることなども含めて、[9] 和辻の広い意味での文芸性を感じさせる著作には、谷崎の随筆的な著作と、同心円的な類似性を感じさせることが少なくないのである。

晩年の証言によれば、大正期以降の両者の直接的な交流はさほど深いものではない。[10] そうであるならば、二人の活動から感じられる類似性は、互いの著作に直接的な影響を受けた結果によるものというよりはむしろ、同じような資質を持った二人の表現者が類似的な課題にそれぞれ応えようとしたため自ずから生じたものと考えられるのではないだろうか。もちろん、「自叙伝の試み」において表現されている仁豊野の農村での幼少体験と「幼少時代」の東京日本橋での体験に大きな違いがあるように、和辻と谷崎には無視することのできない差異が認められる。しかし、本稿では、和辻の初期の文芸活動の再検討にあたってそれが向き合っていた課題に焦点をあてることを試みるために、和辻を谷崎と同じ時代を生き、課題を共有していた表現者として想定してみることにしたい。具体的には、和辻の初期の文芸活動を同時代の近代演劇運動と照らし合わせて評価してみることとし、さらにそれを近代日本における新しい表現様式の模索の一つとして位置づけてみたい。その上で和辻の初期文芸活動に見出される限界と可能性を、その後の和辻の表現あるいは思想的な展開へと接続してみることにしたい。

二　近代演劇への志向

和辻の文芸活動は第一高等学校『校友会雑誌』への投稿や編集という形でスタートしているが[11]、一九一〇年（明治四十三年）九月『新思潮（第二次）』（以下『新思潮』とする）を創刊し、同誌にさまざまな著作を精力的な発表することにより本格化したと言えよう。『新思潮』は同じ年に創刊された『白樺』や『三田文学』と並んで反自然主義的な傾向を示す同人雑誌として知られるが、『新思潮（第一次）』（一九〇七年十月－一九〇八年三月）を創刊してヨーロッパの演劇運動や文芸を紹介していた小山内薫を同人の筆頭格においたところに大きな特徴があった。この時期の小山内は、一九〇九年十一月に二代目市川左団次らと自由劇場を結成しイプセンの「ジョン・ガブリエル・ボルクマン」を上演するなど、日本における近代演劇運動の新しい局面の中心にあった。すなわち、『新思潮』は、同時代に華々しく展開されていた近代演劇運動との連動をイメージさせる雑誌として出発していたのである。谷崎もまた、一般にデビュー作として認知されている「刺青」（一九一〇年十一月、『新思潮』）の発表前に、「誕生」（一九一〇年九月）、「象」（一九一〇年十月）という二つの戯曲を同誌で発表しているし[12]、第五号が「自由劇場号」（一九一一年一月）となっているように、『新思潮』同人たちは積極的にその運動への関わろうとしていたことがうかがわれる。

この年には、和辻もまた、以下のように、戯曲あるいは演劇関連の評論や翻訳を精力的に発表していた[13]。

評論「ショウに及ぼしたるニイチェの影響」（二月、『帝国文学』）
戯曲「恋をあさる人」（三、四月、『演芸画報』原作バーナード・ショー）
戯曲「影」（三月、『帝国文学』）
戯曲「常磐」（九月、『新思潮』）
翻訳・戯曲「幻滅時代」（十月、『三田文学』原作バーナード・ショー）
翻訳・評論「舞台—詩とMelodrama」（十月、『帝国文学』原作アーサー・シモンズ）
評論「[永井荷風原作]戯曲平清盛」（十月、『新思潮』）
翻訳・評論「ウオレン夫人の職業」（十月-翌年一月、『新思潮』原作バーナード・ショー）
評論「翻案劇の価値」（十一月、『新思潮』）
評論「新社会劇団を葬る」（十一月、『新思潮』）
評論「十月の脚本」（十一月、『新思潮』）
評論「ショオ劇見物記」（十一月、十二月、『帝国文学』）

自身も戯曲を創作していた秋田雨雀は「一九一〇年のある報告」（一九一〇年十二月、『劇と詩』）において、「今年に入つて脚本を書く青年が恐ろしく殖えて来た。これ等の青年は多くは文壇の吾儘物で、そして恐しくRomanticの色を帯びてゐる」とした上で、以下のように述べている。

この運動は小説の上に影響した自然主義の運動には余り影響されずに詩といふ友達と眠つてゐた。否な眠つてゐたのではない。暗いところで目を大きく開いてゐた。であるから一体は小説と友達になつてくるのが真実なのだが、日本では詩と一緒に歩き出した。……だから脚本家は殆ど皆詩人だ。

和辻はまさに、ここで証言されているような、「運動」の中心にいる「脚本を書く青年」の一人だったのではないだろうか。

吉田精一は、この時代の代表的な戯曲作品として森鷗外「プルムウラ」(一九〇九年一月、『スバル』)、木下杢太郎「南蛮寺門前」(一九〇九年二月、『スバル』)、吉井勇「午後三時」(一九〇九年三月、『スバル』)、中村春雨「牧師の家」(一九一〇年一月、新橋堂)などを挙げた上で、全般的な傾向として「一方ではイプセン、ストリンドベルヒの写実的な北欧問題劇を受け入れるとともに、ほとんど同時にメエテルリンク、ホフマンスタール等、独仏の象徴的気分劇というべき、神秘的な傾向を多分ににじませていたこと」を指摘している。さらに、当時の戯曲について、次のようにもまとめている(14)。

そして写実的といい、問題劇といっても、日本の現実には起こりそうもない事件と、ありそうもない人間とが誇張したセリフを叫びまくるといったものが多く、どちらかといえば、甚だ非現実的で、その意味でロマンティックだった。／一方気分象徴劇の方は、神秘的な情調のうちに、影のような人間、影のような事件を流し込むという、夢幻的な行き方だった。／どちらにしても、自然主義小説の、あくまでも事実に密着し、そこから足を離すまいとする態度とは対蹠的で、いわばそうした小説でみたされない一面を、戯曲でみたしている、というおもむきがあったのである。

秋田雨雀や吉田の指摘を踏まえると、この時代の戯曲創作の特徴は、日本の自然主義文学の隆盛が「事実」を尊重するという理念の下に閉ざしてしまった、文芸創作における詩的想像力の可能性を、今一度切り開こうとするところにあったと考えることができるだろう。

戯曲は、現実の世界に在りながら虚構世界を展開できる舞台空間を担保することで、現実世界とは別の詩的で幻想性の強い物語空間の創造を志向していた青年文学者たちにとって、望ましい表現形式と感じられたのではないだろうか。この時期の戯曲の多くが現実的な上演可能性をあまり問題にしていない所謂レーゼドラマ的な性格を持ったものであったこともこの点に関わっているはずである。また、吉田精一は谷崎の「刺青」が、現代でなく江戸時代を背景とし、「濃い詩情が揺曳し、ある雰囲気の中に観客や読者をも意識的に巻き込もうとする設計」を持つことから当時の戯曲との類似性が見られることを指摘している(15)。当時の青年文学者たちは詩的想像力の展開の場を求めてさまざまな模索をしていたのであり、戯曲創作はそうした試みの一環として、さまざまな活用が期待される表現形式だったのではないだろうか。

その戯曲の多くにおいて現実世界とは別の時空間を舞台としているものが多いように、和辻もまた幻想性の強い舞台空間を設定することによって詩的想像力の展開を図ろうとしていたように思われる。

戯曲「常磐」では平安末期の六波羅邸が舞台となっているし、「影」においては、現代の「西海のほとり」が舞台なのだが、以下のようなト書きにより舞台全体に幻想性が醸し出すことが企図されている。

真の闇――いずこよりとなく鈍き光射し来る。徐々に拡がりて背景は一面に薄き空色となる。大いなる黒き岩、舞台の真中に横たわる。背景の明るさの増すにつれて、岩の影の上部はようやく人の影となり、ついにくっきりと、円い頭、ぼろぼろの衣などの輪郭を描き出す。但し色は判然せず。銅像の影のごとし。

「影」は妻と妾の醜い嫉妬争いから出家した加藤左衛門尉繁氏とその息子である石童丸との再会を描いた「苅萱物語」を換骨奪胎したものになっており、死人＝「影」として現世に現われた繁氏ら四人は苅萱物語の中の人物でありつつ、時間と空間を超越した存在として会話を繰り広げていくのである。「自叙伝の試み」によれば、和辻は小学生のころには冒険小説や巌谷小波編集の『少年世界』の探検記事を愛読していたと言うが、こうした作品群によって〈ここではないどこか〉への憧れを育てたのではないだろうか。また和辻は一九〇四年（明治三十七年）前後に、自身が編集を担っていた姫路中学学友会雑誌に自ら訳したバイロンの「シヨンの囚人」を掲載している[16]。これは和辻にとってのはじめての創作発表だったが、同作が異境と詩的幻想の結びつきを感じさせるものであることは、和辻の文学的資質の一端を示すものということができるのではないだろうか。自身の戯曲創作において幻想性の強い虚構空間を創造を試みることは和辻にとって自然な流れだったように思われる。

越智治夫は、先に引いた秋田雨雀の発言を踏まえつつ、当時の「演劇に大きな夢を抱いていた」青年が求めていたものは現実の舞台ではなく「イリュージョン」であり、現実の舞台の奥に「幻影の舞台」を夢見ていたと指摘している(17)。後で見るように、この時代に希求されていた「幻影」は、ここまで論じてきたような背景設定としての「異境性」以外の要素も包括するものなのだが、一面において、当時の自然主義に飽き足らない文学青年たちにとって戯曲創作とは何であったのかをよく理解させてくれる指摘であろう。和辻もまた、戯曲に現実とは異なりながら詩情に満ちた世界の創出を支えていく枠組みという可能性を見出して、その創作に積極的に関与していったのではないだろうか。

三　誇張された台詞のリアリティ

この時期の和辻の戯曲や小説を見ていくと、前節で見た幻想的な異境的な空間の創出以上に目につくのが、思想的あるいは詩的な理念を作中人物の台詞において直接的に表現しようとする志向性である。それは例えば以下のような形で表現されている。

藤波　ねえ、百合さん、貴いのは「自分」というものじゃないか。……ただこの自分を発展させたいためだ。自分は大きな宇宙と相対しているただ一つの空虚でないものだ。(「復活」一九〇八年十一月、『校友会雑誌』)

刺戟！　刺戟！！　何か刺戟がなくてはとても生きられない。僕はなんだか黒い運命――につきまとわれたような気がした。罪悪だと思っていた官能の刺戟や思想の刺戟を今はむやみやたらに追い求めた。……（「若いんだもの」一九一〇年五月、『帝国文学』）

繁氏　思い出す。刺激。歓楽。耽溺。飽満。強烈な肉の力が、白い腕と紅い唇とて、霊の殿堂の最後の礎を覆した。おれは二十歳代の青春の甘味に酔いすぎたのだ。（「影前掲」）

前節で引いた吉田精一の指摘にあるように、こうした台詞の多用が和辻個人の傾向というよりは、この時期の戯曲の多くに見られる表現だったとしても、それだけを見た場合、直接的に過ぎていて、過度な誇張が目につくものになってしまっている。苅部直が詳細に検証しているように[18]、「復活」の台詞には和辻の「自己」や「個性」と「国家」をめぐる考察が背景にあり、また「若いんだもの」や「影」の発言の背景には世紀末芸術が表現しようとした退廃と官能美への共感が読み取れるわけだが、それを踏まえてもいかにも生硬で稚拙な印象をぬぐえない。

ただ、当時の戯曲においてこうした手法が多用されているとすれば、それは思想的なメッセージがむき出しになっているようなこうした台詞においてこそ、十全に詩情や思想が表現できるのだという理解が通底していたということを意味しているのかもしれない。こうした台詞がどのような受容に支えられていたのかを検討するために、小山内薫が自由劇場の開場に際して行なった挨拶、そのパフォーマンスのありようを取り上げてみることにしたい。以下は、後年谷崎潤一郎が「青春物語」（一九三二年九月－一九三三年三月、『中央公論』）においてその様子を表現したものである。

氏はフロックコートを着、優形の長身を心持ち前屈みにし、幕の垂れてゐる舞台の前面をや、興奮した足取りで往つたり来たりしながら、徐ろに口を切つた。「私共が自由劇場を起こしました目的は外でもありません、それは、生きたいからであります。」――氏の唇から洩れた最初の言葉はかうであつた。氏の血色は脚光のために赤く燃えてゐた。後にも先にも、氏が当夜の如く気高く、若く、美しく、赫耀としてゐたことはなかつた。「青春」のモデルにも擬された氏は、今や小説の主人公も成し能わざることを成し、満天下の文学青年の渇仰を一身に集めて、空前の栄光を背負つて立つたのだ。あの有楽座の階上階下にぎつしり詰まつた観客は、一人として氏の風采と弁舌とに見せられない者はなかつたであらう。

小山内は上演される「ジョン・ガブリエル・ボルクマン」を踏まえつつ開場の挨拶を行なった。「ジョン・ガブリエル・ボルクマン」には、エルハルトという青年が母や父の提案を拒絶して「僕は若い者です。僕だつて一度は生きて見たいのです。自己の生活を生きてみたいのです」あるいは「併し今という今、生活の火が僕の体の中で燃え立つてゐます。僕は為事なんぞしたくありません。僕は只生きたいのです、生きたいのです[19]」と宣言する場面がある。ここから「新旧思想の衝突」、旧体制に対する決別を読み取った小山内は、近代演劇という「新しい芸術を日本に興さう」とする自身の姿勢を重ね合わせて台詞を発してみせ、自らの挨拶として表現したのである[20]。

生方知子は、このときの小山内が「上演される舞台の作り手であり、また同時に、上演される世界の体現者でもあるという二重性を備えて」おり、そのパフォーマンスが「世界の主人公かつ創造主としての芸術家」になることだったとしている[21]。的確な指摘だが、付け加えるのならば、ここでは小山内は自身が「西洋思想を十全に理解している読み手」だということも表現していると言えるだろう。

小山内はエルクハルトの台詞に思想を読み取り、その思想と一体化している台詞が別の形で活きて上演される一つの世界が展開されることを示したのである。その上でさらに自らの声と身体をもってその台詞を体現することで、その台詞の意味するところがほかならぬ〈自分たち〉の感覚感性に強く訴えかけるものであることを示してみせたのである。誇張的な台詞は最新の西洋思想の体現として意味を持つのであり、またそうした台詞が発せられる虚構空間が展開されることを現して見せるものとなる。さらにまた同時代を活きている人間の声と身体を巻き込むことによって、感覚感性的な問題を共有する〈自分たち〉の形成もまた促したと言えよう。

小山内のパフォーマンスはそうした多重の意味を台詞に持たせたのであり、「生きたい」という台詞はそのようにして詩情とリアリティを獲得してみせたのではないだろうか。当時の阿部次郎の印象記によれば、上演では「僕は若い者です」「僕は生きてみたいんです」という台詞が繰り返されるたびごとに学生の観客から盛んな拍手があったというが、学生たちもまたその台詞を多重の意味で受容し呼応したのであろう[22]。

和辻の戯曲における誇張的な台詞もまた同様の働きが求められていたと考えることができる。そうした台詞においては、背景としての西洋思想の反映があり、台詞は思想の符牒として読み取られることが期待される。台詞はまたそれが交わされる虚構空間の展開を想像させつつ、演じる者の身体と声を伴った場合には感覚的な共感を観客に与えることが期待されているのである。レーゼドラマ的な受容を想定するのであれば、作中人物の台詞は西洋思想の理解者としての創作者、あるいは同時代の読者の感覚感性を代表する創作者の分身が発したものという意味を帯びるのであり、そうした意味が結びつき展開される場として演劇の舞台空間が夢見られていくということになるだろう。すなわち、誇張的な台詞においては、その言葉から思想を読む、その言葉が活きる場が創出される、その言葉により自己の身体性や感覚から把握される問題が表現される、という三つの側面で機能することが期待されているのである。それぞれの側面で獲得されるリアリティが三位一体となることによって、表現としての強いリアリティと詩情が獲得されるということが「幻影の舞台」においては期待されていたのであり、誇張的な台詞はそうした舞台にふさわしいものとして用意されていったのであろう。

四　和辻が挫折において見出したもの

前節で見たように、和辻が戯曲において多用していたような誇張的な台詞や当時の「幻影の舞台」はその受容においてさまざまな条件が課されたものと考えることができる。和辻の当時の演劇についての発言にはそうした条件に関わるものも少なくない。一例として、「自由劇場所感」（前掲）における発言を確認しておきたい。「西洋人に扮して西洋風の舞台に現われれば、直ぐにも西洋風のイリュージョンが起こるだろうと考えるのは甚だしい誤りだ」という説に反駁する形で、和辻は以下のような主張を述べている。

目の前に穢い地下室が展開する。見物は、この地下室が有楽座の脚灯の向うにある狭い一室に過ぎないということを常に念頭に置いているだろうか。否、彼らは直ちに目の前に人生の一角を見ようとするだろう。これがまず第一の象徴である。次に見物は、この地下室がロシアの木賃宿であるということを意識する。……見物はその声によって現わさるる語が日本語であるという事も意識している。しかしこれ等の意識はたちまち意識下に沈んでしまって、見物の頭の中に往来するものは、落ちぶれた木賃宿の「人間」である。その「人間」の有する思想感情である。その人間の扮装、動作などは、それが日本ではなくロシアであるという暗示を、常に見物の意識の底にもたらしながら、表面ではただ人間としての表情を以てのみ見物の頭を襲うている。ここが翻訳劇の象徴である。

舞台上の幻想が多重の「象徴」により生じることを説明しているわけだが[23]、ここで目立つのは、あるべき観劇の仕方といったものを説いてみせている姿勢ではないだろうか。舞台を見るにあたっては、「人生」や「人間」という抽象的な概念を活きたものとして把握する知識や、そうした概念の活きる場こそが舞台空間なのだという理解が、必要な前提として求められている。和辻は、舞台上の「幻影」が生じるために必要な知識や理解といったさまざまな前提条件を躍起になって提示する必要があったのである。

　これは逆に、同時代の観客にそうした受容を理解していなかった一定の層があったということを意味しているのだろう。実際のところ、舞台における「幻影」を共有しない観客と出会うことで和辻は大きな挫折を経験することになった。次の引用は、「常磐」が有楽座で上演されそれを見ていたときの様子を、後年照夫人が記したものである[24]。

> いきのいい現代語が、活発な跳ね飛ぶような調子で、平家の臈たけた女房どもの口から出たので、私はびっくりし、とまどって息をのんだ。が、舞台の会話はなおも続いて行った。……とまどったのは私ばかりではなかったらしい。何しろ今から五十年も昔のことで、舞台の様子から誰でもが歌舞伎芝居の台詞を予想していたに違いなかった。見物人はその「アテハズレ」と不釣合がおかしかったらしく、近くの人がクスクスと笑った。後ろの方でもしのび笑いするのが聞こえた。私はいきなり全身が汗ばんだ。と、隣の席にいた哲郎が立ち上がってひどく不機嫌な小声で、／「出よう」と言った。

「常磐」の冒頭には現代で会話をする侍女たちが登場し、「恋」に葛藤するさまが演じられていくのだが、和辻が期待していたのは、そこにおいて観客が最新の思想などを想起しつつ「「人間」の有する思想感情」としての葛藤を読み取ってくれることだったのであろう。しかし、実際にはその現代語の台詞だけが和辻の想定しなかった形で浮き上がってしまい、その抽象性が過剰に意識される形で誇張されてしまったのである。

こうした躓きは和辻個人というよりは近代演劇全体に共有されていたものだったと考えることもできる。一九一〇年（明治四十三年）一月に上演された岡本綺堂「承久戦絵巻」において「恋」が台詞として語られると観客の場違いの笑を招いたというように[25]、当時の観客には「幻影」を前提としていないものも少なくなかったのではないか。近代演劇の舞台がそれ自体のありようにおいて「幻影」を感じさせることが可能になるまでは長い時間が必要だったのあり、戯曲創作を離れるようになった和辻や谷崎は部外者的な立場から日本の近代演劇の貧弱さを嘆くようになったし[26]、小山内は舞台上の役者の身体や声の所作をどのように編成するかという課題に長く苦しむことになった[27]。

「常磐」上演の際の挫折体験を、和辻の問題として捉えなおすならば、それは近代日本語による言語表現それ自体のありようによって、「戯曲」あるいは「文芸」として何を読者に伝えることができるのかという問いに直面したということになるのではないだろうか。先行研究が指摘するように、和辻にとって戯曲を中心とした文芸創作からの撤退は小山内薫との人間関係の破綻が大きな要因であると思われる[28]。しかし、そうした理由の考察と、和辻がその文芸活動を通じて何に向き合うことになったのかということは別に考察されるべき問題のはずであり、ここでは、そのことに焦点をあてていくことにしたい。

People say sometimes that Beatuy is only superficil. ……But at least it is not sperficial as Thout is. To me,Beatuy is the wonder of wonders.It is only shallow people wwho do not judge by ap-

pearances. The true mystey of the world is the visble, not the invisble.
（美は表面的なものに過ぎないと言う者もいる。……しかし、思考よりは表面的ではない。僕にとって、美は驚異の中の驚異だ。ものごとを外見で判断しないのは底の浅い人間だけだよ。世界の本当の神秘は目に見えないものではない。目に見えるものなのだ）

引用は、冒頭に引いた「ドリアン・グレイの肖像」をめぐる谷崎とのやりとりに関わる箇所の一つであり、作中でのドリアン・グレイ自身の発言である。[29] この発言とここまで検討してきた誇張的な台詞との類似性は明らかだろう。こうした台詞を和辻はワイルドの思想を理解することで、または自身の感覚的な美的価値と照らし合わせることで活き活きと感受したのであろう。あるいはそれが作中人物の台詞の形で的確に表現されていることに感心したのかもしれない。いずれにせよ、そのような読みを共有しない読者との出会いは「常磐」を理解しなかった観客との出会いと同じ意味を持っていた。その読者が創作活動をともにしていた谷崎であったことは和辻にとっては一層大きな衝撃となったのではないだろうか。そこには和辻が意識できなかった言語の創作による読者とのコミュニケーションの〈通路〉があり、和辻はそうした創作の〈通路〉の開拓に向かうことを自身の進路としては選択しなかったということだったのだろう。

五　「ショオ劇見物記」からの可能性

〈通路〉を自覚した後の和辻の表現活動、文芸活動を離れた後の和辻の業績を見ていくと、自身の言語表現が誰に向けられたものかという点について非常に繊細に意識を配っているように思われる。「人間共同態の存在根柢すなわち人間存在の理法」を論じた『倫理学』（一九三七年四月、岩波書店）においてその詳細を検討することはここではできないが、その「第一章　第一節」においては、以下のような一節を確認することができる。

書くのは言葉の文字的表現であり、言葉はただともに生き、ともに語る相手を持ってのみ発達してきたものだからである。たとい言葉が独語として語られ、何人にも読ませない文章として書かれるとしても、それはただ語る相手の欠如態に過ぎないのであって、言葉が本来語る相手なしに成立したことを示すのではない。そうしてみれば書物を読み文章を書くと言うことはすでに他人と相語っていることなのである。(30)

また一九一九年（大正八年）五月に出版された『古寺巡礼』においては、現在流布しているものと異なり、書簡という形式が前面に出たものになっている。

昨夜出発前の僅かな時間に、Z君の所でアジャンダー壁画の模写を見せてもらった。随分大きなもので、色も写真で想像したよりは遥かに綺麗だった。急いで見たのだから詳しい印象は残っていないが、それでも汽車に乗ってから絶えずこの画に心の捕らわれていることを感じた。今朝京都の停車場で、T君やF氏と別れて、ひとりポツネンと食堂車に坐っていると、あの画のことがまた強く意識の表面に浮かび上がって来る。ぼんやりとしているのが何となく不安になってきたから、今心に往来しているさまざまな感想を、とりとめもなく君に宛てて書き送ろうと思う。／あの壁画の模写から受けた印象のうちで、最も忘れられないものの一つは、一種独自な色調の感じだ。色の明るさや濃淡の工合が我々の見慣れているものとはひどく違う。(31)

傍線部については、後に改稿され削除されるのだが、この部分がなくても文章として問題がないように思われることに着目したい。その成立の経緯を別にしても、(32)ここで和辻は「相語ること」、確実な対話相手としての「君」の顕在化にこだわっていたのではないだろうか。

こうした〈通路〉の確立は一面で和辻自身の表現の深化であったと考えることができるかもしれない。先に挙げたリストにあるように、一九一〇年末、和辻は「ショオ劇見物記」を発表している。これは同年十一月十二日に横浜の「山の手ゲーテ座」でウオリック・メイジャー一座が演じたバーナード・ショー「YOU NEVER CAN TELL」（「分からぬもんですよ」）の観劇記であった。(33)「ショオ劇見物記」は前半（『帝国文学』十一月号掲載分）と後半（同十二月号掲載分）に分かれており、前半は以下に確認するようなみずみずしい感覚や感性の発露を伴った西洋演劇の体験記になっているのだが、後半は劇の内容の思想的解説が主となっている。その解説はここまで論じてきた和辻の限界を再確認することができるものなのだが、他方で、前半においては和辻が読者とどのような〈通路〉を作ろうとしていたか確認することができるものとなっているように思われる。

先のリストの題目からも明らかなように、和辻はこの時期ショーに深い関心を寄せているのだが、そうした「バーナード・ショーの芝居を見る事が出来る」のは「胸の中で血が沸き立つよう」だと記した上で、「ショオ劇見物記」の冒頭では次のように述べている。

文学は近松と西鶴に、音楽は清元と常磐津に、演劇は団と菊に、哲学は武士道と儒教に、各その極地を認めて安心している。僕たちはこれらの日本人が日本の文明によって得ておるような安心を遠い西洋の文明から得るより他に道がない。従って多くの不便と滑稽とを忍ばなければならない。ショーの芝居をかくの如く熱狂的に迎えるのもその滑稽の一つである。しかし僕たちには多くの不便と滑稽を感情に入れてもなお、西洋文明の方が遙かにアトラクティブなのだ。

この後にも、「穢い日本人」と「巧妙な調和」がある「西洋人」との対比や、「殺風景な下足場」のある「日本劇場」と「自由な開放的な」ゲーテ座との対比が見られように、この時期の和辻にとっては「西洋の文明」は「見すぼらしい半熟なエキゾティックな新しい文明」であり、「真底から抱き入れることが出来る」もの、「新しい物でさえあれば何でもかんでも美しく見えるもの」と映っていた（「翻案劇の価値」前掲）。その是非はともかくとして、ここでは「芝居」すなわち「近代演劇」をそうした

「西洋の文明」を体現するものとする、それを「文学」「音楽」「演劇」「哲学」を表現することのできる総合的な表現様式だとする理解に注目してみたい。実際、「YOU NEVER CAN TELL」の鑑賞にあたっても、筋の展開や構成・人物造形といった作劇法的な要素（＝「文学」）、伴奏や俳優の声質や台詞の言い回しや調子といった音声的な要素（＝「音楽」）、役者の演技の様（＝「演劇」）、脚本に込められたショーの思想（＝「哲学」）などが論じられており、それらの要素を総合する西洋演劇の総体的な体験が「ショオ劇見物記」には表現されているのである。

また、「ショオ劇見物記」にはそうした体験を記すにふさわしい表現様式が用意されている。

しとしと降る秋の雨に濡れそぼった銀座の通りは、白いガスの光に反射してきらきらと華やかに輝いていた。ちょうど雨が小やみになった人道の上を、大跨に歩いて行く黒い人影も今宵は何となく愉快に感ぜられた。／……人声や足音が作り出す不安な空気の動揺の間に、「横浜行き、横浜行き」という鋭い駅夫の叫び声が、人の心をせき立てるように響いて来る。改札口を通るとき僕の切符を切った鋏の音は、慌ただしい中にも明瞭に僕の耳を打った。前を歩いて行く西洋婦人の柔らかい肩の線と、華やかな緑の衣の緩い靡きようは、大跨に追い抜いていこうとする僕の胸にデリケートな心持ちを起こさせた。／汽車は闇の中を走って行く。雨に打たれる窓ガラスを透して闇い品川の海を眺めようとすると、そこにはただ自分の顔が薄暗い背景とともに映っているのみであった。

引用は冒頭部のものであり、ここに書かれているのは和辻自身の体験的事実に即したものではあろうが、このように記すことによって、「演劇」や「音楽」を感受するための表現としての鋭敏な視覚や聴覚が生じると考えることができる。そうした視覚あるいは聴覚によって、劇場での出来事が大変鮮明に表現されるのである。

例えば目で見えるものは以下のように表現されている。

二階はボックス、下は皆椅子である、土間の後方は椅子を並べて仕切りとして、切符売り場の横から入るようになっている。この囲いの内が大向こうなので、美しく飾った婦人たちの間に水夫や労働者らしい西洋人が混じている。僕は大入場のすぐ前に腰を下ろした。土間は大抵既にエンゲージしてあるので、前の方に開いた関はない。場内の装飾は有楽座などよりは安っぽくてその上お粗末であるが、どこかあっさりとして心持ちのよい所がある。

耳で聞こえたものは以下の通りである。

九時近くになると突如楽隊が始まる。大向こうでは水夫たちが足踏みを持ってこれに応じる。胸の白い紳士連が廊下から入って来る。僕は固唾を飲んで控えた。／午後九時。ベルの音とともに緑の幕は左右に開かれた。

また、以下のような記述もある。

「ええ、そうです。」こういってドリーは椅子から飛びおりる。両手で袋をぶら下げている。この「ええそうです」をはっきりといかにも勝ち気なお転婆らしい調子で言う。この女優は非常に可愛い、娘らしい透き通った声を持っているが、せき込んだり詞を強めたりするごとに荒い調子に変わる。それがいかにも「自由な女」らしいチャーミングな印象を与えるのだ。

こうした出来事を描写し、同時にそれを受け止める感性や感覚を表出する表現様式が「ショオ劇見物記」の大きな特徴であろう。引用の最後にあるように、「文学」や「思想」を理解するために、ショーやその脚本あるいは西洋思想についての見識も披露されているのだが、今日から見た場合、そうした「思想」や「文学」の解説については歴史的意義以上のものは感じ取れない。この観劇記の魅力は、西洋演劇という総体的な体験をみずからの感覚において十全に愉しみながら受容しているさまが表現されていることにある。それは表現主体のありようとしては、物事の有り様を把握するために五感のすべてを鋭敏に研ぎ澄まし、その感覚において把握したものを読者と共有すべく再現してみせようとする特徴を指摘することができる。また読者としては、そうした感覚や感性が把握した視覚や聴覚に訴えてくる出来事とともに、出来事を出来事を捉えている感覚や感性のありようを理解することができるようになっているのである。

それは外在する文脈に囚われることなく、読むという場面において出来事の再現を目指すような表現様式であり、近代的内面性を感じさせる表現様式である。「ショオ劇見物記」の「僕」あるいは「自分」という語り手は、その場の出来事を描き出す視覚や聴覚を有した表現主体として構成されていると同時に、描き出された対象をそれがもたらす感覚とともに編成する主体としても機能している。「僕」あるいは「自分」の言葉は読者への報告という形式を持っているが、「このような出来事があり、それはこのように感じられる」という報告によって、事実としての出来事を印象深く伝えると同時に、そのような出来事を捉えている感性や感覚のありようを強く浮かび上がらせることに成功しているのである。またそこでは、「古寺巡礼」であらためて顕在化してくるような「僕」や「自分」の言葉を十全に受容する「君」という聞き手が潜在化された形で意識されていたと言っていいだろう。和辻が自身の文芸創作の〈通路〉の限界を自覚したときは同時に、自身がすでに切り開きつつあった別の〈通路〉を再検討する機会であったのかもしれない。その後の和辻の表現様式の展開については、なお詳細な検討が必要であろう。ただ、表現者としての和辻は、自身の限界を自覚したとき、それを乗り越えるための経験を蓄積していた。そうした二重の意味を和辻の初期の文芸活動から見出すことができるように思われのである。

（1） Oscar Wilde, *The Picture of Dorian Gray*, Leipzig : B. Tauchnitz. なお和辻が所蔵していた同書は現在法政大学図書館の和辻哲郎文庫に保管されている。また同書の一部は『増補・和辻哲郎の書き込みを見よ！――和辻倫理学の今日的意義』（法政大学出版局、二〇一〇年）において公開されている。
（2） 林達夫・久野収『思想のドラマトゥルギー』（平凡社、一九七四年）において、林は和辻が発言のように感じていたことは事実であろうとしつつ、谷崎の「我田引水」「うぬぼれ」を指摘している。林はまた、和辻が学問専業へ転身したことの要因として、和辻の小説や戯曲の受けが悪かったことや当時の役者や劇団関係者たちと理想の演劇との乖離（和辻から直に伝えられたという）を挙げている。

（3）『青春の和辻哲郎』（中央公論社、一九八七年）。

（4）『和辻哲郎――近代日本哲学の運命』（ちくま学芸文庫、一九九五年）。

（5）『光の領国　和辻哲郎』（岩波現代文庫、二〇一〇年）。

（6）『和辻哲郎――文人哲学者の軌跡』（岩波新書、二〇〇九年）。

（7）「自叙伝の試み」については、熊野、前掲書に「和辻がその晩年に自らの生の軌跡を回顧するのを試みたこと自体がひどく異例で、それじしん考察にあたいすることがらであると思われる」という指摘がある。また谷崎は、「幼少時代」の執筆にあたって「幼年期への郷愁は彼（＝谷崎）の芸術の本質的なモチーフ」をなしていると論じた中村光夫『谷崎潤一郎論』（河出書房、一九五二年）の評価に大きく影響されたのではないかという指摘がある（千葉俊二「谷崎評価史前期の集大成」、中村光夫『谷崎潤一郎論』講談社文芸文庫、二〇一五年所収）。

（8）例えば、「日本語の非分別性は、悟性による綿密な分別を加えなかったがゆえにかえって真実なる存在の了解を保有するもの」（「日本語と哲学の問題」）とする和辻の認識と、複雑な人間の感情は「分析し出したら際限のないもので、自分にもその輪郭がはっきり突き止められないのが常であります。ですからわれ〳〵の国の文学者は……わざとおほまかに、いろ〳〵の意味が含まれるやうなゆとりのある言葉」でそれを表現したとする谷崎の認識との類似などが注目される。

（9）和辻「日本芸術史研究　一　歌舞伎と操浄瑠璃」（一九五三年三月、『芸術新潮』）、谷崎「所謂痴呆の芸術について」（一九四八年八月、十月、『新文学』）など。

（10）谷崎「和辻君について」『和辻哲郎全集内容見本』（岩波書店、一九六一年）など。一方で座談会「春宵対談」、「旧友対談」（一九五〇年四月、『中央公論』）における発言からすると、和辻は谷崎の創作について一通り目を通している様子がうかがわれる。

（11）一九〇七年（明治四十年）二月に第一高等学校校友会発行『校友会雑誌』に小説「炎の柱」（一六四号）を発表したのを皮切りに、論説「霊的本能主義」（一七一、一七二号）、戯曲「復活」（一八一号）、翻訳「地上楽園」（一七五号）などを発表している。また一九〇八年に文芸委員に就任すると、「前号批評」欄において作品の批評を多く執筆している。

（12）吉田精一は、後に自分は戯曲創作に向いていなかったと語る谷崎が、小説より先に戯曲を発表したことについて「近代戯曲の創作熱がたかまった事の反映であって、当時の青年作家は、小説以上に、戯曲にひかれたのである」としている（「本文および作品鑑賞　刺青」『近代文学鑑賞講座　第九巻　谷崎潤一郎』角川書店、一九五九年、所収）。

（13）和辻「源泉を探る」（一九三四年六月『心』）によれば、和辻は、一九一〇年十二月に有楽座で行なわれた自由劇場第三回公演（演目ゴーリーキー「夜の宿（どん底）」など）に際して、ドイツ語からの下訳を行ない小山内の翻訳を助けている（なお、「源泉を探る」では明治四十四年に帝国劇場で上演されたと述べているがこれは記憶違いであると思われる）。また同公演について「自由劇場所感」（一九一一年一月『新思潮』）で好意的に論じている。

（14）吉田、前掲論文。

（15）吉田、前掲論文。

（16）Byron, The Prisoner of Chillon.

（17）「大正期の戯曲――その出発点の素描」（『明治大正の劇文学』塙書房、一九七一年、所収）。

（18）苅部、前掲書。

（19）引用は『ジョン・ガブリエル・ボルクマン』（画報社、一九〇九年）による。

(20) 小山内「自由劇場談」（一九〇九年四月、『早稲田文学』）、同「『ボルクマン』の試演につて」（一九〇九年十二月、『歌舞伎』）。また小山内の同作受容の問題点については越智治夫が「日本におけるイプセン」（越智、前掲書、所収）で詳細に論じている。

(21)「上演される〈西洋〉とリアリティの更新──第二次『新思潮』における青年文化の展開」（二〇一九年三月、『文学・語学』）。

(22)「自由劇場印象記」（一九一〇年一月、『帝国文学』）。筆名は阿部峙楼。なお阿部は小山内は二日目の途中から観劇していて、小山内の挨拶は聞いておらず、伝えている反応は「ボルクマン」上演時のものとなる。

(23) 和辻の「象徴」については苅部、前掲書が「第一章　生命・人格・象徴　3「Form の神秘」──象徴主義・人格主義・教養主義」で詳細に論じている。

(24)『和辻哲郎とともに』（新潮社、一九六六年）。勝部、前掲書が指摘しているように、大正二年の劇団五声会の旗揚げ公演のときのことになる。

(25) 籾山藤作「冗談話」（一九一〇年三月、『文芸倶楽部』）。

(26) 谷崎「劇場の設備に対する希望」（一九一三年四月、『演芸画報』）、和辻「自由劇場開演に際して小山内兄に」（一九一九年八月、『演芸画報』）。

(27)「『役の行者』の第一夜を終えて」（『演出者の手記』原始社、一九二八年、所収）

(28) 苅部、前掲書など。

(29)『増補・和辻哲郎の書き込みを見よ！──和辻倫理学の今日的意義』前掲、参照。なお現代語訳は仁木めぐみ訳『ドリアン・グレイの肖像』（光文社古典、二〇〇六年）によった。

(30) 引用は『倫理学』（岩波文庫、二〇〇七年）によった。

(31) 引用は『初版　古寺巡礼』（ちくま学芸文庫、二〇一二年）によった。

(32)『古寺巡礼』の成立抒情については、中島国彦『近代文学の感受性』（筑摩書房、一九九四年）が詳しく論じている。

(33) 枡本匡彦『横浜ゲーテ座——明治・大正の西洋劇場　第二版』(岩崎博物館、一九八六年)参照。

＊和辻の初期作品については『和辻哲郎全集　第二十巻』(岩波書店、一九九一年)から引用した。

第二章　宗教と学問と
——和辻の宗教性をめぐって——

木村純二

彼は宗教の根本事実を理解し得なかったのではなく、ただ既成宗教に同情を持たなかっただけなのである。（『ニイチェ研究』改訂第3版）

一　問題の所在

本稿では、和辻哲郎の学問における宗教の捉え方について考察を試みたい。そのことが和辻自身の人物像や学問の在り方をより深く浮き彫りにすることになり、ひいては、何らかの形で宗教との関わりを持たざるを得ない人文学という学問の在り方を問い返すことにもなると思われるからである。

和辻の宗教に対する態度については、これまで両義的な評価があった。宗教的感性に乏しく、宗教の本質に踏み込むことなく論じていると見る者が多い一方で、和辻の著述の中に優れた宗教的感性を読み取る者も決して少なくない。

否定的な論者の代表格は、晩年の和辻の下で学んだ湯浅泰雄であろう。湯浅は、和辻が宗教に対して「傍観者的無関心の態度」を取っており、「彼の青年時代からの思想形成史をたどってみても、宗教に対する積極的関心はうすい」とした上で、そうした距離感が「宗教一般の価値を低く評価する近代人の合理主義的発想と思考態度からきたものであろう」（傍点原文）と論じている。(1) ニーチェ研究者の信太正三も、「和辻は倫理や文化の問題には鋭い嗅覚をそなえていたが、宗教的なものへのセンスはそれほどでなかったようにおもわれる」との評価を下している。(2)

他方、和辻の宗教性を重視する立場を表明したのが坂部恵であり、「円熟期の〈体系的〉著作の表面的印象を主にして、宗教人《ホモ・レリギオスス》としての側面は和辻において比較的希薄であるとする大方の見方は、論者の読みの浅さを証する以外のものではないとわたくしはあえていう」と断じた。(3) より早くは、京都帝国大学勤務時の和辻に教えを受けた高坂正顕が、「和辻さんは多くのひとが考えているよりは遥かに宗教的なのである」と述べている。(4) 両者とも、一般に和辻の人間性および著作には宗教性が薄いと見られていることを踏まえての反論である。

こうした研究状況を踏まえつつ、近年、和辻の宗教性について、より踏み込んだ見解を表明したのが、仏教学者の末木文美士であった。『原始仏教の実践哲学』を中心とする和辻の仏教研究が宗教性を洗い落とした理論哲学として展開されていることは衆目の一致するところであるが、末木はそれを踏まえて、より早い『古寺巡礼』『偶像再興』『日本精神史研究』の時点から、すでに和辻の学問は「仏教を徹底して非宗教的、世俗的な次元で解釈するという方法」で「一貫している」と論じたのである。(5)

末木は、『古寺巡礼』に「宗教的なものにあこがれる詩人の心情・真情とでもいったものが色濃く出てくる」とする坂部の主張を、同じ『古寺巡礼』中から次のような記述を拾い上げ、斥けている。

われわれが巡礼しようとするのは「美術」に対してであって、衆生救済の御仏に対してではないのである。たといわれわれがある仏像の前で、心底から頭を下げたい心持になったり、慈悲の心に打たれてしみじみと涙ぐんだりしたとしても、それは恐らく仏教の精神を生かした美術の力にまいったのであって、宗教的に仏に帰依したというものではなかろう。宗教的になり切れるほどわれわれは感覚をのり超えてはいない。（『全集』2、二八頁）

和辻はここで、仏像の前で涙ぐむことを、宗教を排除した「美術の力」に由るものと限定的に論じているが、特にその理由が明示されているようには見受けられない。そのため、読者には、和辻が己れの個人的な見解を持ち込んでいるように映る。こうした記述などから、末木は、和辻が「宗教の価値」を「芸術として表現され、感覚的な悦びをもたらすところ」に見出していると見る。そして、文献研究に主軸を移して以降も、「宗教に深入りすることを拒否し、あくまで外から文献として仏典を読むという態度」を貫いたのだと論じるのである。

しかし、末木の引用した右の記述は、現在の和辻研究で常に問題とされる、改訂時の書き替えが施された箇所であった。『古寺巡礼』の最終形態である昭和二十一年（一九四六年）の改版を採用した全集版を用いる限り、そこに後年の学問と相通じる方法が見出されるのは、当然のことであろう[6]。非宗教的に解釈する和辻の学問的方法がいつの時点から始まっているのかという問題を設定するのであれば、『古寺巡礼』に関しては、やはり初版や初出論文が用いられなければなるまい(7)。
ただ、同じ箇所の初版の記述を引用し検討するのは、あとに回すこととしたい。そのためには、そこに至るまでの宗教をめぐる和辻の葛藤をまずはたどっておく必要があるからである。結論のみを先取りするならば、末木の言うように、『日本精神史研究』に収録される「沙門道元」の論文を書いた大正十年（一九二一年）ごろに、宗教的信仰とは距離を取る形で人類の文化史を考究する和辻の学問的方法が確立されてゆく。しかしその方法が選び取られたのは、宗教的な感性が乏しかったからではなく、むしろ憧れ求める宗教というものを、あるいは宗教を求める己れの感受性を、あえて振り捨てなければ学問に携わることができなかったからではないかと思われる。その精神の遍歴の次第を、以下順にたどってゆきたい。

二　イエスへの憧れ

和辻の旧制一高在籍時に精神的指導者の役割を担った一人に、同郷の先輩魚住影雄がいる。クリスチャンであった魚住に宛てた明治四十一年（一九〇八年）三月八日付の書簡で、和辻は己れのキリスト教信仰について、次のように告白している。

私は、「少さい（ママ）頃仁豊野に居た時分、好く神様にお祈りし」ており(8)、特に「兄が大病にかゝつた時など盛んに人の居ない所で御祈りし」、「涙を流して祈」った時の「心的状態」を今でも「はつきり覚えて」いる。その後も、その「心持はずつと続いて」おり、「中学の四五年の頃市川の堤を歩（ママ）つて、よく孤りお祈りし」ていた。東京に来てからはしばしば「教会にも行」き、キリスト教を伝道する「救世軍」の説教にも心動かされ、(9)一高の校長であった「新渡戸先生」から大きな影響を受けた。いまだ「信者ではない」し、「洗礼を受けない」身であるが、「日に一度は必ず祈祷をして」いる。しかし、「私の心は実に汚れて」いて、「意志の弱い、信仰の無い、小さい〳〵人間である」ことを痛切に感じる。どうか「大いなる「神」なるものがはつきりと解る様に、我努力を助けて」ほしい(以上、『全集』25、九－一一頁)。

このほかにも、若い頃の和辻の著述には、キリスト教への憧れやイエスに対する畏敬の念を示した記述が多く見られる。例えば、右の書簡の数か月前、和辻の一高時代を代表する論説文「霊的本能主義」では、肉体性・物質性を超えた霊的本能に生きるべきことを訴え、「一生を衆人救済と贖罪とに送って十字架に血を流したる主エスは我が主義の証明者である」(『全集』20、三三－三四頁)と論じていた。

それほどに深くイエスを崇め、キリスト教に憧れた和辻であるが、洗礼を受け、信者となることに踏み切れなかったのは、なぜだったのだろうか。明治四十一年(一九〇八年)十二月、一高時代のもう一つの代表的な論説文「イプセンの『野鴨』を読みてまさに来たらんとする人の世の悲劇を想う」で、現代の宗教について次のように論じている。

近代科学の進歩とともに人は皆古い妄想から醒めた。『旧約』における宇宙観は根本を否定された。今もなお『旧約』の宇宙観を保持しつつある人があるが、しかし吾人は個性観念の強大となるに従っていかにするとも『旧約』の文字通りの神を考える事は出来ない。ただ吾人は『旧約』も『新約』もともに不完全なる人の手によって造られたる事を知っている。しかしてその文字が彼らの頭から出たのである事を知っている。吾人は古きユダヤ人の思想を通じて表われた神の観念をそのまま信ずる必要はあるまいと思う。吾人は『聖書』の語の内に潜める霊火を感ずる事は出来るようである。しかしこれを包める文字――形式を信ずるのがキリスト教であるならば、それは誠に哀れなものだ。……

吾人は宇宙の絶対力としての神を額広く髯白き人の形に思い浮かべる事は出来ない。「無限」をこの小さな脳味噌の内にどうして思い浮かべる事が出来よう。ただ人間として最も神に近い(姿においてではない。感じにおいてである)クリストの姿を――笑みながら花野に立ち給う姿を――慈愛に充ちたる微笑を溢えてわが肩を打ち給う姿を――涙ながらに祈るわれの手を温かき御手に握り給う姿を――愚かしき事に耽りたるわれを静かに見下ろし給う姿を――あゝ、その姿を僕は感じるのである。……僕はこの人を通じて神に接したい。そして共に永久の生命を得たい。

(『全集』20、一四六―一四七頁、傍点原文)

ここでは、キリスト教信仰の在り方として、『聖書』の記述を「そのまま信ずる」態度が想定され、そのような信仰であれば、自分は受け入れることができないと語られている。それは、「近代科学の進歩」の時代を生きる和辻にとって、宇宙の成り立ちが『旧約』の語るようなものではないことや、『聖書』というテクスト自体が歴史的に成立したものであることは、自明のことだからである。その意味で、「近代的精神がますます宗教と遠ざかる」ことは動かしがたい真実であり、そうした状況に対して伝統的な「教会」が「卑俗なる争い、偏狭なる分派」に終始しているのであれば、そこに何の「権威」をも見出すことができないと和辻は言う（同、一四六頁）。

他方で、和辻にとってイエスは、そうした近代人としての疑念を超えて「無限」なる「神」を感受させてくれる存在であった。ひとり『聖書』を読み「クリストの姿」を感じる時にこそ、神に最も近づいていられるのであれば、あえて洗礼を受け信者となるべき必然性は感じられなかったのであろう。あるいは、己れの読書体験以上に、深く生活の中でイエスを感じられる生き方を指し示してくれるような教会や伝道者に出会うことができなかったと言ってもよいかもしれない。

翌明治四十二年（一九〇九年）四月、一高の卒業を間近に控えた和辻の魚住宛の書簡には、キリスト教に対する己れの距離感を示す次のような記述が見られる。

僕は活き〳〵した、麦の芽が僕に与へる「力」、花の色が僕に与へる「力」、ケムピスが僕に与へる「力」、祈りが持来す「力」、これが凡て神様から出て来たものだと信じられる故に、神は僕にとつて「力」の根源です。

僕はこの様な眼を以てニイチェの Wille zur Macht〔力への意志〕を見ました。……僕の胸ではエスが超人に見えます。そして彼の基督教道徳の攻撃は認めるけれども、エスを弱者とした事は彼の根本の誤りだと信じます。Mildness の強い力、Calmness の強い力を彼は認め得なかつたのです。（『全集』25、一六頁）[10]

ニーチェは人間を突き動かす根源的な力について語り、その力に従って「超人」たるべきことを説いて「基督教道徳」を攻撃する。「僕」は、教団が攻撃されることはやむを得ないにしても、祈りや美しい世界の「力」を感じており、それが「神」から来るものであることやイエスの柔和と落ち着きにこそ真の「強い力」があることを信じている。

おそらくこの時点では、まだニーチェの書を読み始めたばかりだったのであろうが、東京帝大入学後、ニーチェの著作に読み耽った和辻は、キリスト教に向けて発せられた罵詈雑言の中、イエスに対しては微妙に異なる語り口のなされていることを嗅ぎ取った。大正二年（一九一三年）刊行の『ニイチェ研究』では、次のように論じられている。

ニイチェは屢耶蘇基督に対して冷嘲熱罵を注ぎ掛くるに關はらず、――また如何なる場合にも彼を賞讃することを好まざるに關はらず、――耶蘇に對して尊敬を持つて居た。……

……ニイチェは、少くとも耶蘇に於て自己を肯定する自由精神を見たのである。基督教が耶蘇に反對する傾向を持つてゐる、と云ふ事は、基督教を自己否定的のものと見、耶蘇を自己肯定的のものと見たに外ならぬ。そして耶蘇を斯く見ると云ふ事は、つまり基督教の内に所謂基督教的でないものを認めると云ふ事になる。云ひ換へれば、ニイチェは眞正の基督教を暗々裏に認めてゐたのである。[11]（傍点原文）

キリスト教に対して徹底して攻撃的な姿勢を貫いたニーチェであったが、イエスに対しては「自己を肯定する自由精神」を認めて「尊敬」しており、むしろそこにパウロの教学に依らない「真正のキリスト教」の可能性を認めていたと和辻は見る[12]。

ニーチェがイエスに敬意を抱いていたという論点は、大正四年（一九一五年）刊行の『ゼエレン・キエルケゴオル』でも継承されている。

眞理は知るべき事でなくて在るべき事である。知識でなくて生活である。基督は眞理であつた。われらのなすべきことは彼の生活に従ふことである。――キエルケゴオルのこの言葉はニイチエを思ひ出させる。基督と「眞理」といふ語とに對してあれほど異なつた態度を執つたあの反基督が、こゝまで來るとこの基督の弟子に非常に似てゐる。彼らは共に苦悩のうちから高い生活を築かうとした。眞理を生きやうとした。彼らは共に基督の偉大がその教理になくして生活にあることを知つていた。……

ニイチエの基督教攻撃は眞に宗教的なる者に對する攻撃ではなかつた。キエルケゴオルの基督跪拝は所謂基督教的な信仰ではなかつた。反基督と基督信者はこゝに共通の敵を有する。「基督教――即ち去勢されたる人間の教[13]。」

アンチ・クリストたるニーチェと単独者としての信仰を説いたキルケゴールに共通する思想として、既成宗教としてのキリスト教を超えた地点での、イエスとの真の出会いを和辻は見出していた。

キリスト教の信仰を求めつつも、近代的知性との葛藤から既成宗教としてのキリスト教に入信することのなかった若き日の和辻であるが、イエスの中に生きた真理を感じ取り、それを精神的な拠りどころとしていたことが理解できる。『新思潮』の同人の一人小泉鉄に宛てた大正三年（一九一四年）三月の書簡には、「僕は、クリストが十字架の上で最後に云った言葉の味を知っている。僕は時折それを経ケンしてゐる」（『全集』25、五七頁）とも記されていた。[14]

そしてまた、「彼の内に自分の問題のみを見た」というキルケゴール体験は、和辻に「いかに生くべきか」（『全集』1、四〇九頁）を見つめ直させる契機になったものと思われる。例えば、谷崎潤一郎・小山内薫ら文学・演劇仲間との決別を語った言葉として、しばしば次の記述が引用される。

何ゆえに私は彼らを憎んだか。それは私が彼らのごときAesthetではなかったからである。私がSollenを地に投げたと思ったのは錯覚に過ぎなかった。Sollenは私の内にあった。（『全集』17、二二頁）

これは、『ゼエレン・キェルケゴオル』刊行直後の大正五年（一九一六年）に記された思索的随想「転向」の中にある一節だが、AesthetからSollenへの転向は美的・倫理的・宗教的というキルケゴールのいわゆる実存の三段階を踏まえたものと考えるべきであろう。[15] それを証すべく、「転向」の末尾には、「宗教的な愛」にこそ「自分の行くべき道」があったと語られている。キルケゴールの思想に深く沈潜することで、今の己れが本来的ではない美的享楽に耽っていること、それを離れて倫理的生活を経て宗教的なるものへと向かうべきであることなどが実感されたものと思われる。

三　文化史研究への転身

大正六年（一九一七年）以降、日本の古代美術に魅せられ、急速にのめり込んでいった和辻は、翌七年（一九一八年）五月、後に『古寺巡礼』へとまとめられる奈良旅行に赴いた。しかし、旅の冒頭、実家に立ち寄った際、父から苦言を呈される。

> 昨夜親爺は僕に云った。お前の今やっていることは道のためにどれだけ役にたつのだ、頽廃した世道人心を救うのにどれだけ貢献することが出来るのだ。僕は返事が出来なかった。……親爺は道を守ることに強い情熱を持った人だ。医は仁術なりという標語を片時も忘れず、その実行のために自己の福利と安逸とを捨てて顧みない人だ。僕は絶えず生活をフラフラさせて、わき道ばかりにそれている。生活の中心を外れた興味に足をさらわれることも稀でない。もし僕に大道を歩んでいるという確信があるならば、親爺が何と云おうと僕はビクともしないが、自分ながら自分の動揺に愛想がつきかかっている時であるだけに、僕にはその言葉がひどくこたえた。
> 実をいうと僕には古美術の研究という事が自分にとってわき道だと思われるのだ。今度の旅行

も、古美術の力を享受することによって、自分の心を洗い、そうして富まそう、というに過ぎぬのだ。もとより鑑賞のためには幾何《いくばく》かの研究も必要であり、また古美術の優れた美しさを同胞に伝えるために論文を書くということも意味のないことではない。僕はその仕事を恥《は》ずべき事とは思わない。しかしそれが自分の中心の要求を満足させる仕事であるかどうか。……[16]

お前のしていることは「頽廃した世道人心を救う」ためにどれだけ役立つものなのか、という親爺の問いが「ひどくこたえた」のは、今携わっている「古美術の力を享受する」という仕事が、結局は「わき道」に過ぎないものであり、「自分の第一の仕事とする」に至らないものであることを、自分自身よく分かっているからである。「自分の中心の要求」に従って生きるならば、「大道を歩んでいるという確信」を抱くことができるのだろうが、「生活の中心を外れた興味に足をさらわれ」ているのではないかという迷いが心を占めてしまう。

右の引用は、「五月十七日」の日付が施された節に拠るものだが、十七日の夜には、「Geniessen〔享楽――引用者注〕の生活をさし措いて先ずなすべき事」があるように思えるが、「自分の心は、放蕩者のように、美術の享楽に向って急いでいる」[17]という自省が語られている。キルケゴール体験を経て、宗教的生活を目指すはずだったのに、古寺術に心惹かれて美的生活の次元に舞い戻ってしまい、美的生活と宗教的生活との「あれかこれか」の狭間で葛藤している和辻なのであった。

本稿の初めに触れた末木による『古寺巡礼』改版からの引用は、さらにこの次の「五月十八日夜」の節にある記述であった。ここであらためて、同じ箇所の初版の記述を引いておこう。

僕が巡礼しようとするのは古美術に対してであって、衆生救済の御仏に対してではない。もし僕が仏教に刺衝せられて起った文化に対する興味から、「仏を礼する」心持になった、などと云ったならば、それこそ空言だ。たとえ僕が或仏像の前で、心底から頭を下げたい心持になったり、慈悲の光に打たれてしみじみと涙ぐんだりしたとしても、それは恐らく仏教の精神を生かした美術の力にまいったのであって、宗教的に仏に帰依したというものではなかろう。宗教的になり切るには、僕にはまだまだ超感覚的への要求が弱過ぎる。――しかし、何故僕はこんな事が云いたいのだろう。それは Böses Gewissen が僕を突っつくからだ。だから僕は享楽に身をまかせ切ることが出来ない。そのくせ享楽を追っている。こんな風に煮え切らない自分を僕はつくづく不幸と思う。(改訂版で書き換えられた箇所に波線、削除された箇所に点線を施した――引用者注)(18)

改版で削除された引用末尾の「享楽」への矛盾する心境を見れば、ここでの独白が前々日の親爺の叱責による動揺を引きずってのものであることが了解できる。「Böses Gewissen」(良心の疚しさ)というのは、今自分の求めている美術への享楽が「わき道」であり、宗教的生活としての「道」を「自分の中心の要求」とするべきであることは自分にも分かっているんだ、という言い訳をしたい心情を表わしているのであろう。(19)「超感覚的への要求が弱過ぎる」というのも「宗教的になり切る」ための要求であり、前々日の「自分の中心の要求」に重なるものであることが理解できる。

だとすれば、仏像の前で「頭を下げたい心持になったり」「涙ぐんだり」するのは「宗教的に仏に帰依」することではなく「美術の力にまいった」ことであるという、末木が和辻の非宗教的方法を認定する論拠の一つとした改版の記述は、初版にあっては、むしろ逆に、宗教的になり切ることのできない僕がより次元の低い享楽に徘徊していることを卑下しての言辞だと理解すべきであろう。同様に、「文化に対する興味から、「仏を礼する」心持になった」と言うことが「空言」だというのも、キルケゴールに依拠して言えば、「美的生活」から「宗教的生活」へと進むような「精神生活の真の開展」は「たゞ飛躍によつてのみ可能」[20]だからであろう。言い換えれば、和辻は、宗教的信仰を、美術の享受というこれまでの自分の生活と変わらない地点に引きずりおろして分かったことにしてしまうのでなく、そうした己れの人生を根底からひっくり返すような決定的体験への期待としてあくまでも保持しようとしているのである。

なお、念のため確認しておくならば、初版から改訂版への書き替えの最大のポイントは、一人称を「僕」から「われわれ」に直していることであろう。初版で語っていたのは、あくまでも宗教と美術との間で彷徨する「僕」の葛藤であり、だからこそ前々日の親爺の叱責から受けた動揺と連続するものとして自然に読むことができたのである。それを改版では「われわれ」に書き替えたことで、そこに至る個人的な体験とは切り離されて、一般論として古寺巡礼とは仏教への帰依ではなく美術的な関心によりなされるものだと断ずる体裁になったために、根拠のない臆断を一方的に押し付けているような印象を与えることになったのである。

ところで、享楽としての美術研究への興味と、それを超えるべき宗教的な自己要求との間で葛藤する和辻の意識の背後にあったのは、この「古寺巡礼」の旅が行なわれる直前、『帝国文学』の大正七

資本主義の新たな精神 上・下

ボルタンスキー=シャペロ/三浦直希他訳　新自由主義の核心に迫り、資本主義による破壊に対抗するための批判の再生を構想する。**A５判各巻5500円**

他者論的転回 ―宗教と公共空間―

磯前順一・川村覚文編　排除された者の公共性はいかにして可能か。他者と共存する複数性の領域としての公共性を模索する。**A５判　3800円**

昭和天皇をポツダム宣言受諾に導いた哲学者 ―西晋一郎、昭和十八年の御進講とその周辺―

山内廣隆　尊皇の哲学者は、なぜ敗戦を見据えた御進講を行ったのか？新史料を基に、講義の内容と終戦の決断への影響を解明。**四六判　1800円**

時間と空間の相克 ―後期ティリッヒ思想再考―

鬼頭葉子　特定の空間への執着を批判し、時間における新たなものの到来を待ち望んだ神学者、ティリッヒの歴史哲学を読解。**A５判　5400円**

論理と歴史 ―東アジア仏教論理学の形成と展開―

師茂樹　玄奘作と伝わる論理式「唯識比量」を巡る、国や時代を越えた議論の探究を通じ、論理と歴史の「共生」構造を解明。**A５判　5500円**

ハイエクを読む

桂木隆夫編　ハイエクは本当に新自由主義の元祖なのか。ハイエク思想の総体をキーワード別に解説する格好のハイエク入門。**四六判　3000円**

21世紀に生きる資本論 ―労働する個人・物質代謝・社会的陶冶―

鈴木敏正・高田純・宮田和保編　労働する諸個人、物質代謝論、将来社会への社会的陶冶の観点から『資本論』の可能性を再考。**A５判　3800円**

シュタイナー教育思想の再構築 ―その学問としての妥当性を問う―

衛藤吉則　人智学的認識論を考察の軸に、その教育思想の全体構造と学理論的な妥当性を明らかにし、実践へと架橋する。**A５判　4800円**

われわれはどんな「世界」を生きているのか ―来るべき人文学のために―

山室信一・岡田暁生・小関隆・藤原辰史編　歴史修正主義が跋扈し、人文学の危機が叫ばれるなか、あえて「世界」とは何かを問う。**A５判　4200円**

人文学宣言

山室信一編　人文系学部の危機、大学の危機が声高に喧伝される時代において、人文・社会科学の存在意義とは何か。**四六判　2200円**

(201020)

年三月号に載せられた倉田百三の「文壇への非難」の中の、次のような訴えであったと思われる。

文化の吸収、文献の研究に対する情熱については、それ自身には非議すべき理由を私は認めない。むしろ祝したい位に思っている。しかしそれが人間に本当に大切なもの、霊魂の存滅に関するが如き一大事の等閑に附せらるることを意味する場合には、私はそれを道草であるというに躊躇しない。而して私は今の文壇の傾向が、まさしくそれであることを虞れている。文化の吸収や文献の研究が我らの最要の仕事でなく、材料と養分とを供給する補助的なものであるのはいうまでもない。我らの本質の成長の原動力はもっと奥深い処にある。……殊に宗教を文化として研究する人々には私は賛成することが出来ない。まだ信心決定していない人が、信心を文化として研究し得る心事を私は理解することが出来ない。かかる人から私は真実信心について何事をも聴こうとは思わない。(21)

自分自身の「信心」を棚上げにして「宗教を文化として研究する」のは、「人間に本当に大切な」「霊魂の存滅」という問題を等閑に附すことになるのではないか、「我らの最要の仕事」は、「文化の吸収」よりも「もっと奥深い処にある」のではないか、倉田はそう問いかけている。倉田のこの糾弾は、直接和辻に向けて発せられたものではないのだろうが、和辻としては、急所を突かれる思いであった。むしろ、時間的な順序としては、倉田のこの論難を我がこととして受け止め、本来あるべき宗教的要求をないがしろにして「わき道」に過ぎない美術研究に耽っているのではないかという自省があったからこそ、親鸞の言葉が図星を指すものとしてひどくこたえたのであろう。

同年七月の「倉田氏の「文壇への非難」に就て」(『偶像再興』収録時に表題が「非難を受くる心持ち」に改められた)で、和辻は自己の立場を次のように弁明した。

信心決定していないものが信心を文化として研究し得る心事を理解することができない、という嘲笑のことばはひどく私の胸にこたえた。私は仏教文化やキリスト教文化に興味を持っている。しかし私にはまだ人に語り得るほど決定した信心がない。私の興味は恐らく生死の一大事をごまかしてかかる所に起こっているのである。しかし仏教やキリスト教の中核をなす信仰に飛びかかって行けないものが、せめてその中核をつつむ果肉に触れてみたいと願うのは、それほど理解し難いことであろうか。……ことに宗教文化の研究は、宗教を文化として研究するというよりも、宗教のひき起こした文化を研究するのである。信心そのものの研究よりも、信心を中心として起こった民衆の心生活の研究である。そこには真実信心を求めて得られないもの、誘惑に負けて退転したもの、享楽生活との妥協点を見いだして中途半端にとどまったもの、その他我々の理解し得る心理を持った無数の人々が現われて来る。……我々はその多衆とともに、信心し得ない苦しみを苦しみ、知り得られぬ絶対の境地にあこがれることができる。これが理解し得られぬ心事であろうか。(『全集』17、一五〇-一五一頁)

ここで和辻は、「私にはまだ人に語り得るほど決定した信心がない」と述べ、あくまでも宗教的信仰を最上のものとして待ち望む立場を取っているので、それに至ることなく文化の研究をする己れの態度は「生死の一大事をごまか」すものだと認めざるを得ない。そのために、己れの立場は、「しかし」と譲歩的に釈明して「理解」を求めることしかできないのである。

倉田の論難を通じて自己の立場の根底に脆弱さのあることを自覚した和辻は、以後、その問題に真正面から向き合うことになる。その結実が、後に論文「沙門道元」の「序言」に置かれることになる大正十年（一九二一年）執筆の「「沙門道元」の間に」である。そこで和辻は、己れの論考に対し予想される二つの反論をみずから挙げ、それに答える形で己れの立場を明示しているが、ここでは二つ目の反論に注目したい[22]。それは、「偉大な宗教家の人格とその顕現した真理とを、文化史的理解に奉仕せしめようとするとは何の謂いであるか」（『全集』4、一五六頁）というものであった。和辻の主張を丹念にたどってゆこう。

このような問いが発せられるのは、宗教が信仰の対象となるものであり、信仰者にとっては絶対的な真理として受け止められるからである。その点について、和辻は次のように説明している。

> 宗教の真理はあらゆる特殊、あらゆる差別、あらゆる価値をしてあらしむるところの根源である。それは分別を事とする「世の智慧」によってはつかまれない。ただ一切分別の念を撥無した最も直接なる体験においてのみ感得せられる。……自分はこのことを自証したとは言わない。しかし自分はそれを予感する。そうしてしばしば「知られざるある者」への祈りの瞬間に、最も近くこの世界に近づいたことを感ずる。しかもそれは、世の智慧を離脱し得ない自分にとっては、

確固たる確信の根とはならないのである。自分がそれをつかもうとするとき、確かにそこには一切の「根源」がある。それは自分の生命でありまた宇宙の生命である。……が、かく理解せられたものは、祈りの瞬間に感ぜられるあの暖かい、言うべからざる権威と親しみとを持った「あのもの」ではない。自分の「あのもの」は、「アバ父よ、父には能はぬことなし」というごとき言葉に、「御意《みこころ》のままをなし給へ」という言葉に、[23] はるかに似つかわしい表現を得る。しかしこれらの言葉の投げかけられたあの神は、自分の神ではない。「あのもの」は畢竟知られざるある者である。……自分の求めるのは「御意のままに」という言葉を全心の確信によって発言し得る心境である。「知られざるある者」が「知られたる者」に化することである。イエスが神を信じたごとくに自分のある者を信じ得ることである。自分は永い間それを求めた。しかし現代の「世の智慧」に煩わされた自分にとって、このことはきわめて困難なのである。（同、一六一―一六二頁、傍点原文）

ここで和辻は、ひどく真率に自己の心境を告白しているように思われる。自分は宗教の絶対的真理を「予感」もするし、「理解」もできる。自分が最もリアルに感ずるのはキリスト教の神であり、長い間求め続けたが、その信仰はついに自分のものとはならなかった。

信仰を阻害する「現代の世の智慧」については、次のように説明されている。

自分は雲よりいづる神自身の物理的な声を信ずることができない。しかし祈りの対象たる「知られざるある者」が人格的なるある者であること、すなわちそれが絶対者でありながらしかも個性的なものであることは……、理解し得るように思う。従ってこのある者が聖霊によってある人を神的に高め、その高められた人がわれらの智慧と義と聖と救贖《あがない》とになったことも、信ずることができる。しかしここには明らかにキリストを唯一の救いとする信仰は失われている。キリストは人に貶される。キリストのほかにもキリストと意味を同じくする多くの聖者が認容せられる。たとえば我々は親鸞においても聖霊によって高められた一人の仲保者を認め得よう。雲より声を出す神と浄土に坐する阿弥陀仏とがその直観的な姿においてははなはだしい相違を示すにかかわらず、神を愛なりとする直観においては両者はきわめて近い。我々はキリストを信ずることによって親鸞を斥けることはできぬ。従ってキリスト教を絶対的宗教と見ることもできぬ。（同、一六三－一六四頁、傍点原文）

信仰へのつまずきに関して、やはりまず、雲から神の声が聞こえる等の非科学的な記述を受け入れられないという近代人としての常識が挙げられる[24]。が、そこからさらに、キリスト教への共感が知的な理解にとどまるのであれば、親鸞などの他の宗教思想であっても同様に理解が可能となり、特定の宗教を絶対視することができなくなるという、近代的知性のより深い問題へと議論が展開されてゆく。

　こうして和辻は、あくまでも宗教を絶対的真理としてではなく、絶対的真理の「特殊」なる現われとして取り扱うという己れの立場を示すのである。

ここにおいて我々はいくつかの真実の宗教を認めざるを得ない。それらは根をひとしくするゆえに、すなわちともに絶対者を現わすゆえに、すべて永遠にして神的である。しかし我々はこれらをともに認めることによって、これらの信仰のいずれにも属することができない。我らは新しく神を求めるのである。キリストの神、親鸞の仏をすべて象徴的表現と見、それらのおのおのに現わされてしかも現わしつくされない神を求めるのである。（それは自分にとって知られざるある者である。）が、キリストにとっても親鸞にとっても、彼らの神と仏とは我々の意味する「象徴」ではなかった。彼らはその直観せる姿において神と仏との実在を信じた。我々はここに「特殊な形」を感ぜずにはいられない。（同、一六四頁、傍点原文）

ここでは信仰を持たない者の立場が、逆にそれゆえにこそ、いずれの宗教をも絶対視せず、絶対的真理の「象徴的表現」「特殊な形」として受け入れることのできる在り方だとされ、積極的に意義づけられることとなる。それは、宗教を歴史的に取り扱うことでもあると和辻は言う。

宗教の真理が本来永遠にして不変なる「一切の根源」であることと、特殊な形にしか現われない現実の宗教が必ず歴史的に変遷することとは、何ら矛盾するものでない。……既成の宗教をすべて特殊な形と見、その宗教の内に歴史的開展を認めることは、畢竟宗教を歴史的に取り扱うことである。我々はこの態度のゆえにいずれかの一つの宗教に帰依することはできぬ。しかしいずれの宗教に対してもその永遠にして神的なる価値を看過しようとはしない。（同、一六五頁、傍点原

文）

こうして和辻は、特定の信仰に至らないという己れの在りようを反転させ、いずれの宗教に対しても「特殊」なるものとして価値を認める人類の文化史研究という積極的な立場を確立したのである。

古今東西の文化から良いものを学び取ろうとする態度は、大正期の教養主義に共通するものであり、和辻の文化史研究もその一角を占めている。森鷗外・夏目漱石・内村鑑三・西田幾多郎ら明治維新前後に生まれた知識人が漢学的な「修養」を身に着けていたのに対し、大正教養主義の担い手となった明治中期生まれの世代は、生きる上での「型」を喪失しており、幅広い読書によって個性を育み「教養」を身に着けようとしていたと論じたのが唐木順三であった。唐木は、大正期の教養派が「問題を類と個、普遍人類性と個性、即ちその中間的媒介項としての種、特殊としての国家社会民族をぬきにした領域へ限っていった[25]」点に、その思想的脆弱さを見出している。そしてその「一見本」として挙げたのが、大正期の和辻の盟友・阿部次郎であった。唐木が難じようとするのは、おそらく、阿部の次のような姿勢であろう。

> さうして自己の教養として見るも、民族的教養は我らにとつて唯一の教養ではない。およそ我らにとつて教養を求むる努力の根本的衝動となるものは普遍的内容を獲得せむとする憧憬である。……ゆゑに我らは民族と云ふ半普遍的なるものの生命に參加することによつてこの渇望をみたすことは出來ない。我らの目標とする教養の理想が畢竟神的宇宙的生命と同化するところにあるこ

とは、自己の中に教養に對する内面的衝動を感じたことがあるほどの者の何人も疑ふことを得ざるところである。したがつて我らが教養を求むるは「日本人」と云ふ特殊の資格においてするのではなくて、「人」と云ふ普遍的の資格においてするのである。……ゆゑに我らが教養の材料を求むるとき、その材料の價値を定むる標準は、それが我らの祖先によつて作られたものであるかないかの點にあるのではなくて、それが神的宇宙的生命に滲透することの深さに依從するのである。この意味において我らは我らの教養を釋迦《シヤカ》に、……基督《キリスト》に、ダンテに、ゲーテに、ルソーに、カントに求むることについて何の躊躇を感ずる義務をも持つてゐない。(26)

「教養」とは、「人」としての「普遍的内容」を獲得し、「神的宇宙的生命と同化」しようとする衝動であるから、「「日本人」と云ふ特殊の資格」ではなく「「人」と云ふ普遍的の資格」においてすることだと、阿部は言う。教養主義が個から普遍へと無媒介に接続しようとするものであるなら、和辻ではなく、阿部をその典型として挙げる唐木の立論は、やはり慧眼だと言うべきであろう。思想的な深ささえあれば、釈迦であれキリストであれ、いずれを求めることに「何の躊躇を感ずる義務をも持つてゐない」と言い切れてしまう阿部には、「我々は在来の宗教をかくのごとき求める者の立場から観察するとき、そこに宗教的真理の特殊な表現のみあって、宗教的真理そのものの存しないことを、涙する心によってうなずくことができる」(『全集』4、一六二頁)という和辻の「涙」がない。その「涙」は、和辻の思想的深さを指し示すだけではなく、「普遍」と「特殊」との歴史的展開として人類の文化史を了解するというヘーゲル論理学に基づく方法意識を和辻にもたらすことにもなったのである。(27)

四　宗教と学問と

文化史研究としての己れの立場を打ち出した和辻は、『日本精神史研究』に収録される日本文化に関しての論文と並行して、すぐさま『原始基督教の文化史的意義』にまとめられる論文を書き始めた。同書で和辻は、福音書に非科学的な伝承が多いゆえにイエスの実在性を否定する「キリスト神話説」を詳細に検討した上で、この立場を斥け、「宗教的想像」の奥にある「人格的生命」に到達することを目標として、「人類の教師」たるべきイエスの思想の解明を試みた。「序言」で、和辻は次のように自著の意義を説明している。

著者はもとよりこの種の研究が教会的信仰にとって有益であるとは考えないが、しかし一般に原始キリスト教が現代に対して有する偉大な意義を明らかにすることには役立ち得るかと思う。

（『全集』7、四頁）

これは、和辻自身、イエスを主体的な信仰の対象とすることを断念し、非信仰的立場にとっての意義を学問的に解明する道を自覚的に選び取ったことの宣言でもあるだろう。それこそが、人類にとっての「文化史的意義」を明らかにする方法にほかならない。全集の解説者である金子武蔵は、この書に関して、「著者〔和辻〕が根本においてやはりヒューマニストであることを示し、またやがて人間の学としての倫理学の立場をとるべき運命を告げている」（同、三六一頁）と評している。

阿部次郎の「教養」は、すべてを「あれもこれも」と吸収するものであった[28]。いずれの宗教に対してもその意義を認める和辻の文化史的方法は、一見すると阿部と同種のものに映りかねない。しかし、その手前の段階で、和辻においては、信仰に至る「飛躍」が得られない以上、「宗教的生活」を断念して「倫理的生活」に専心するという自覚的な「あれかこれか」の選択があったのである。

本稿を結ぶにあたって、一足飛びに和辻の晩年にまで時間を降らせることにする。ギリシア哲学を基盤に独自の思索を切り拓いた井上忠が、学生として聴講した和辻の東大最終講義の様子を次のように伝えていた。


……筆者は、静麗の講筵の末に侍しながら、この高名な教授の、作品のごとき生涯と講義の結晶が心持よいリズムとなって、わが魂に流れ入る甘美に浸っていたが、やがて「和辻倫理学」の全貌が浮彫りにされたところで、しかし、と教授は辞を改められた。以上のべたところは結局はこの世の中における人間存在の連関としての倫理にほかならない。こうした人生という舞台を越えて、人間は一体いかにあるか、この問題に関しては、わたしは波多野精一氏（1877–1950）の「宗教哲学」の示すところに全く同感である。倫理を超えるものとしての人間存在の問題については、諸君、どうか波多野氏の著作を読んでくれ給え。

知恵の言葉が相互に出会う、美しく透明で硬質な空間が忽然と披けた思いであった。そしてこれが、和辻教授の全倫理学終結の辞であった[29]。

この碩学の伝える最終講義の言葉を和辻の学問の中に正しく位置付ける枠組みを、これまでの和辻研究は持ち得なかったのではないだろうか。最終講義の最末尾に、己れの立場とした人間の学としての倫理学を「超えるもの」に言い及んだのは、その学問が、すでに出発の時点において、「超えるもの」への信仰と引き換えにして手にしたものだったからであろう。

本稿では、その宗教的感性から強くキリスト教信仰を求めた和辻が、それを断念して文化史研究へと身を転ずるに際して、己れの学問を人間学的問題へと意志的に限定させることにした、その次第を見定めてきた。以後の和辻の人間学的な人文学は、様々な疑念や批判のあることを思えば、あるいは宗教に対する抑制が過度に働いていたのかもしれない。それは、必死に求めた信仰をついに与えてくれなかった宗教というものに対するルサンチマン、ないし生来の「癇癪」がさせたものであっただろうか[30]。

人間および人間が生み出した文化を対象とする人文学という学問は、どのような形をとるにせよ、宗教と関わることなく携わることはできないだろう。そして宗教は、それを信ずる者の生においてこそ、最も活きて働くものとなることもまた、疑い得ない。少なくとも和辻がそのことを知らない人間でなかったことは、本稿で示し得たと思う。むしろ和辻は、宗教が第一義には信仰者のものであることを知っていたからこそ、信仰者たり得ない自分は、徹底して「文化」として取り扱うという立場を貫いたのだと考えられる。

むろん、だからといって、和辻の学説および学問に向かう姿勢が、すべて正しく模範とすべきだということにはならない。この世に生きる人間の文化や倫理とそれを超える宗教的な超越とを、そこまで合理的に截然と分けることができるのだろうかという疑念は、やはり和辻の学を取り扱う多くの論者が抱くものであろう。しかし和辻に向けられるそうした問いは、むしろ逆にこちら側に撥ね返ってくることになるのではないか。

すなわち、第一に、己れは、宗教と関わらざるを得ない人文学という学問に、信仰者として携わるのか否かという問いが、他者に表明する以前に、まず自分自身に問われることになるだろう。その問いこそ、和辻が真摯に向き合った問いである。そして次には、信仰を持つにせよ持たないにせよ、己れの立場から対象となる宗教文化にどのように関わるのかが当然問われてくる。信仰を持たない者が宗教的真理を知り得たかのように振る舞うことが認められないのと同時に、信仰者が宗教的真理を信仰がなければ分からないものとして私秘化することも、学問である限りは、やはり認められない。もし、そうした信仰に関する己れ自身の立場を曖昧に済ませたまま、宗教と倫理・文化とをそこまで截然と分けることはできないのではないかの疑念を和辻に向けるのであれば、そこにもまたある種の欺瞞が生じかねない。

そのように人文学という学問に携わる姿勢をあらためて問い返す一つの試金石としても、和辻の学問は今なお十分に意義を持つものであろう。

（1）　湯浅泰雄『和辻哲郎——近代日本哲学の運命』（ちくま学芸文庫、一九九五年）四一九頁。同書の初版は、ミネルヴァ書房、一九八一年。

（2）　信太正三『禅と実存哲学』（以文社、一九七一年）二三四頁。なお、直接「宗教」という言葉を用いていないが、唐木順三が「和辻さんは、ニイチェ、キェルケゴオル、ドストエフスキイを精読し、愛読しながら、彼らのなめたもっとも苦しい液汁、ニヒリズムを、彼らほどにはなめなかった」「ニヒリズムの苦い体験をもたないものには、おのずからに「超越」の必要はない」と述べ、それを受けて梅原猛が「仏教思想の中には己れの死や罪を前にした人間の魂の痛切な悶えや叫びとともに、永遠不滅な生命への凝視がある。こういう悶えも叫びも凝視も、かつて唐木順三氏が指摘したように文化史家和辻博士には無縁なものであったのではないか」と述べているのも、指摘としては同種のものであろう。唐木順三「和辻哲郎の人と思想」（『和辻哲郎』〈現代日本思想体系28〉筑摩書房、一九六三年、三七－三八頁）。梅原猛『美と宗教の発見』（ちくま学芸文庫、二〇〇二年、六〇頁、初版は筑摩書房、一九六七年）。

（3）　坂部恵『和辻哲郎――異文化共生の形』（岩波現代文庫、二〇〇〇年）一六一頁。同書の初版は、岩波書店、一九八六年。

（4）　高坂正顕『西田幾多郎と和辻哲郎』（新潮社、一九六四年）一〇二頁。ちなみに、京大での高坂の後輩にあたる唐木順三が、同書の書評の中で、「和辻さんは案外に宗教的なのである」（同書、一〇六頁）という高坂の言葉を引いた上で、「しかし「案外に宗教的」といふ「案外」を払拭するほどに説得的ではない」と異を唱えている（『唐木順三全集第十二巻』筑摩書房、増補版一九八二年、一三八頁）。

（5）　末木文美士「仏教の非宗教化――和辻哲郎」（『福神』第一四号、福神研究所編、二〇一〇年）所収。以下、本稿での末木の見解は同論文に拠る。なお、湯浅泰雄も「後年の和辻倫理学が、生の非合理な暗い底層とも、また神秘的な超越の高みとも無縁な、いわばなごやかな日常的人間関係の世界に基本的視座をおくようになる傾向は、この古寺巡礼の旅によってほぼ確立したと言ってよいであろう」と述べているが（湯浅、前掲書、九〇頁）、それが和辻の自覚的な学問的方法である点を強調したところに末木の指摘の意義がある。

（6）　和辻自身は、本人の意図を超えて『古寺巡礼』が多く人々の求めを受けた理由を考え、それが「若さや情熱」にあることに思い至って、「当時の気持ちを一層はっきりさせるため」の改訂を施したと述べている（『古寺巡礼』「改版序」、岩波文庫版、七‐八頁）。しかし、谷川徹三が述べているように、やはり初版のほうに「感激の純度」があると言わざるを得ないし（『古寺巡礼』岩波文庫版「解説」、三〇九頁）、四半世紀以上前の自分の文章を「当時の気持ちを一層はっきりさせるため」に書き改めるということがあり得るのかという点からしてそもそも疑問である。意図的な韜晦が込められているのかどうかは不明であるが、全体として、当時の気持ちをはっきりさせるためというよりは、今の自分の立場から書き改めたというべき改訂であったと思われる。

（7）末木が反論を投げ掛けている坂部のほうも全集版の『古寺巡礼』を用いて立論しているが、和辻の宗教的感性を論じる坂部の立場においては、戦後の改版であってもそれを見出すことができるという議論が――実際に見出し得るのかの是非は別として――成り立ち得るのに対し、『原始仏教の実践哲学』以前の和辻の学問的方法を論じる末木の立場においては、やはり初版に拠らなければ倒錯した議論になるのではないか。

（8）晩年に記された『自叙伝の試み』では、十歳ごろの記憶として、日が暮れても兄が家に帰らず、心配した家の者が捜索を願い出た時、兄が無事に帰るよう「心をこめて「神様」にお祈りをした」が、「その「神様」が、日本の神々のどれでもなく、どうやらキリスト教の神様らしく思える」と述べ、キリスト教の神イメージが形成されたルーツは愛読していた雑誌『少年世界』にあったのだろうと推察している（『全集』18、一五〇‐一五一頁）。

（9）より詳しくは、「救世軍の一ノ宮大尉に直接談判をも受けたし余程心は動いて居たが、信仰はなほ漠然たるものでした」と記されている。この点について、晩年のインタビューでは、上京して間もなく「三高で兄と同級だった」一宮という救世軍の士官が「君の兄さんから手紙をもらった」と訪ねてきて、「さあ一緒に祈ろう」と言うのだが、「実に高圧的」な態度で、「大分傾いてはいた」気持ちが「反って逆効果になった」と述べている（談話「源泉を探る」、『全集』24、二七一‐二七二頁）。一宮は、後に救世軍からホーリネス教会に転じた一宮政吉。

（10）引用文中の「ケムピス」は、『イミタティオ・クリスティ（キリストに倣いて）』の著者とされるドイツ出身の神秘思想家トマス・ア・ケンピスのこと。「イプセンの『野鴨』を読みて」の論説文の中に、「中世のThomas a Kempisも神とともにある人の内心の慰安を説き清き心の幸福を説いた」と述べられている（『全集』20、一三七頁）。〔 〕は引用者による補足（以下同じ）。

（11）『ニイチェ研究』（内田老鶴圃、初版、一九一三年）三六七、三七一頁。なお、この箇所は後の版でも多少の字句が修正されただけで、大きく書き替えられてはいない（『全集』1、二三七、二三九頁）。

（12）引用した文中にある「自由精神」「真正のキリスト教」という表現は、それぞれニーチェ『アンチ・クリスト』の三十二節、三十九節に拠ったものと思われる。またニーチェは、『ツァラトゥストラ』第I部「自由な死」において、イエスを「高貴な人間」と評している。なお、『ニイチェ研究』執筆時点で参照し得た数少ない先行研究の一つであるジンメルの著作にあっても、キリスト教に対するニーチェの態度は非共感的な批判者としてのみ理解されていたことを思うと（ジンメル『ショーペンハウアーとニーチェ』「第七講」、『ジンメル著作集5』白水社、一九九四年、特に二三七－二四四頁）、和辻の読みの深さは同時代の世界水準においても一歩抜きん出たものであるように思われる。川原栄峰に代表されるような、『ニイチェ研究』は和辻流のニーチェの思想の「ダイジェスト」に過ぎないといった論評には従い難い（川原栄峰「和辻哲郎『ニイチェ研究』」、『実存主義』第六十三号、以文社、一九七三年）。

（13）『ゼエレン・キエルケゴオル』（内田老鶴圃、初版、一九一五年）三二〇、三四三頁。どちらの箇所も、昭和二十二年（一九四七年）の改訂新版では削除されている。

（14）「クリストが十字架の上で最後に云った言葉」は、「エリ、エリ、レマ、サバクタニ」（わが神、わが神、なぜわたしをお見捨てになったのですか、マタイ二十七章四十六節）を指すのであろう。

（15）この指摘はまずもってなされてよいものかと思われるが、管見では特に見当たらなかった。勝部真長の

『青春の和辻哲郎』（中公新書、一九八七年）など、これまでの青年期の和辻に関する研究は、安倍能成による「ストゥルム・ウント・ドラング時代」（『和辻哲郎の思ひ出』「序」、岩波書店、一九六三年）の言葉に引きずられ、実生活上の遊蕩の問題として扱われ過ぎたきらいがあるのではないか。同じく大正五年に記され『偶像再興』に収められた「放蕩息子の帰宅」も、当然、『新約聖書』「ルカの福音書」十五章のイエスの譬え話を踏まえたものであり、和辻自身その前提で読者に読まれる文章として書いているはずである。

（16）『初版古寺巡礼』（ちくま学芸文庫、二〇一二年）二一一―二一二頁。

（17）同、二一三頁。

（18）同、二一七頁。

（19）"Böses Gewissen"は、ニーチェが『道徳の系譜』第二論文などで術語的に用いる言葉であるが、ここではニーチェ特有の用法よりは一般的な語法に従っているように思われる。

（20）『ゼエレン・キェルケゴオル』初版、四一四頁。

（21）倉田百三『愛と認識との出発』（岩波文庫、二〇〇八年）二八七―二八八頁。

（22）一つ目の反論は「禅について門外漢であるお前が、特に坐禅を力説した道元を理解するということは可能であるか」というものであり、二つ目の反論が従来ほとんど取り上げられなかったのに対し、こちらはしばしば論及されている。代表的なものとして、西村道一『日本人の知――知ることと死ぬこと』（ぺりかん社、二〇〇一年）所収の「正法眼蔵は行じなければわからないか」を挙げておく。

（23）ともに「マルコの福音書」十四章三十六節。

（24）雲の中から神の声がしたというのは、「マルコの福音書」九章七節。

（25）唐木順三『現代史への試み』（『唐木順三ライブラリーI　現代史への試み・喪失の時代』中公選書、二〇一三年）一四九頁。

（26）阿部次郎『合本 三太郎の日記』第三「十五　思想上の民族主義」（『阿部次郎全集第一巻』角川書店、一九六〇年、四三二―四三三頁)。

(27) 戦時期の和辻が、自家薬籠中のものとした「普遍」と「特殊」という概念によって逆に思想的陥穽にはまりこむこととなった次第については、拙論「解説3」(和辻哲郎『日本倫理思想史㈢』、岩波文庫、二〇一一年)をご参照いただきたい。

(28) 阿部次郎『合本 三太郎の日記』第三「十 不一致の要求」に、「あれかこれか」(Entweder-Oder)ではなく「あれもこれも」(Sowohl-als auch)を自己の立場とすることが述べられている。

(29) 井上忠「和辻教授最終講義の話」、湯浅泰雄編『人と思想 和辻哲郎』(三一書房、一九七三年)所収。

(30) その後の和辻のキリスト教信仰に関して、照夫人の伝えるところによれば、洋行から帰国した昭和三年(一九二八年)の夏、和辻はふと「二人で洗礼を受けようか」と問い掛け、照が「ええ、いいわ、でも急になぜ?」と問い返すと、「ただね、あんまり幸福で神様にすまないからさ」と答えたという(『和辻哲郎とともに』新潮社、一九六六年、二〇八―二〇九頁)。洋行中しきりに妻子の健康を案じていた和辻は、出隆の下に子供の死を報せる手紙が来て、我がことのように涙を流し、自分の家族の無事を神に祈っている(『全集』25、三一七頁)。「神様にすまない」というのは、祈った通りに再び家族での幸せな生活を送ることができている現状に対して言われたものであろう。

II　和辻倫理学の理論構成

第三章　和辻「風土」論再考
――大正時代の問いのゆくえ――

藤村安芸子

一　はじめに

『風土――人間学的考察』が出版されたのは一九三五年（昭和十年）のことだが、その構想はすでに一九二八年（昭和三年）に、京都帝国大学で行なわれた講義において示されている。同年七月にドイツから帰国した和辻は、九月から翌年二月にかけて講義を行ない、その講義草案をもとに著わした論文「風土」を『思想』昭和四年四月号に発表している。続けて和辻は『思想』や他の書籍に掲載された論文の中で風土の問題を考察していくが、その過程で和辻の風土論は変化していくことになる。そうした変化をもたらした原因の一つとして、間柄論の存在が挙げられる。ちょうど同じ時期に、和辻は間柄論を構想しており、風土論と間柄論は相互に影響を与え合いながら変容していき、最終的に風土論は『風土』として、間柄論は『倫理学』としてまとめられるに至った[1]。もちろん両者はそれぞれ、互いの内容を含んだものとなっている。では、その段階に至る前に風土論と間柄論とは、どのように関わり合っていたのだろうか。

本稿では、このような関心から、とくに初期の風土論と間柄論を取り上げ、両者の形成過程を辿っていきたいと思う。その際には、大正時代の和辻の問題意識に注目することにしたい。従来『風土』と『倫理学』の形成過程について考察する場合には、その前提となった様々な理論、具体的には、カント・ヘーゲル・ハイデガー・マルクスなどの思想や仏教思想を、和辻がどのように理解し引き受け、また批判し、自らの論を作り上げていったのかを問う、という視点から論じられることが多かった。和辻が独自の倫理学体系を構築するにあたり、これらの思想が与えた影響は極めて大きなものであり、このような視点から問題を検討していくことは必要不可欠と言えよう。けれども一方で、和辻が独自の倫理学体系を構築した背景には、和辻自身の問題意識が潜んでいたこともたしかであろう。たとえば和辻の間柄論は、結合という方向へと人を強くいざなうものであるが、それは和辻自身が、強く他者との結合を願っていたことと決して無縁ではない。大正時代の論考には、そうした自らの願望が率直な形で記されている。そこで本稿では、大正時代の和辻の思想も視野に入れながら、風土論と間柄論について考察していくことにしたい(2)。

二　自然との戦い

風土論の最も初期の形を示すものとして、一九二八年（昭和三年）九月から始められた講義の草稿が挙げられる。この講義草稿の一枚目には「国民性の考察」という表題が記されており、ここから風土論が国民性に関する考察の一部として生み出されたことがうかがえる（以下、講義草稿「国民性の考察」と称す）[3]。この草稿の冒頭部分において和辻は、国民の特殊性は「歴史的規定と地理的規定とが密接にからみ合つて」形成されるものであると述べている。いいかえれば「〝人類の自然との戦〟が同一の発展段階に達してゐても、その戦の相手たる自然が異るに従つて〝戦ひ方〟も亦異なり、それに制約さるゝNationの特殊性も同様に異なつてくる」（『全集』別巻1、三七八頁）。和辻は、自然と人間との関係を争闘として捉えており、自然が異なることによって、異なった戦い方が生まれてくると考えている。

戦いの具体的な例としては、「寒さをふせぐ」ということが挙げられる。論文「風土」において和辻は、「寒さを感ずる時には我々は体を引きしめる、着物を着る、火鉢のそばに寄る。即ち寒さとの「かかはり」に於ては寒さをふせぐさまぐの手段に入り込んで行く」（同、三九七頁）と述べている。「寒さ」とは、人間の生を脅かす自然現象である。講義草稿「国民性の考察」では、このような特徴をもつ自然現象として他に、雨、大風、洪水、暑さなどが挙げられている。私たちは自然現象との関わりにおいて様々な「道具」を作り出していった。論文「風土」において、そうした営みを丁寧に記した後に和辻は、「我々相互のかゝはり」について論じ始める。

寒さを感ずるときには自分一己がそれを防ぐふるまひをするのでなくして子供に着物を着せ老人を火のそばに押しやる。我々はこの場合おのれよりもむしろ傍の人を先にするのである。即ち我々は、道具或は風土のうちへ出てゐると同時に人のうちへ出てゐる。おのれを「我」として反省するよりも前に、すでに人のうちへ出てゐるおのれを理解する。さうしてこの人とのか丶はりに於て、互におのれを理解しつ丶それが他の理解であることを理解する。こ丶でもそれを成立せしめる地盤として風土が重大な役目をつとめる。寒さに於て、暑さに於て、暴風に於て、我々は「防ぐ」ことを共にし、従つて「働き」を共にする。それを共にする限り我々の理解するのは互の間の一致であつて「我」の孤立ではない。風土が見出されると同時にすでに「我々」の間のか丶はりも見出されてゐる（同、四〇一頁）

私たちは、人間の生を脅かす自然現象に出会ったとき、それらに抵抗し自らの生を守り抜こうとする。そのために必要な「働き」を共にするとき、私たちは「互の間の一致」を理解する。私たちは、脅威として迫りくる自然現象に身をさらすことによって、私たちの身体が、恐ろしい自然現象によってひとしく損なわれるものであることを認識し、同時に、その暴威に打ち克ち生きのびたいという願いを持つことを意識する。だからこそ、同じように恐ろしい自然現象によって圧倒されている他者に配慮し、その生が全うされるようふるまうことになるのである。風土との関わりを通して、人間は、死をいとい生を願う存在であることが見出される。私たちが互いの関係を理解するための地盤として、風土は大きな役割を果たしているのである。

講義草稿「国民性の考察」と論文「風土」では、「風土」や「道具」という「もの」とのかかわり方として、以上のような「ふせぐため」というかかわり、いいかえれば「使用的な「か丶はり」」の他に、「感受的なか丶はり」があることが示されている。私たちは寒さを防ぐために着物を身にまとおうとするとき、硬く肌をさすようなざらざらした着物ではなく、肌に快い着物を選ぶ。あるいは、空腹を満たすために食物を探すとき、ある果実の匂いやある草の葉のやわらかな感触にひかれて、ある果実や草の葉を口に含む。そこでは、人間が、やわらかさやうまさといった「快さ」を欲するという一定の方向をもつことが示されている。しかしこの部分は、『風土』では削除されることになる。(4)

なお論文「風土」では、このような感受的なかかわりに関する議論から、「爽やかな気分」と「空気の爽やかさ」をめぐる分析が展開することになる。「心的状態の爽やかさは空気の爽やかさではない。しかもこの空気の爽やかさが我々自身の一定のあり方として我々の存在を定めてゐる。我々は空気の爽やかさに於ておのれ自身を理解してゐるのである」(同、四〇二)。こちらの議論は、『風土』にも残されることになる。しかし『風土』では、「我々は空気の爽やかさにおいて我々自身を了解している」という結論は、「いいお天気で」という言葉が挨拶として交わされることを根拠として導き出されている。『風土』と比較したとき、論文「風土」は感受的なかかわりについて積極的に語っており、この私が、ある「もの」とかかわるという側面を重視していると言えよう。この段階では、『風土』に登場する「我々は同じ寒さを共同に感ずる」という主張は登場していない。

その一方で「ふせぐため」というかかわりにおいては、人と人との関係が明確に見出されている。これは風土論が、自然との「戦ひ方」が国民の特殊性を生み出すという発想の元に構想されたことと深く関わっていよう。論文「風土」が示したのは、人と人とは、自然現象を「ふせぐ」という共通の営みによって結ばれているということであった。

以上のような風土論は、和辻にとって、どのような意味をもっていたのだろうか。ここでいったん、大正時代の和辻の思想に遡ることにしたい[5]。

当時の和辻は、「大いなる愛」を実現し、すべての人と心と心とを触れあわせたいと願っていた。そのために必要なことが、「我」を否定する、いいかえれば、他者に打ち克ちたいという「征服欲」を克服し、他者に対して「同情」することであった。「同情」とは、他者の苦しみを自らの苦しみとして受けとめ、その苦しみを救おうとすることである。このような愛を身近な人から見知らぬ遠くの人へと広げることが究極の目標であり、めざすべき理想像は、「大いなる愛」を実現したブッダやキリストのような「聖者」と呼ばれる存在であった。けれどもこのような高い理想を求めて生きようとするとき、努力することなく生きている人を非難する気持ちが強まっていき、他者に対する「同情」がより困難となっていく。あるいは、自らの内で一人「大いなる愛」という理想に思いをめぐらすことによって、妻や子といった身近な存在を気遣うことができなくなってしまう[6]。大正時代の和辻は、他者との心のへだてを取り除くことを願うことによって、他者とのへだてが増していくという負の連鎖の中に生きていたのである。このような和辻にとって風土論は、私たちが他者に「同情」できる確かな基盤を与えてくれるという意味をもっていたと言えよう。

大正時代に和辻が思い描いていた苦しみは、「霊と肉との葛藤」と表現されるような、内面的なものであった（この問題については、次節で説明する）。それに対して風土論が示したのは、私たちはひとしく自然現象によって苦しめられているということである。人は死をいとい生を願っているという地点に立てば、私たちは、すべての人に「同情」することができる。さらに私たちは、寒さを感じたとき傍らにいる人に対して配慮をしているのであれば、すでに「愛」は実現していると言えるだろう。かつ、風土論が出発点において「人類の自然との戦」を想定していたとすれば、「ふせぐ」ということは、人類共通の営みといいうる。風土論は、すべての人に対する「同情」が可能な根拠として「身体」が存在することを示したのである。

三 「霊肉一致」の倫理学

論文「風土」が発表された翌年にあたる一九三〇年（昭和五年）七月に、和辻は「マルクス主義の倫理的批判」と題する講演を行なっている。この講演は、題名が示すとおりマルクス主義に関するものであるが、その中には、この時点における風土論と間柄論の構想が示されている部分があるため、その部分に注目し内容を確認することにしたい。

講演「マルクス主義の倫理的批判」において和辻は、「具体的人間は個人であると同時に社会である」（『全集』別巻2、九一頁）とし、「人間を単に肉体として扱うということは、その社会関係を抽象しなければならぬといえよう」（同、九二頁）と述べている。さらに、マルクスが語る利益社会のあり方について整理した上で、共同社会のあり方について次のように述べている。「われわれは毎日食物を食っているが、食物の味ということは、全然孤立した個人としてわれわれが経験するばかりのものではない。われわれは同じ味を他の人と共にする」「元来そのものの味において個人的に相違があるということをわれわれが意識するのは、すでに味を共同にするという地盤において可能なのであって、むしろ初めから全然孤立した個人であるとすれば、味というものに人間相互の交通が起り得ないわけである」。その例として挙げられているのが、蕎麦や天麩羅の味であり、その味は、自分だけが知っているものではなく互いに知っていると和辻は論じている。かつ共同社会においては、「悲しみを共にし喜びを共にするという生活の共同」を日常経験している。その例として挙げられているのは、一つは、子供が肉体的に苦痛を受けていれば親もまたその苦しみを共にしているということ、もう一つが、子供を失った場合、父親と母親は一つの同じ悲しみを共にしているということである。「感情を共同にする」ということは、家族の間で絶えず経験することであると、和辻は述べている（同、一二六－一二七頁）。

和辻がここで共同社会に注目したのは、マルクスの議論を「利益社会の経済現象を共同社会の道徳的見地から見ている」（同、一三四頁）と捉え、自らも共同社会の道徳的見地から利益社会のあり方を批判しようとしたからであった。共同社会において成立している生活の共同とは、具体的には味の共同と感情の共同とによって説明されている。両者に共通しているのは、生活の共同は、ある二者が、天麩羅や子供というような第三項を共有する形で成立するということである。このように位置づけられたとき、論文「風土」にあった、ある食物を「うまい」と思うという感受的なかかわりは、後退していくことになる。

以上のような議論は、最終的には『倫理学』第一章第二節「人間存在における個人的契機」にとりこまれていく。そこで和辻は、通常私たちが個別性の根拠と考える「肉体」や「意識」が、共同性の中に存在するものであることを丁寧に論じていく。たとえば肉体の個別性を否定する根拠としては、寒さや熱さに関して私たちが同一の肉体的感覚をともに感じていることが挙げられている。その上で

「肉体を物体とし、それを動かす力を非物体的な心と考え、この両者の間の関係を取り扱う」(『全集』10、六七頁)という立場を否定し、「主体的肉体」を問題とすべきことを主張している。また、意識の個別性を否定する根拠としては、子供を失った場合に両親が同一の悲しみをともに感ずることが挙げられている。その上で、このような親密な間柄でなくとも感情伝染が起こると述べている。さらに、意識の個別性の根拠として肉体的感覚を挙げる立場を退けるために味覚の共同について論じており、「衣服に連関して肌ざわりの共同性」も同様に考察できるとしている(同、八〇頁)。では、このような間柄論は、和辻にとってどのような意味をもっていたのだろうか。ここで再び大正時代の和辻の思想に遡ることにしたい。

すでに述べたように大正時代の和辻は「大いなる愛」を実現した「聖者」を理想像としていたが、一方で和辻は「聖者」と正反対の位置に存在する理想像も思い描いていた。それが「自然児」である。当時の和辻は、人類の歴史を、「自然児」の段階から「内生の分裂」をへて「愛の宗教」を生み出す段階に至ると捉えていた[7]。「内生の分裂」とは、自己の内面において「霊」と「肉」とが分裂し戦っている状態のことである。「肉」とは、身体を通して与えられる感覚的な快楽にひかれることであり、「霊」とは、精神が思い描く高き理想をめざすことである。前者は、「この私」の快楽に意識を向けていく「主我的」なありようであるのに対して、後者は、「この私」から外に目を向け、他者と精神的に交流し、他者のために自己を犠牲にすることをめざす「没我的」なありようとも言いうる。あるいはまた、前者は、自らの内にわき上がる欲望や衝動を肯定する立場であるのに対して、後者は、そうした欲望や衝動を否定しようとする立場とも整理できる。「霊」と「肉」との葛藤は、当時の和辻自身が抱えていた切実な問題であった。その葛藤を克服する方法が、「愛の宗教」の教えに従い「大いなる愛」を実現すること、いいかえれば「霊」によって「肉」を克服することであった。しかし和辻にとって「肉」は重い意味をもっていた。それは、和辻にとって男女の理想的な関係が「肉」を離れては存在し得ないものだったからである。

そうした和辻が見出したもう一つの理想像が、「霊肉一致」を生きた「自然児」であった。「自然児」とは、愛欲や征服欲といった人間の自然的な性質をそのまま表に出す存在である。一九二〇年(大正九年)に出版された『日本古代文化』は、このような「自然児」として上代日本人を規定し、その信仰や道徳思想について論じたものである。『日本古代文化』において和辻は、上代人の恋愛について「官能によつて知られたものは皆、直ちに心でなくてはならない。たましひは官能の端々にも躍つてゐる。従つてたましひのない単なる官能は彼らには存しない。かくて彼らの恋は全人格的であつた」(『日本古代文化』三五三―三五四頁)と述べ、「彼らの愛は極端に主我的であると同時に極端に没我的である」(同、四一九頁)と論じている。「没我的」とは、「恋人の苦しみは彼らにとつて直ちに自らの苦しみである」(同、四一八頁)というありようを指している。これは「同情」と言いうるだろう。一方「主我的」とは「我儘」(同、四一八頁)ということである。ここではその理由が具体的に述べられていないが、『日本古代文化』の他の部分と合わせて考えると「独占の要求」がその例として挙げられるだろう。和辻は、一夫多妻の結果生じる女性の嫉妬を「自然の現象」つまり人間の自然的な性質にもとづいたものと捉えており、『古事記』が描き出す、八千矛の神の妻「すせり姫」や大雀の命の后「石の姫」の嫉妬について、共感を込めて語っている。「独占の要求」は「女の愛の要求」であり、

「自然人にとっては、嫉妬はまさに愛の半面」にほかならなかったのである（同、三六九頁）。

和辻は、以上のように上代日本人に対して強い共感を示していたが、同時にその問題点をも見出していた。人間がその瞬間にわき上がった欲望や衝動に身を任せることを肯定する場合、他者を殺すことや盗みを働くことや誓いを破ることもまた悪として否定されないことになる。このような生き方を貫徹した場合、他者との関係を持続することはできない。「大いなる愛」の実現がめざされていたのは、自らが抱く欲望や衝動を何らかの形で抑制することが、他者との安定した関係を作り出し維持していくために必要であると考えられていたからである。

そうした和辻にとって風土論は、「愛」がすでに実現していることを示すものであった。これに対して間柄論は、「霊肉一致」が私たちの「眼前の事実」であることを示したものであった、と言えるだろう。『倫理学』で和辻は次のように述べている。

心に何か感ずるとき、その体験の中にはすでに肉体が契機として存している。また肉体を動かすときには、その運動の中にすでに心の動きが契機として存する。たとえば喜びを感じてほほえむということは、喜びの体験の中にすでに感じ動く肉体が含まれており、それが微笑という肉体の運動に発展することである。従って微笑という肉体の動きは喜びおどる心に充たされている。「喜びに心がおどる」という言い現わしそのものがすでに肉体と心との不可分性を示しているのである。（『全集』10、六九頁）

大正時代から和辻が願っていた「霊肉一致」は、ここに一つの倫理学体系として完成された。では大正時代に登場していた、「我」を否定し「大いなる愛」を実現する、あるいは「肉」を否定し「霊」による結合をめざすといった試みは、消えることになったのだろうか。この問題は、『倫理学』においては「私」と「公」との関係として整理されることになると思われるが、その前段階として、「利己心」を否定するという試みが登場している。このような枠組みをもたらしたのが、本節の最初でふれた利益社会に対する和辻の問題意識であった。自己の内にある何かを否定しなければならないという強い思いが、和辻の中には一貫して存在していたと言えよう。

四　しめやかな激情

講演「マルクス主義の倫理的批判」において「感情の共同」は、利益社会のあり方を批判するという文脈の中に登場していた。「生活の共同」を主張する和辻の間柄論は、その出発点において、個人の利益の最大化を基本姿勢としてもつ利益社会に対抗するという意味を有している。利益社会を批判するという視点から、日本の「家族」が果たす役割が新たに見出されることになったのである。この問題について確認するために、次に、昭和六年四月－七月頃にかけて執筆されたと推定されている講義草稿「国民道徳論」を参照することにしたい(8)。この講義草稿は、「序論　国民道徳の意義」と「第一章　現代日本と町人的道徳」から構成されている。「第一章　現代日本と町人的道徳」において和辻は、まず現代日本に関する分析を行ない、現代日本の問題は、資本主義の精神、すなわちブルジョワ精神、さらにいいかえれば町人根性、に支配されていることから生み出されていると述べている。その上で日本における「町人根性」すなわち江戸時代の町人の思想に関する分析を行ない、次のように論じている。町人とは、「営利を絶対的目的とするもの」であったが、日本において選ばれたのは、家の幸福を絶対的目的とする「家の利己主義」であった（『全集』4、四六九－四七〇頁）。しかし、このように「自家の利福を絶対的目的とする道徳観」は、「日本のみの立場」においてはついに肯定されなかった（同、四七八頁）。また、日本の町人根性があくまでも「家の利己主義」であったことは、「個人が常により大きい全体に属する個人であるという正しい人間観を離れ切ってはいなかった」ことを意味している（同、四九〇頁）。

この、いわば「不徹底」な利己主義を徹底させる役割を果たしたのが、明治時代以降流入した「欧米の町人精神」すなわち、ブルジョワ精神であった。その結果「契約によって社会関係を作るところの独立せる個人」の立場が、絶対の真理のように迎えられるに至ったのである（同、四九〇－四九一頁）。このような現状を打破しようとするとき、改めて日本の特異性が大きな意味をもってくる。日本においては明治以降もなお「家族の全体性」が重視されており、親子の間には「利潤を期待せざる犠牲的な養育」と「投資を前提せざる犠牲的な孝養」（『全集』別巻1、四四三－四四五頁）がある。和辻は、利益社会を克服するために重要な役割を果たすものとして、日本の「家族」を見出したのである。

『風土』の「第三章　モンスーン的風土の特殊形態　一　日本　イ　台風的性格」は、このような問題意識を共有しつつ執筆されたものであった。詳細な説明は注にゆずるが、「イ　台風的性格」の文章は、もともと講義草稿「国民道徳論」の「序論」に含まれていたものであり、そこでは「七　我国民の特殊性」と「八　全体性の自覚の特殊な仕方と道徳の自覚の特殊性」という見出しが付けられていた。『風土』では省略されているが、「八　全体性の自覚の特殊な仕方と道徳の自覚の特殊性」の末尾において和辻は、それまでの考察によって導き出された「我国民の特殊性」に注目し、過去の道徳思想について考察することが必要であると述べている。続けて和辻は、現代に関する考察を展開し「かくして現代を支配する道徳思想は資本主義的である。それは前にあげたわが国古来の道徳思想のいずれとも合致しない。したがってわが国の伝統に反するものである」(『全集』23、一〇四頁)と述べている。和辻は、日本においては共同社会の道徳が古来一貫して存続していると考えていた。そうした一貫性を証立てるものとして、風土から導き出された「我国民の特殊性」が想定されていたのである。

「七　我国民の特殊性」で注目されているのは、台風と大雨・大雪である。台風のもつ季節的かつ突発的という二重性格、そして大雨・大雪のもつ熱帯的・寒帯的という二重性格にもとづき、日本の人間の特殊な存在の仕方として「しめやかな激情」と「戦闘的な恬淡」が見出される。このような特殊な存在の仕方は、男女や家族といった共同態の作り方に現われる。たとえば和辻は、夫婦の間・親子の間・兄弟の間といった「間」が、「全然距てなき結合を目ざすところのしめやかな情愛である」と述べ、「家族的な「間」において利己心を犠牲にすることを目ざしていた」と論じている(『全集』8、一四二頁)。さらに「八　全体性の自覚の特殊な仕方と道徳の自覚の特殊性」では、「家」としての存在の仕方が国民の特殊性を示しているということをふまえた上で、「日本の人間がその全体性を自覚する道も、実は家の全体性を通じてなされた」という指摘がなされる(同、一四七頁)。原始社会において日本国民が実現した共同態は「ちょうど家の共同態と同じく、個人の自覚を必要としない感情融合的な共同態」（同、一四九頁）であり、この共同態における人間の間柄の特性もまた「しめやかな激情」「戦闘的恬淡」と言い表わされている。「しめやかな激情」は、家族の間と国民の間で抱かれる愛の形である。このような愛は、大正時代において思い描かれてた愛と、どのように関わっているのだろうか。この問題について考察するために、ここでは「しめやか」という語に注目したい[9]。

和辻は「しめやかな激情」という言葉について、論文「国民道徳論」において付した注で「愛情を「しめやか」という言葉で形容するのは、ただ日本人のみである。そこには濃やかな感情の静かな調和的な融合が言い現されている」（同、一五四頁）と説明している。「しめやか」という言葉については、一九三〇年（昭和五年）に行なわれた講演でも論じている。講演「国民道徳論」では、日本について「夏の暑熱と湿潤とによってあらゆる動植物が繁殖し、多種多様に存在する」（『全集』別巻2、六一頁）と述べ、日本人については「春夏秋冬の推移が顕著であって自然の風物が豊富であることは、日本人の感情生活にも影響して情緒纏綿たるものがある」（同、六二頁）と説明している。さらに日本人が受けている風土的制約として、「感情が豊かに発達している」こと、「情愛を表現する語は、たとえばしめやかな感情とか潤いのある情などといって、湿潤を表す語と同一であること」が挙げられている（同、六五頁）。また講演「マルクス主義の倫理的批判」では、やはり風土的制約について語った部分で、日本語について次のように述べている。

日本では通例、しめやかなということをいうが、湿めるという言葉に関係のある言葉で、ある感情、情愛の形容としてしばしば使われる。あるいはうるおいのある文章などと使われるが、うるおいのある文章というのは、やはり湿気に関係のある言葉である。それは感情に豊富であるという場合にそれを表わすための言葉となる。（同、一一〇頁）

日本において自然が人間に影響を与える過程を段階的に整理すれば、湿度の高い空気が豊かな自然の風物を育み、豊かな自然の風物が豊かな感情を育む、となる。けれども「湿度の高い空気」と「豊かな感情」がともに「しめやか」という言葉で表わされたとき、人の身の内と外とが直接結びつけられることになる。人と人との間に満ち溢れている「しめやかな空気」と、人々の内に抱かれる豊かで濃やかな感情、いいかえれば「しめやかな情愛」が相通じるものとして捉え返される。このような自己了解を含む「しめやか」という言葉に、和辻は深い共感を寄せているが、その背景には、大正時代の和辻自身の経験、「しめやかな雨」を見て「大いなる愛」を考えるという経験が潜んでいると考えられる。

和辻は「ある思想家の手紙」（『偶像再興』所収）において、次のような経験を語っている。秋の雨がしとしとと降り注ぐある日、ガラス越しにじっと窓の外を眺めていた「私」は、自分の心が「大きい暖かい力」にしみじみと浸るのを感じ「すべての人をこういう融け合った心持ちで抱きたい、抱かなければすまない」と思い、「自分に近い人々を一人一人全身の愛で思い浮かべ」、さらに「私の心はだんだん広がって行って、まだ見たことも聞いたこともない種々の人々の苦しみや涙や歓びやなどを想像し、その人々のために大きい愛を祈」るという状態に至る（『全集』17、六三頁）。あるいは『古寺巡礼』では「久しぶりに親兄弟の中で一夜を過ごした。逢う時に嬉しいと思うだけ別れる時にはつらい。今僕は哀愁に胸を閉されながら、窓外のしめやかな五月雨を眺めている。愛とは悲しいものだ。涙にぬれた心のみが、本当に他の心を抱擁するのだ。大慈大悲という言葉の妙味が今は頻りに胸にこたえて来る」という文に続けて、「医は仁術なりという標語を片時も忘れず、その実行のために自己の福利と安逸とを捨てて顧みない人」である父から「お前の今やっていることは道のためにどれだけ役にたつのだ」と問われ、ひどくこたえた、という体験がつづられている(『古寺巡礼』二一-二二頁)。和辻は、「しめやかな五月雨」から「涙」を連想し、苦しみを経験した者のみが、他者の苦しみを思う愛を実現できると強く感じている。和辻は「しめやかな雨」に、自らがめざす理想的な愛の形を感じとっていた。ここでは、しめりけのある空気によって包まれることと、愛によって包まれることとが重ね合わされて捉えられている。このような重ね合わせが可能なのは、人間にとって「水」が生存にとって必要な「恵み」だからであろう。かつ、降り続ける「雨」から、苦しみゆえに流す涙や同情ゆえに流す涙が連想されるからであろう。しめりけのある空気に包まれていることは、「愛」を与えられている状態であり、静かに雨が降り注ぐ姿は、静かに愛が与えられ広がりゆく様子を表わしている。そうした外なる「愛」が自らの内なる「愛」を呼び起こし、さらに呼び起こされた「愛」が外へと広がっていくという姿がここでは思い描かれている。

また「しめやか」という言葉は、『日本古代文化』において上代人を表わすために選ばれた語でもあった。和辻は上代人について「愛らしい湿やかな心情の持主に相違ない」(『日本古代文化』三七六頁)と述べている。あるいは「古事記全体に漂ふてゐる牧歌的な美しさは、この湿へる心情の流露である」（同、二八九頁）などというように、感情が「流露」し「横溢」することがくり返し語られている。水が体の内と外とを出入りするように、感情もまた内と外とを出入りするものとして捉えられている。さらに「しめやか」という言葉は、男女の情愛を表わす言葉としてもしばしば使われている。たとえば、軽太子を追って自ら死を選んだ衣通姫の愛情は「しめやかな愛情」（同、一一三頁）と評されている。あるいは、小碓の命を助けるために自ら海に飛びこんだ弟橘姫の辞世の歌について「過去の危難の際の心の結合を思ひ出した惻々たる愛情の表白」と語り、弟橘姫の愛情を「湿めやかな心情の流露なる愛」と評している（同、二四九頁）。このような愛の姿は、論文「国民道徳論」で語られている「しめやかな情愛」の基本的な性格を形づくっていると言えよう。論文「国民道徳論」でも、「日本の人間の特殊な存在の仕方」が現われている具体例として、まず挙げられたのが『古事記』や『日本書紀』における恋愛譚であった。

しかし一方で「しめやかな雨」は、論文「国民道徳論」には登場していない。「しめやかな激情」は、台風がもつ二重性格と、熱帯的・寒帯的という二重性格から導き出されている。なぜ、「しめやかな雨」は消えることになったのだろうか。

その理由として、「湿潤」が「モンスーン」地域の特徴として位置づけられたことが挙げられよう。一九三〇年（昭和五年）四月から七月の間に行われたと推定されている講演「国民道徳論」では、「豊葦原」という類型が示され、その地域は「東洋、特にモンスーン（季節風）の支配する地域」（『全集』別巻2、六一頁）とされているが、その具体的な分析は日本に関することのみである。ここに台風についての指摘も登場しているが、論文「国民道徳論」に見られる「しめやかな激情」などに関する考察はまだなされていない。その後、一九三〇年（昭和五年）十月に行なわれた講演「人間の風土性について」では、風土の類型が「一、乾燥　二、湿潤　三、乾湿の統一」（同、二一〇頁）と整理され、「二湿潤」については、インド洋のモンスーンが例として挙げられ丁寧に論じられている。このような考察にもとづいて『思想』昭和五年十一月号に論文「モンスーン」が発表されることになる。「湿潤」がモンスーン地域共通の特徴として位置づけられることになったので、日本の特性について示すために「台風」が選び出されることになったと言えよう。

したがって「しめやか」による結合には、三つの段階があると考えられる。一つめが、大正時代に和辻が考えていた結合の形である。「しめやかな雨」によって、すべての人と心を触れあわせるような「大いなる愛」が思い描かれる。一方「しめやかな情愛」によって結ばれている男女が実現していた結合が、心と体の両方が結びついた「全人格的」な結合であった。

二つめが「湿潤」が実現する結合である。「湿潤」の中で生きることとは、自分の身の内にも外にもうるおい、いいかえれば愛があふれる中に生きていることになる。しめりけを帯びた空気を感じる身体を媒介として、他者との心と心との結びつきもまた実現することになる。このような結合が成立する範囲は、「湿潤」の範囲、すなわち「モンスーン」地域となる。心と心とのつながりをめざす「大いなる愛」は、すべての人に及ぶことをめざすものであったが、身体を根拠とする結びつきは、ある範囲において成立するものとなる。また、講演「国民道徳論」では、「砂漠」は部族中心、日本は家族中心、西洋は個人中心という指摘がなされ、このような分析を受け一九三一年（昭和六年）の講義草稿「国民道徳論」では、「モンスーン的」とよばれる東洋の諸国土の特徴として「共同態の作り方の融和的な特殊性（家族的）」（『全集』別巻1、四三八頁）ということが挙げられている。「融和的」であるという特徴は、「湿潤」地域全体に及ぶものであるが、一方で「融和」が具体的に現われる場面として「家族」という単位の重要性がここで見出されたことになる。

三つめが、「しめやかな激情」「戦闘的な恬淡」という語で表わされている結合である。この結合の特徴は、「そと」と距てられた「うち」の中で成立することである。和辻は、日本人は「家」を「うち」として把握しており、家族はすべて「うちの者」と表現され、内部での個人の区別は消滅すると論じている。また「家」の構造も、「家」の内部の部屋には締まりをつけないが、「家」の外に対しては必ず戸締まりをつけることになっており、これは「家」が外に対しては距てをおき、その内部において「距てなき結合」を表現していることを意味している。国民の結合について語る場合も、原始社会における日本国民の結合を「教団的な結合」と評していることに現われているように、「教団」というある閉鎖性をもった集団が想定されている。「湿潤」による結合は、その実現する範囲が「モンスーン」地域に限られるとはいえ、「モンスーン」地域と、その「そと」との境界は曖昧である。それに対して「しめやかな激情」による結合は、境界を定めた上で「そと」を排除するという性格をもたされることになった。大正時代の和辻が「愛」を第三者に広げることをめざしていたとすれば、このときの和辻は、第三者をいったん排除することによって「愛」が実現すると主張していることになる。このような変化はなぜ生じたのだろうか。和辻がなぜ閉鎖性を肯定するようになったのかという問題は、和辻の「全体性」の概念と深く関わるものであるが、ここでは、本稿の主題である風土論の展開過程にもとづいて「家」の閉鎖性がもつ意味を考えてみたい(10)。

和辻が閉鎖性を肯定するようになったのは、逆説的ではあるが、身体を媒介とする結合が風土論によって実現してしまったからだと思われる。風土論によれば、私たちの共同性は、私たちの生を脅かすものとして自然を捉え、そうした自然に対抗するという形で生み出される。さらに「モンスーン」という風土の特徴は、そこに生きる人々の感情を融合させる方向へと強く働きかける。しめりけを帯びた空気を通して私たちの情愛があふれ出し融合していくというありようは、決して男女のような特定の間柄でのみ生み出されるものではない。同じ風土の中で生きる者どうしの間に、ひとしく生まれるものである。風土論によって、人と人とは、心と体の両方において結びつくことになったが、そのことは同時に、かつて男女の間柄がもっていた特権的なありようを失わせてしまうことになったのである。

すでに述べたように、和辻が『倫理学』において描き出したのは「霊肉一致」の倫理学体系であった。この段階に至ると、友人との間には「肉体的にそばに行こう」という引力が働き（『全集』10、六五一‐六六頁）、感情伝染が起こるということが語られる（同、七五頁）。この状態だけを見ると、大正時代の和辻が考えていた「独占の要求」は実現不可能なものになってしまったように感じられる。しかし『倫理学』では、二人共同体の特色として「肉体への相互参与」が掲げられることによって、他の共同体とは決定的に異なることが示されるに至った。大正時代の和辻は、男女の結合を心と体の結びつきとして思い描き、一方、すべての人との結合は心の結びつきとして思い描くという形で、二人関係の特権性を保っていた。それに対して『倫理学』では、すべての人と心と体の両方において結びつくことになったので、「肉体の独占」のもつ意味が決定的な重さをもつことになったと言えよう。

「肉体の独占」が可能になるのは、互いに相手に対して「独占の要求」を突きつけるからである[11]。もっとも『倫理学』では、第三者の排除は、男女が心身において相互に全面的に参与することによって、徹底的に「私」をなくし公共性を実現するために必要とされている。いいかえれば、第三者の排除は人倫の形成に不可欠なものとして位置づけられている。しかしその前提には、和辻が「距てなき結合」をつくろうとする「愛」の具体的な姿を、「独占の要求」を表現することと考えていたことが存在していよう。論文「国民道徳論」において和辻は、家族の「間」を「全然距てなき結合を目ざすところのしめやかな情愛」と規定した上で「素朴な古代人は夫婦喧嘩や嫉妬を物語るに際してすでにこのような距てなき家族の情愛を示している」と指摘している(『全集』8、一四二頁)。ここに付された注には「嫉妬についてはたとえば八千矛の神や磐の姫の歌を見よ」(同、一五五頁)と記されており、具体的には『日本古代文化』で展開した論が、ここでは想定されている。嫉妬し、相手に「独占の要求」を突きつけることは、「全然距てなき結合を目ざす」試みにほかならなかった。このように規定した場合、男女が空間的に閉鎖された一つの家で暮らすことは、第三者を持続的に排除するという意志を広く社会に示すと同時に、その意志が正当なものとして認められていることを表わしていることになる。和辻にとって、日本の「家」がもつ閉鎖性は、「独占の要求」の正当化を支えるものであった。

五　おわりに

すでに述べたように『倫理学』では、「独占の要求」が人倫の形成に不可欠なものとして位置づけられていった。それは、深く触れあうというかかわりを、一対の男女にのみ許されることとして限定していこうとすることを意味している。おそらくこのような方向性が、論文「風土」にあった「感受的なかかわり」を消すということも生み出していったと思われる。「しめやかな雨」が削除されることになったのも、このような方向性が関わっていよう。たしかに「感受的なかかわり」が消えていった理由は、一つにはそれが「個人」を強く意識させるものだったからであると考えられる。すでに講演「マルクス主義の倫理的批判」において、論文「風土」にあった「うまさ」を求めるというありようが消え、「味の共同」について論じるということが行なわれていた[12]。しかし『倫理学』においても「味覚の共同」や「肌ざわりの共同性」（『全集』10、八〇頁）が残っていることは、「感受的なかかわり」を通して共同性を語る道もまた存在していたことを意味しよう。この道を進むとどうなるだろうか。

私たちは、やわらかな木綿を身にまとい、そのふっくらとした暖かさや、汗ばんだ体にしっとりと寄りそうなめらかさを感じ、果実の甘い汁で手指をぬらしながら、そのかぐわしい香りや、やわらかな果肉のみずみずしさを味わう。感覚の共同を、このような経験を出発点として語り始めるとすれば、私たちの間柄は、極めて官能的なものとして見出されるだろう。

和辻が『風土』を書くにあたり選び出した経験は、同じ寒さを感じ、その寒さをふせぐこと、そして花を見るということであった。寒さを感じ花を楽しむという例は、いずれも論文「風土」にも登場しているものである。寒さを感じる経験は、触れる経験ではあるが快いものではなく、花を見るという経験は、楽しいものではあるが対象に直接触れることがない。ともに触れ心地よさを味わうという経験を、和辻は注意深く除いていく。その一方で、同じ寒さを共同に感じていることを示す証拠として、寒さを表わす言葉を日常の挨拶に使っているということが挙げられる。私たちを結びつけるものは、「もの」から「ことば」へと微妙に移っていくことになる。[13]

和辻の倫理学体系は、自らが望む結合を実現したいという願いを、貫き通すことによって生み出されたものであった。和辻には、他者とともにあるためには、自己の内にある何かを否定しなければならないという衝動がある。そうした部分が「我」や「肉」といった言葉で表現されてきた。その衝動の強さは、和辻をキリスト教や仏教といった宗教へと近づけていく。しかし一方で和辻には、宗教が否定するものを、何とかして肯定したいという願いもあった。和辻にとって重い意味をもっていた「独占の要求」は、仏教では煩悩として否定されるものである。しかし、だからといって和辻は、仏教を否定しそこから離れることは選ばない。和辻の倫理学体系を生み出したのは、そうした幾重にも屈折した自己意識であったと言えよう。「ひと」に対するときには、屈折を抱え込まざるを得ない和辻であったが、「もの」に対するときは、そうした自己意識から離れ、「もの」に没入し、「もの」を生き生きと語ることができたように思われる。このような姿勢が生み出したのが、仏像について語った『古寺巡礼』や各地の自然について語った『風土』であるとも言えるだろう。和辻自身がどのように「もの」を語ったのかというだけではなく、和辻自身にとって「もの」は何であったのかということもまた、和辻の思想を捉える上で重要な問題であると思う。

（1）『全集』別巻1所収、米谷匡史の解説、米谷匡史編『和辻哲郎「人間存在の倫理学」』（燈影舎、二〇〇〇年）所収の解説を参照。なお本稿では、風土をめぐる和辻の一連の考察を「風土論」、人間は個人であると同時に社会的存在であるという人間理解にもとづいて生み出された和辻の一連の考察を「間柄論」と呼ぶこととする。

（2）本稿の主眼は、和辻が歩んだ思索の跡を辿ることにある。したがって本稿では、和辻が個々の著作においてなした解釈や分析が妥当なものであるか否かは、直接的には検証しない。たとえば、和辻の風土論・間柄論・『古事記』解釈などについては、現在に至るまで様々な批判がなされているが、そうした批判を踏まえた上で、和辻の解釈や分析の妥当性を検討することは行なわない。しかしそれは、和辻の解釈をすべて正しいものとして認めていることを意味してはいない。むしろ逆に、和辻の思索の跡を辿ることによって、なぜ和辻がそのように解釈したのかを明らかにすることができ、その結果初めて、和辻の解釈の問題点を指摘することができると考えている。しかし、本稿ではその段階には至らなかった。今後の課題としたい。

（3）以下、本稿で参照する昭和三年－昭和五年の資料について、本稿での呼称、全集収録時の名称、発表の形、発表年月または推測されている執筆期間について整理しておく。

講義草稿「国民性の考察」：「国民性の考察」ノート（抄）、講義ノート、昭和三年九月－昭和四年二月

論文「風土」：〔参考〕風土〔『風土』第一章の初出〕、論文、『思想』昭和四年四月号

講演「国民道徳論」：国民道徳論、講演筆記、昭和五年四月－七月

講演「マルクス主義の倫理的批判」：マルクス主義の倫理的批判、講演筆記、昭和五年七月

講演「人間の風土性について」：人間の風土性について、講演筆記、昭和五年十月

なお和辻の著作からの引用は、『和辻哲郎全集』（岩波書店）に拠る。ただし『日本古代文化』は一九二〇年（大正九年）十二月に発行された三版（初版は同年十一月に刊行）を、『古寺巡礼』は『初版　古寺巡礼』（ちくま学芸文庫、二〇一二年）を使用しているため、頁数のみを記している。また、原文にあった傍点・傍線については、煩雑になるので省略した。

（4）「感受」をめぐる論点が消去されたことについて論じたものとして笠原賢介「和辻哲郎『風土』とヘルダー」（『思想』一一〇五号、二〇一六年五月）が挙げられる。なお、講義草稿「国民性の考察」と論文「風土」には「道具」という言葉が頻出している。これは、ハイデガーの「道具」論を踏まえた上で和辻が自らの論を構築しているからである。講義草稿「国民性の考察」からは、和辻が丁寧にハイデガーの論を辿っていることがうかがえるが、論文「風土」では、そうした部分は削除されることになった。

（5）大正時代の和辻の思想については、拙稿「「聖者」と「自然児」――大正時代の和辻哲郎の思想」（『駿河台大学論叢』第六〇号、二〇二〇年）をご参照いただければ幸いである。

（6）『偶像再興』（『全集』17）所収の「ある思想家の手紙」「聖者と芸術家」を参照。

（7）「自然児が愛の宗教を産むまで」（『全集』21）を参照。なお和辻は様々な著作において「自然児」について論じているが、同じ意味合いをもつ語として「自然人」も使用している。両者の関係については注（5）に挙げた拙稿にて論じている。

（8）講義草稿「国民道徳論」の再編の過程を、以下にまとめておきたい（この草稿は、『全集』別巻1に「「国民道徳論」草稿（抄）」という名称で、その一部が収められている）。

この講義草稿は、「序論　国民道徳の意義」と「第一章　現代日本と町人的道徳」から構成されている。「序論」のうち「一」「二」「三」「七」「八」は、一九三二年（昭和七年）四月に出版された岩波講座『教育科学』第七冊に「国民道徳論」という題で収録されている（本稿では「論文「国民道徳論」」と呼ぶ。『全集』23に収められている）。このとき「七」と「八」が、「四　『我国民の道徳』の歴史的研究序説」という見出しを付けられ、まとめられることになった。この「四」の一部が削除された上で、一九三五年（昭和十年）に出版された『風土』に収録されている。そのときの見出しが、「イ台風的性格」である。一方、講義草稿「国民道徳論」の「第一章　現代日本と町人的道徳」をもとにして論文「現代日本と町人根性」が執筆され、『思想』昭和七年四月号－六月号に掲載された。この段階で結論部分が補われるなど、改稿が行なわれている（のちに『続日本精神史研究』に収録）。

（9）「しめやか」という言葉に注目し、初期和辻（明治二十二年－大正十四年）の思想について論じたものとして、頼住光子「和辻哲郎の思想形成と宗教――初期の作品を手がかりとして」（『倫理学紀要』第二六輯、二〇一九年三月）が挙げられる。

（10）閉鎖性の問題は、遡れば風土論が最初からはらんでいたものであった。たしかに風土論は「同情」の根拠として身体の存在を示したが、「沙漠」についての議論が示しているように、生の維持をめざすからこそ他の部族と争うということが生じてしまう。和辻が、このような部族間の対立を統制するものとして思い描いていたのが「国家」であった。

（11）また「肉体の独占」を保証する存在として国家が重要な役割を果たすことになる。

（12）ただし昭和六年の講義草稿「国民道徳論」では、序論「六　国民の特殊性と道徳」において「人間が風土に於ておのれを見出す」という経験について、「個人の立場ではそれは身体の自覚になる」（『全集』別巻1、四三六頁）と述べられており、風土を通して個人を自覚するという視点は存在し続けていた。しかし『倫理学』において、個人は全体性の否定によって生み出されると規定されることによって、風土を通して身体として存在する自己を自覚するという側面は、倫理学体系の中に位置づけることができなくなったと思われる。

（13）本稿とは異なった視点からであるが、このような和辻の思想の変化について論じたものとして宮川敬之『和辻哲郎――人格から間柄へ』（講談社学術文庫、二〇一五年）がある。

第四章　未知の者と友人として出逢う
――『倫理学』の文化共同体論再考――

板橋勇仁

一　はじめに

和辻哲郎の主著の一つ『倫理学』が、個人よりも個人が所属する共同体ないし全体の方に重い価値を置く理論構成になっているのではないかというのは、広く流布している懸念であり批判である。もちろん本稿(1)でも見るように、和辻は人間存在の根本動態を個人と全体との相互否定の運動とみなすのであり、単純に全体に重きを置くわけではない。しかし批判の要点は、この運動自体が一つの全体であり、個人はこの全体に寄与する限りで価値を見出されているにすぎないというものであろう。たとえば、現実の社会には、個人についてその個性・個別性を抑圧しつつ共同体・全体に統合し従属させようとする動きが散見される。なるほど和辻は人間にとって本来共同体・全体とは決して一方的に個を従属させるものではないとする。しかし批判する側は、和辻において、個々の多様で異質なる人間存在の個別性・独自性は、その全体に対する効力においてのみ価値を持ち、それ自身として積極的に評価されてはいないと指摘するであろう。そして『倫理学』のような人間把握では、個を全体に従属させる動き、言い換えれば、個の個別性を画一化・均質化する動きに十分に抗しえないと難じるであろう。それに対して筆者は、従来はほとんど見られなかったように思われるものの、『倫理学』における「文化共同体」論に光を当てることで、『倫理学』の理論が、むしろ多様な個ないし異質なこの私のダイナミズムに深く光を当て、現実の世界に働く画一化・均質化の力に徹底的に抗戦しようとするものであることを示したい。

和辻の多岐にわたる仕事を広く勘案することで、総合的に見て、和辻の思索が個人の個別性ないし個性に十分な価値を与えていることを浮き彫りにすることも可能であろう。この観点では優れた研究がすでに世に出ている。坂部恵『和辻哲郎』はその代表的なものの一つである。筆者からすれば、坂部の著作は、『倫理学』以外での文化的ないし芸術的な共同体への和辻の考察に光を当てながら、和辻の『倫理学』の根本的な理論構成について再構築するものと評価できる。そして坂部の著作は『倫理学』における「文化共同体」論について直接注目するものではない。それに対して本稿はより意識的に『倫理学』の議論の分析に集中したい。『倫理学』という一つのまとまりを持って公刊されたテクストをそれとして最大限に活かしつつ、その可能性を十分に引き出す試みも当然あるべきと考える。本稿では、「文化共同体」の議論がなぜ『倫理学』においてなされるのか、その意味を十分に顧慮しながら、『倫理学』の内部から、従来省みられてこなかったそのみずみずしい力を紡ぎ出してみたい。

二　人間存在の根本構造
――主体の多化と合一の運動――

和辻の言う「倫理学」とは、それを実現することで人間が人間として在るものとなる、人間の本来のあるべき道（道理）、「理法」を問う学である。和辻によれば、人間の各々の個人とその全体との関係について、全体を離れて個人は存在せず、個人を離れて全体は存在しないとする。各個人の個性は「孤立的」な個人のそれとして存在するのではない。むしろ、全体としての既存の統一性・合同性を否定するという仕方で成立し、いわば行為的に生成していくものである。しかし同時にそれは、こうした個人による否定を通して、全体の全体性（統一性・合同性）が生成し実現すること、したがって全体が個人を否定することの実現でもある。たとえばある個人の発言は、何らかの意味において、既存の全体の関係を破るものである限り、他とは異なるその「個人」の発言と言えるが、しかしそれは、この発言を聴き、様々に理解する、全体における他の諸々の個人との連関においてのみ在る。したがってその発言が本当の意味で既存の関係を破り、否定するもの、さらには全体の変革にも至るのは、そうした効力を持つものとして全体において位置づけられ、全体において実効的な機能を果たすその限りにおいてである。ここには、個による全体の否定が、本質的にその完遂において、全体による個の否定の実現と不一不二の関係にあること、両者が「二重」にして一つの運動であるということが見られる。

したがって、人間存在の存在構造とは、一つの運動の、「個別的契機」と「全体的契機」の「二重性」として理解するべきである。人間存在とは、「多数の個人への分裂とその共同」（二七頁）としての否定の運動であり、より適切には、「主体の多化と合一の運動」である（こうした運動における、主体の「合一」という契機は、我々の個人に即しては「自他不二」とも言い換えられる）。したがっていかなる「個人」にも、実際には二つの契機のまさしく「二重性」が、ないしは「主体の多化と合一の運動」が存している。逆に全体もまた同様であり、個別性を含まない未分化な全体がまず存在して、それが自らを多化して運動を展開するのではない。「主体の多化と合一の運動」は根源的にそれ自体として存在し、そもそも自己生成的・自己形成的に成立しているのである。

もちろん、ここで顧慮しておかなければならないことは、こうした「主体の多化と合一の運動」とは、順当かつスムーズに、いわば予定調和的に成立するものでは決してないということである。それはむしろ、個別的契機と全体的契機とが交互に否定しあい、いわば互いに突出しあう運動である。あるいは和辻がしばしば述べるように、個が全体に「背反」することを通す運動である。両契機が相互に創造し変革しあい、互いに他においておのれを実現し、おのれの固有の意義を深めていくのである。人間存在の存在構造として和辻が提示するのは、常に否定と背反を媒介し、破綻の危機にさらされ続けるような緊張関係においてのみ実現しゆくダイナミズムにほかならないと言えよう。それゆえに、和辻は「人間存在の根源」は「否定そのもの、すなわち絶対的否定性である」（二六頁）とするのである。

ここにおいては、この否定の運動のスムーズで順調な展開を支え、約束するようないかなる基盤も根拠もない。人間存在の根源それ自身は「空」であり、それも「空が空ずる」その「空」である。それ自身が否定の運動でありつつ、しかも運動のこうした否定のダイナミズムに自らをさらし続けるようなこの全体は、「絶対的否定性が否定を通じて自己に還る運動」（一二五頁）とも言われる。すなわちそれは「空ずる」ことでおのれの本来を実現し還帰していく、そうした否定を介しての不断の自己還帰において在る運動である。和辻はこうした運動を人間存在の「根本的理法」となす（一二五頁）。したがって、和辻にとって人間の求められるあるべき生とは、個々の人間存在が、自己還帰の運動そのものに在ることを自覚し、それに徹し、生きることにある。

ただし、従来は、和辻の以上のような「人間存在」論では、個々の多様で異質なる人間存在の個別性と独自性が適切に顧慮されていないのではないかとの批判が生じてきた。しかしこうした批判の妥当性を検討するためには、そもそも「個」と「全体」ということで、和辻が具体的に現実の世界におけるいかなるものを指示しようとしているのか、そのことを明らかにしなければならない。次節では、さらに和辻の『倫理学』における叙述を跡づけたい。

三 「信頼」における人間存在

前節で考察してきたような、人間存在の根本構造としての「主体の多化と合一」の運動は、具体的には、以下に見るように「信頼」に応えること（ないし応えないこと）において働くものである。

たとえば人は、生命の危険が迫っているなどの危急の際に、特定の誰を目指してということでなくても助けを求める声をあげる。それは和辻によれば、「人は、他の人々をすでに初めより救い手として信頼しているがゆえに呼ぶのである」（二七九頁）。もっと日常的にも、たとえば道に迷った時に見知らぬ人に訊ねることや、「何ら防衛の心構えなしに人込みの中を歩いている」ことなどからもわかるように、見ず知らずの人が自分と同様に害意を持っていないことへの信頼の上に、生活が成り立っている（二八〇―二八一頁）。このことは、和辻からすれば、人は、ある信頼において人に働きかけ、行為するということ、あるいは人が働きかけ、行為する事柄は「信頼」の内容の表現である、ということを意味する。別言すれば、和辻は、行為の成立地盤あるいは地平であり、かつ行為において表現される志向を「信頼」と呼んでいると言えよう。

そして「信頼の社会的な表現が行為者の持つそれぞれの社会的な持ち場である」（二八一頁）。親として、乗客として、会社員としてなど、あらかじめすでにその持ち場に応じて行為の仕方が期待される。ゆえに和辻からすれば、「人間関係は同時に信頼の関係なのであり、人間関係のあるところに同時に信頼が成り立つ」（二八六頁）。人間存在がまず成立して、それが互いに信頼関係を結び合うのではなく、人間存在とは、はじめから、つねにすでに何らかの信頼関係の網の目において存在している。しかもこの際、信頼に応え、おのれの持ち場に応じておのれとしての自らのなすべきことをなすことは、前節で考察したような、人間存在が二重性を持って存在し、しかも全体を否定する「個」の実現が「全体」の実現と不一不二の仕方で合一する、そうした「主体の多化と合一の運動」の具体的な実現として成立している。すなわち「信頼」に応答することこそが、個々の人間存在が、自らの本来的な真相としてのこうした運動そのものに徹し、それを生きることにほかならないのである。以下のように述べられる。「否定の道による主体の多化・合一の運動が信頼の根拠なのである」(二八三頁)、「信頼に応える態度としての「まこと」は、否定の道を通じての人倫的合一の実現であり、従って人間存在の真相を現わすものである」(二九〇頁)。

この際に注意すべきことは、「信頼」とは、ある行為がいまだ果たされておらず、しかしそれがこれから果たされるであろうことへの「信」を意味するということである。「信頼の現象は単に他を信ずるというだけではない。自他の関係における不定の未来に対してあらかじめ決定的態度を取ることである」(二八五頁)。信頼関係が行為の地盤であり、かつ信頼に応えることは、人間存在がおのれの本来の真相を実現することである。そしてこのことは、すでに個々の人間存在が、おのれに固有のなすべき事について、本来あらかじめ指し示されていること、おのれの本来に向かうべく、未来へと呼びかけられていることを意味する。およそいかなる行為も、この本来＝未来への呼びかけに対して何らかの意味で応えることにほかならない。すなわち、現実において行為は「帰来という動的構造を持つ」(二八五頁)。

こうして和辻からすれば、信頼関係に応答する行為の「帰来」の運動こそ、人間存在の根本的理法としての「空」の「自己還帰」の運動の現実における現前である。ゆえに和辻によれば、信頼に応えることは、「誠実」「信実」「忠実」すなわち「まこと」であると言いうる。それはまさしく、本来へと起ころう(本来へと帰来しよう)とする人間存在の「自己還帰の運動」の真相・真実をその通りに誠実にして忠実に起こらしめることであり、その意味で「真言」「真事」＝「まこと」の具体的な現前なのである。

とはいえ、人間が「信頼」の網の目を地盤として、つねにすでにおのれの真相に本来開かれてあること、そして本来へと起ころうとする帰来の運動において存在しているということは、「まこと」が歪められ、起こらないこと、すなわち「裏切り」や「虚偽」が起こることを否定したり、その生起の確率を低く見積もることを意味しない。むしろ和辻からすれば、「裏切り」「虚偽」の方が現実には多く現象する。それゆえに現実には「まこと」は起こらしめるべきこと、なすべきこととして、人間の倫理において「善」として説かれ、「裏切り」「虚偽」は「悪」として説かれる。

そしてここには、「人間関係は同時に信頼の関係である」と述べられたことの根本的な動機があると思われる。従来はあまり注目されてこなかったように思われるが、和辻が単に「期待」と言わずに「信頼」と言うのは、むしろ根本的に他者に裏切られる可能性があるからである。すでに見たように、未来が「不定」であり、かつそこに「決定的な態度」を取ることが「信頼」である。とはいえ未来が不定であっても、現在予想していることがほぼ確定的に実現するのであれば、他者に信頼をかけるまでもないと言えよう。期待の実現に困難が予想され、場合によっては裏切られるかもしれないという余地を、この「不定」が含むからこそ他者に対する「信」が必要となるのである。和辻が、われわれは通常見ず知らずの人が自分と同様に害意を持っていないとみなしていることをあげて、日常生活は信頼の上に成り立っていると述べることは、このことに関わっている。この例で言われる信頼には、相手が見ず知らずの者である以上、実は何の根拠も有していない。もしも確かな根拠があるなら、それは確率を見積もり算定しているだけで、「信頼」の名に値するとは言えない。逆説的ではあるが、むしろ「信頼する」とは、根本的には根拠がないままに他者を受け入れ肯定する態度なのである。

したがって和辻の「倫理学」は、他者と共にあることのこうした根拠のなさをいかに受け止め、いかにしてその上で他者と共にあるかを考察するものである。すでに考察したように、「主体の多化と合一」の運動のスムーズで順調な展開を支え、約束するようないかなる基盤も根拠もない。この事実に目を向ければ、和辻の倫理学が人間存在の個別性を軽視し全体性に偏ったものであると断ずる一般的な見解にではなく、むしろこの倫理学は全体性の危うさや根拠のなさを提示するものであるという見解に必然的に達するのである。

ただし、以上のように和辻の思索を跡づけてくると、今度はさらに具体的に、「信頼」の重々無尽の連関において生きる個々の人間存在にとって、その時その場の現実の状況において、いずれの信頼が果たされるべきものであるのかが問題となろう。すなわち、いかなる信頼に応えることが、それによっておのれがおのれとなる本来的な信頼関係であり、「まこと」をもたらすのか、このことが問題となるであろう。この問題をめぐって和辻は、『倫理学』第三章「人倫的組織」において、現実に成立する諸々の共同体の「層位構造」に関して検討している。それについてさらに考察を進めよう。

四　共同体の間の倫理学

人間存在の地盤としての信頼関係の重々無尽の連関は、和辻からすれば、現実には層位構造を持つ諸々の共同体（の共同性）の連関として具体化している。ゆえに信頼関係の連関を検討していくためには、現実に諸々の共同体が持つ特質を、とりわけその「公共性」と「私的」性格の特質を理解していかなければならないとされる。諸々の共同性が機能するそれぞれの社会的組織（社会的な全体的存在者）すなわち諸々の「共同体」は、つねに何らかの意味において、それへの「参与の可能性」としての「公共性」（三三〇頁）を持つことを条件とする。他方、ある共同体が、何らかの意味で、他の第三者の参与を拒み、顕わになることを拒むような共同性を持つ場合、その共同体は、公共性ないし開放性の欠如としての「私的存在」（三三三頁）であると言いうる。するとたとえば「家族、仲間、村落等の団体は、その成員に対しては公共的な場面であるが、しかしより大きい公共性に対しては私的存在の性格を担い得る」（三三三頁）ことになる。

『倫理学』は、最も私的な存在としての二人共同体から、最も公共性を有する「国家」まで、諸々の共同体が公共性の度合いに応じて順次層位的に存在するとみなす。具体的には、家族共同体（性愛と夫婦における二人共同体、親子共同体、兄弟姉妹）、親族、地縁（地域）共同体、経済的組織、文化共同体、国家である。(2) この際、しばしば誤解されるように、家族共同体がまず成り立ち、それを基にして地域共同体が成り立つといったように順次共同体が積み上がっていくわけではない。それは和辻の言う国家共同体とはいかなる共同体であるかを見ればわかる。それゆえに、ひとまず国家共同体への和辻の考察を見てみよう。

和辻は以下のように述べる。「国家は家族より文化共同体に至るまでのそれぞれの共同体におのおのその所を与えつつ、さらにそれらの間の段階的秩序、すなわちそれら諸段階を通ずる人倫的組織の発展的連関を自覚し確保する。国家はかかる自覚的総合的な人倫的組織なのである」（五九五頁）。国家はなるほど他の国家に対する一つの国家として閉鎖性と特殊性を有するが、しかし家族から文化共同体までの諸々の共同体と並列される共同体ではなく、それらの共同体の間の「発展的連関」を自覚的に実現するような、またその限りでの体系的な組織である。各々の共同体がその私的性格に基づいて、己の利害に偏向する傾向を有するのに対して、国家とは「おのおのその所を与え」、いわば「私的存在」を「公に転じる」ような「人倫的組織の人倫的組織」（五九六頁）であり、諸々の共同体の間の共同性としての大なる公共性を持つ組織である[3]。その現実のありようとして、国家は、主権、在民、領土をその契機としつつ、「組織全体を自ら法として規定する」（六〇四頁）、そして法において自らの活動を行使する。そして人間存在とは、現実においてこうした「国家」を実現し、「多種多様な文化の姿の交響楽の中に人倫的諧和を作り出そうとする努力」（六二五頁）に直面している存在なのである[4]。

以上のようであれば、家族から国家まで、各々の共同体は、各々他に代わることのできない仕方で有する公共的な分かち合いと私的な秘匿性・緊密性を適切に発揮するのであり、またその限りにおいて存在する。逆に各々の共同体は、そうした各々に異質で多様なその個別的で独自的なありかたを実現するために、またそれに適切なように、公共的内容と私的内容の自らの分を有しており、またその限りで存在する。したがって、家族共同体がまず成り立ち、それを基にして順次共同体が積み上がっていくわけではなく、各々の共同体は、発展的連関の運動それ自身として、はじめから互いに連関しあうその限りにおいて存在するのである。和辻からすれば、このありようこそまさしく、「否定の道としての主体の多化・合一の運動」の具体的な現実であり、したがってまた「信頼」に応える「まこと」の実地のありようである。

しかし以上の議論には疑念も生じよう。というのも、最も公共的な「公そのもの」であるとされる

「国家」も、現実にはしばしば国民や地域自治体などに対して抑圧的・圧制的に権力を行使するという事実が見受けられるからである。この事実において起こっていることは、国家が、いわば一つの私的存在に堕したままに最も公共的な全体であろうとすることである。別言すれば、国家は、諸々の私的共同体とその成員の有する、それぞれに多様な個性・独自性を排除して全体（的契機）による画一化を実現すること、またその画一化に与さない他者をそれとしてアイデンティファイしつつ、その参与を厳しく排除することを行なうのである。したがって、こうした国家の現実からすれば、そもそも国家そのものを最も公共的な全体とみなして、そこに諸々の共同体の「発展的連関を自覚し確保する」ことの実現能力を託するのは、一つの幻想に過ぎないのではないかとの批判も生じてくる。そうだとすれば、人間存在の根本構造として、「個」と「全体」の相互否定の運動、すなわち「否定の道における主体の多化・合一の運動」を認める際に、それを国家的共同性において見て取る態度、すなわち国家を「公そのもの」となし、国家において諸々の共同体の〈私－公〉の間の相互形成の「発展的連関」の実現を見て取る和辻の態度には重大な錯誤があることになろう。

五　文化共同体の意義と特性

しかしこうした批判は一面的である。それに抗してここで注目すべきは、『倫理学』において説かれる「文化共同体」の意義と特性である。和辻によれば、「文化」とは、人間の活動の時間的な姿が特に展開されたものであり（五二〇頁）、それが表現されたものが「文化財」である。そして本来成立している人間存在の相互連関全体が、「文化財」において地域による閉鎖的な限定を破って活き出るとされる。たとえば芸術作品、学問的思想、宗教的儀式・信条・組織といった「文化財」によって、家族的ないし地域的な私的存在の閉鎖性の限界を越えた、したがって「家人」や「隣人」におけるそれではない共同性が構築される。和辻によれば、「文化財」の最も普遍的なものは「言語」であり、文化活動は、その最も普遍的な活動として言語活動を基底として持つとともに、とりわけ芸術、学問、宗教の活動としてその固有の意義を展開する。

「文化共同体」は、文化伝達の一定の範囲としての「民族」的な閉鎖的・私的性格を有する。しかし文化共同体に求められるのは、「あらゆる民族の特殊性を互いに認め合い理解し合うことによって、おのが特殊性を超え閉鎖性を打破する道を開く」（五八五頁）ことである。まさにそのことのために、文化共同体は、他を排撃して自己中心的にふるまおうとする自らの傾向を否定し統御する。だからこそ、文化共同体は個々の活動を法的に表現し保証する国家的共同体の活動を自ら求め、法的遵守を国家を媒介として自らに課すると考えられるのである。こうしてみれば、国家の活動を実効的ならしめるその力と実質とは、現実的にはむしろその国家における「文化共同体」のありようによるところが大きいと言うことができよう。さらに言えば、国家が実際に不当な画一化を強いる共同体となるか否かも、文化共同体のありようによるところが大であると言うこともできよう。ここでは、諸々の文化活動、とくに言論の自由、芸術を含む様々な表現の自由、宗教の自由などが国家に対してどのような意義と特性を持つかについて、すぐれた考察が行なわれているとみなすことができる。

こうした「文化共同体」における共同性は、具体的には、「家族の一員でもなくまた隣人でもなくしてしかも親密な存在共同に入り込んでいる者」である「友人」の共同性である（五七一頁）。そして「友人」とは、「「芸術、学問、宗教等として働くような心情」を打ちあけ合うことにおいて友」である（五八〇頁）。したがって友人の友人たるゆえんは、家族や隣人のように普段の生活を営む上で助け合ったり、あるいは組織の同僚のように特定の目的のもとに協働しあうのとは異なるところにある。それはいっさいの利益や利害を超えて、純粋に文化を分け持つことによる共同体である。ゆえに、「友人」の「文化共同体」とは、「人間のあらゆる資格を超越して人を同胞的兄弟的に扱う」（五七七頁）共同性を持つ。「友人」は「最も開放的な、最も閉鎖的でない人間関係に立っている」（五七九頁）。したがって「人間の道の模範」であり、「最も純粋な、最も端的な人間共同体」（五七九頁）である。和辻からすれば、ここに見られるのは、人間存在における、特殊な限定・条件のつかない端的な信頼関係であり、ここに「人間行為の根本理法たる信は、特殊な名に現れることをやめて端的に己を現わして来た」（五七九頁）と言いうる。つまり「友人」とは隣人ではなく、むしろすぐれて「遠方の者」（五七四頁）である。「友人」は、遠方より来たる者なのであり（五七九頁）、むしろ容易に友人たり得る者ではない者、あるいは友人になるとあらかじめ予期しうるのではないような者である。

したがって以下のように言い直すことができる。「かかる友人における信頼は、単に己れを打ちあけ得るという点に特徴を持つのではなく、通例信頼の見いだされる家族や隣人を超えて、全然未知の世界から自分に出逢って来た人に対して、古いなじみである家族や隣人に劣らない信頼をかけ得る、という点に特徴を持っている」（五八〇頁）。それは参与を拒まれる「他所者」を持たない共同性である。ないしは経済的原理によって他者を測定し、不適者を認定しその参与を拒むことのない共同性である。この共同性は、本来「人間のあらゆる資格を超越して人を同胞的兄弟的に扱う」共同性としてすべての人間存在に開かれる。

上述したように、文化共同体の共同性とは、学問・芸術・宗教などを介して互いに己のありようを打ち明け、あらわにしあう関係であるとされた。そしていま考察してきたことも併せて理解を進めれば、こうした共同性とは、学問・芸術・宗教などの「文化」活動に発揮される相手の人間の偉大な能力を尊敬しあうような関係を意味しない。むしろ能力の優劣を超越して、いわば「文化」に対する「心情」ないしは態度を互いに共有しあうような関係を意味する。なるほど、たしかにすべての人間存在が学問・芸術・宗教に関心を持つわけではない。ただし、和辻が「学問」「芸術」「宗教」ということで指示しようとしている事柄は、人間存在が人間存在として在る限り必然的に関わらざるを得ないような事柄のことである。すなわちそれらは、物事の真ないし本質とは何かについての思想、美しいもの・醜いものについての情感、人間の生と死の関係もしくは人間の有限さと絶対無限なるものとの関係への理解と参与、などのことであると思われる。そして、たとえ真なるものについての思想が異なり、あるいは美と醜の情感が異なったり、絶対（絶対者、神）観が異なることがあるにせよ、それらを打ち明けあうことで、そして真や美や絶対なるものについての関心ないし態度の真摯さにおいて信頼しあうことで形成される共同性こそが、文化共同体の共同性であると言えよう。

六　未知の者と友人として出逢う

以上のように、和辻が文化共同体の特性として挙げたのは、それがこちらの予期を裏切る仕方で「遠方」より来る者ないし「未知」の者との共同性であるという点である。「現実に友人となるためにはそこに「偶然」が入り込んで来なくてはならぬ」（五八二頁）とも言われるように、共通の地盤となるような共同性を持つことや、共通の由来なり価値観なりを確認し共感しあうことがもはや崩れているところで、あるいはそれを崩し、挫折させるような仕方で、「未知の者」と「友人」として出逢い、特異なる共同性が形成される。未知の者に「友人」として出逢うことを先取りするようないかなる必然性（共同性の潜在）もなく、「友人」としての共同性は、本質的に「偶然」に生起する。

したがって、こうした、いわば共同性なき共同性とも言うべき共同性においては、「友人」の訪れを受ける者もまた、諸々の共同体（共同性）の成員としての既存の自己同一（アイデンティティ）を否定される。そもそも既存の共同性に基づく限り、偶然来る「未知の者」と「友人」として出逢うことは不可能である。「未知の者」と友人として出逢うということは、友人がその訪れを受ける者の生活の自明性を否定しつつ来訪することである。その時、訪れを受ける者もまた、自らの既存のアイデンティティを壊され、自らの内に「未知の者」を見出す。自己はあたかも自己の「友人」として自己に出逢うとさえ言えよう。

文化共同体は、特殊な限定・条件のつかない「最も開放的な、最も閉鎖的でない人間関係」であってみれば、その共同性は、各々がおしなべて友人となる特異なる共同体であり、すなわち、成員を結びつける必然的な根拠としての共同性がないような、したがって共同体と言うにはあまりにも脆弱で破綻に瀕した共同性、その都度の出会いの偶然の中で危うく屹立するような共同性にほかならない。和辻はそれを「人間存在の根本理法たる信が、特殊な名に現れることをやめて端的に己を現して来た」ものとして提示し、すべての人間存在がそれである限りに持つ、本来の、そして最も根本的・根源的なありようとみなす。それは個々の人間存在が、ある条件や能力に拠るのではなく、ただそれがその個別性・独自性を持ってそのように存在し今ここにそのように現われ来ることに拠って互いに端的に肯定しあうような、そうした「最も純粋な、最も端的な人間共同体」である。

以上の考察から明らかになるのは、そもそも和辻が人間存在の本来のありようを「信頼」という語において提示した時、そこに含意されていたのは、人間存在のこうした根源的な肯定、無条件にして端的な肯定への「信」にほかならないということである。すでに見たように、「信頼」とは、根本的には根拠がないままに他者を受け入れ肯定する態度を意味した。文化共同体とは、信頼をより具体的にかつラディカルに遂行することである。つまり文化共同体における信頼とは、信頼に応ええない者、ないしは、信頼の名に値しない者、信頼しあえない者への「信頼」であると言っても過言ではない。というのも、すぐれて「未知の者」とは、意思疎通や共感が先取りできない者、すなわち、既存の信頼関係から見て、信頼の名に値しない者、信頼しあえない者をも、当然含意しなければならないからである。むしろ和辻からすれば、このような「友人」としての根源的で端的な信頼関係においてこそ、人間存在の「根本構造」「根本理法」としての運動が現われてくるとも言えよう。すなわち、ここにこそ人間存在が本来すでにその中に開かれている、おのれをおのれたらしめるその「信頼」関係を自覚し行為していく「帰来」の運動が、端的に現われてくるとも言えよう。

したがってまた文化共同体には、以下に見るように、和辻の言う「個と全」の相互否定の運動、「空の自己還帰の運動」「否定の道における主体の多化・合一の運動」の具体的なありようが端的かつ直接に現われている。文化共同体は、既存の個のアイデンティティを否定する偶然なる出会いにおける新たな共同性の生起という仕方で、全体（共同性）を否定する個の現出と新たな全体の生成とが相互に連関しあうことで成り立つ。この運動こそ、個と全体との相互否定・相互変革の運動の端的な現実化であり、「否定の道による主体の多化・合一の運動」の最も端的な証示なのである。そして人間存在の本来がこうして破綻に瀕した偶然の危うい仕方で生起するものであるなら、まさしくそれは安定を保全するいかなる必然性（共同性）も保証されない「空の自己還帰の運動」の証示にほかならない。

もちろん、こうした運動は、単に文化共同体それのみによって具体的に実現されるものではないであろう。むしろ、文化共同体における私性と公共性の固有の持ち分に即した、文化共同体も含めた諸々の共同性の相互主体的な実現こそが、正確な意味における、人間存在の本来の運動の実現であろう。文化共同体における特異なる共同性、すなわち既存のアイデンティティの否定によってすべてのものが未知の者として信頼をかけあう共同性も、和辻の共同体論によれば、まさしく諸々の共同体との間の相互形成において「発展的連関」において生起するものである。たとえば家族共同体と文化共同体との関係を考えれば、最も私的に緊密な「家族」の共同体が、他に対して秘めるべき内容と他と分かちあうべき内容の本来の適切な分を実現することは、友人としての文化共同体の生起と本質的に連動・連関する。具体的に言えば、友人としての共同性は、家族の自己中心的な性格を排する力として、現に家族の共同性を貫いて内的に働く。逆に友人の共同性が実現しうる可能性は、たとえばこの共同性の中核において、家族の共同体における緊密な相互支持の信頼関係の持つ力が働きうることによるのである。[5]

以上で考察してきたように、和辻にとって文化共同体とは、先取りしうるいかなる共同性も否定されている仕方で、あるいはそうした共同性を否定し崩壊させる仕方で、「未知の者」と「友人」として出逢うことである。というよりも、既知の者も含めてすべての人間が、既存のアイデンティティの否定（ほころびや崩壊）を介して「未知の者」となり、「友人」として互いに出逢われることである。それは、いかなる必然性も見出されない中で、おのれの生きる態度を打ち明けあい、分かちあうような信頼が「偶然」に生起することなのである。和辻の人間存在論は、諸々の共同体の相互形成的な「発展的連関」の運動それ自体に人間存在の根本構造を見て取っていた。その他にいかなる超越的・特権的・絶対的原理（宗教的原理や民族的原理）も認めていない。人間存在のこの動態は、従来は必ずしも十分に顧慮されてこなかったものの、文化共同体の特異なそして端的な存在共同に人間存在の本来を見出そうとする試みに基礎づけられているところが大きい。

とはいえここでは、和辻の言う文化共同体が、一方で「人間のあらゆる資格を超越して人を同胞的兄弟的に扱う」、「最も純粋な、最も端的な人間共同体」であるとされるとともに、他方でそれがあくまでも学問・芸術・宗教などといった「文化」の活動の共同性とされること、そしてその際、「文化」

活動の根本が言語活動にあるとされることには、疑念もつきまとう。というのも、結局はこの共同体は、こうした文化活動とりわけ言語活動をなしうる能力を持つ者のみが参与できると想定されている共同体なのではないか、さらに懐疑的に見れば、およそ人間そのものを、そうした能力を持つ限りの者に限定しているのではないかとの疑念が生じるからである。そうであるとすれば、それは不当なことに、人間（の共同体）の中に人間たりえないないし人間に値しないなどといった者をアイデンティファイし、それを人間（の共同体）から排除することを帰結しよう。ひいてはそれは、人間と人間ならざるものとの境界線の恣意的な確定を伴って生じるジェノサイドにさえ十分に抗しえないものとなろう。

しかし和辻の叙述を敷衍していけば、和辻の言う「未知の者」とは、「文化」活動の意義の捉え直しを迫る者、あるいは言語活動の共同性に回収できず、それに異をつきつける者でもありうるであろう。むしろ友人の共同体とは、言語活動による主体的な意志表示の可能／不可能などといったカテゴライズの地平を崩壊させ、既存の共同性には回収できない、独自の来歴を有した唯一の個と個とが屹立しあうことにおける共同体でもあろう。ゆえに、そもそも和辻が、文化活動において互いにおのれを「打ちあけあう」と言う時、それはおよそ「未知の者」が未知でありつつ、その者と私とがおのれをあらわにし、それを互いに肯定しあうことを意味するとも言えよう。人間存在とは各々が持つその代替不可能な個別的・独自的なありようゆえに端的にその存在を受け容れ肯定しあう存在であり、このことを信頼し肯定することが、「友人」として信頼をかけあい、打ち明けあうということなのである。

したがって、すべての人間は互いに「未知の者」である。そして「未知の者」はすべて信頼をかけるべき「友人」として出逢われる。その時、たとえば国籍、性、ジェンダー、民族、人種などといったカテゴライズによってその素性（アイデンティティの内容）をアイデンティファイすることや、それによるマジョリティ／マイノリティという対立枠を設定すること自体が否定され、破られ、無効にされるような出逢いが生起する。何が起こるのか、何のために起こるのかといった予期や期待の先取りが否定され、既存の共同性とそこに根ざす各々の個のそしてこの私のアイデンティティが崩れ、作り直されることで、すべての人間が互いに「友人」として出逢う。それは、信頼の名に値しない者、信頼しあえない者（とカテゴライズされている者）に信頼をかけること、およそ「未知の者」を、ただ現に今そのように存在していることにおいて、「友人」として信頼をかけることである。個が個である限り、本来的にはつねにすでに開かれているこの信頼関係において、私は、そして個々の人間存在は、おのれの本来へと指し示される。遠方より来る「友人」によって、正確には、訪れを受ける者も含めてすべての者が互いに「友人」となることによって、すべての者は、この信頼を実現すべく、その本来への「帰来」の運動へとつねにすでに呼び出されているのである[6]。

七　おわりに
——互いに個が個となることのダイナミズム——

和辻は『倫理学』において、人間存在の根本構造を「個と全」の相互否定の運動と捉えた。それは本稿の考察によれば、「未知の者」が「友人」として現われることで、個を個たらしめ全体を全体たらしめる既存の共同性が崩れ落ち、変革され、新たに立ち現れる、その現場を見つめようとする営みを意味する。この営みは、あらゆる人間存在が、まさにそれが本来的に有する個（別）性・独自性を端的にあらわにしあう現場を見つめることである。逆に言えばそのために和辻は、各々の個が互いにその個としてあり、その個となることに際してその必然的な根拠となるような共同性はもはやなく「空」であることを主題化したのである。そしてなおそのような中で実現する個と個との出逢いを、言い換えれば、予期も信頼も先取できずに「偶然」に来るその都度の出逢いの共同性を主題化したのである。

以上のことは、この私や他の各々の個達を互いに独立させて考察することでは決して見えてこないものである。したがって、個と全体を切り離さずに、人間存在を「個と全」の相互否定の運動と捉えることは、それが「否定の道における主体の多化・合一の運動」ないし「空の自己還帰の運動」と捉えられ、友人の「文化共同体」にその具体的なありようが見て取られる限り、個よりも全体に価値を置くことを意味しない。個と全体の相互否定の運動を提起することは、この私がこの私となり、互いに個がその個となることが、自らのアイデンティティを揺るがす否定の来訪と、破綻と悲劇にさえ面するであろう法外な信頼・肯定の実現とに貫かれて、はじめて生成することを見つめることなのである。

このように見れば、『倫理学』の共同体論も、共同体の層位的把握を通して、現実の世界において生成している共同体（共同性）を、異質で多様なそれぞれの固有性において把握するものとして評価できる。共同体間の倫理を究極的に統括するような超越的な原理はあくまで排斥されることからも明らかであるように、世界のありようを均質化して構想するのではなく、むしろ諸々の異質性が織りなすありようとして捉えるのである。現実の世界に存在するのは、既存の共同体がその異質性においてたえず互いに他を揺るがし否定していくことで、共同体が変革され未知の新たな相貌において立ち現われてくる運動である。『倫理学』は、この運動がどんなに破綻の危機に瀕し実現が困難なものであるにしても、それを現実に「まこと」ならしめようとするのである。『倫理学』は、個を全体に従属させるどころか、むしろ個が他にないその個として互いにあり、互いにそれと成るそのダイナミズムを活かしめ、現実の世界のあらゆる画一化・均質化に徹底的に抗戦しようとする類い稀な冒険であり、今なおわれわれの生にとってみずみずしい力を持つものなのである。

＊本稿で和辻哲郎『倫理学』を引用・参照する際には、『和辻哲郎全集』第十巻（岩波書店、一九六二年）を用い、その頁数を付記する。原文中の強調表現は省略する。
なお、本稿執筆の上で特に参照した文献は以下の通りである。

酒井直樹『日本思想という問題』（岩波書店、一九九七年）。

坂部恵『和辻哲郎』（岩波書店、一九九八年）。

佐藤康邦・清水正之・田中久文編『甦る和辻哲郎』（ナカニシヤ出版、一九九九年）。

田中久文「『倫理学』」（『現代思想臨時増刊号　ブックガイド日本の思想』、青土社、二〇〇五年）一六〇－一六三頁。

熊野純彦『和辻哲郎』（岩波書店、二〇〇九年）。

(1)　本稿は、拙稿「「未知」の者が「友人」として現れる時」(『立正大学人文科学研究所年報』第四七号、二〇一〇年、一—一八頁)を基にしてその分量を大幅に削減しつつ現在の筆者の立場から論旨を整備し直したものである。

(2)　和辻の「家族」に関する分析には、性愛共同体を男女間のことに限定したり、夫婦共同体における妻の持ち場を家庭の内に求めるなど、今日から見れば妥当性を欠くと思われるような見解が含まれる。しかし和辻の家族共同体論は、本来性別や血縁関係などからではなく、あくまでもその私的性格と公共性の特質から定義されるものであり、以上のような見解に固執しなくとも本質的に成立しうる。本稿では詳しく触れることはできないが、むしろ和辻の家族論は、家族のありようが時代において変遷しつつ、その多様さを増していくべきことを積極的に根拠づけるものとなりえよう。このことは、本稿において以下で考察していくように、家族も諸々の共同体間の発展的連関においてある限りにおいて存在するとされていることからも導き出せるであろう。

(3)　国家とはむしろ本質的に「公」そのものである組織を言うのであって、国内のみならず、国外においても、各々の共同体とその各成員において、各々の固有の意義と活動とを発揮せしめること以外を目的としない。むしろそれは「君臨するものなき世界国家、その中に含まるる諸国民の全体が主権を担うごとき世界国家、そういう国際組織としての国家」(六一五頁)をもたらす根本的な方向を有する限りでの組織であり、また本来そうした組織として存在すべきものである。これについては、和辻が『人間の学としての倫理学』を献げた西田幾多郎の国家論にも同趣旨の見解が見られる。ただし「公」や「国家」の世界性に対する見解には相違が見られる。後期西田哲学の国家論については、拙稿「歴史的世界の個性的な自己創造と国家」(『西田哲学会年報』第七号、二〇一〇年)五五—七六頁、後期西田哲学が提起する共同性のありようについては、拙著『歴史的現実と西田哲学』(法政大学出版局、二〇〇八年)を参照願えれば幸いである。

(4)　和辻は『倫理学』の第四章「人間存在の歴史的風土的構造」において、本稿が考察してきたような共同体の具体的なありようを、さらに各々の地域の歴史的・風土的特色に即して詳しく明らかにしようとしていくが、本稿では紙数の関係上、その検討を控え、別途考察を行ないたい。

（5）　たしかに、友人としての共同体とは、未知の者が未知なるままに互いに自らを打ち明けあうことにおいてのみ成り立つ限り、むしろ現実には未知の者に裏切られる悲劇に終わることが多いとも言わざるをえないであろう。だがこうした共同体の形成が、どんなにか法外な要求であるとしても、和辻は、まさしくこうした要求に応えていく力を、「友人」の共同体を含んで実現される諸々の共同体の発展的連関のダイナミズムに見出そうとしていると言えよう。

（6）　ただし和辻の共同体論は、人間存在の共同体（共同性）を根源的なものとみなし、人間存在と人間以外の物との間の共同体（共同性）を副次的なものあるいは存立しえないものとみなす立場に立っているように思われる。その妥当性の検討については、今後の課題としたい。

第五章　和辻「人格」論の可能性
――あらためて「人間から人格へ」――

宮村悠介

一　はじめに

現代では「人格」と訳されるのが一般的な、英語の「パーソン」やドイツ語の「ペルゾーン」はラテン語の「ペルソナ」に由来し、よく知られているように、これらの西洋語は長く曲折した歴史を持っている。もともと「仮面」を意味した「ペルソナ」は、劇や実生活における「役割」とその担い手も意味するようになるとともに、三位一体論とキリスト論という、キリスト教教理の中核を支える鍵概念ともなった。また近代語の「パーソン」や「ペルゾーン」は、「意識」に基づく自己同一性（J・ロック）や「尊厳」という絶対的価値（I・カント）を備える主体を指す用語として、近代ヨーロッパの人間論の展開のなかで重要な役割を果たすことになる。しかもこれらの用語をめぐる議論は、今では思想史で目にするにすぎない過去のものではなく、一連の議論の現代的な形態を、生命倫理学における、人工妊娠中絶や脳死臓器移植が許容される条件をめぐって展開されている、「パーソン論」

に求めることもできるだろう。和辻哲郎は一九二〇年代の中頃、講義ノート『仏教倫理思想史』に、「「人格」の概念は歴史的に変遷があり、また依然として「問題」である」(『全集』19、三二六頁)と記していた。ここで和辻が念頭に置いている「問題」は、当時の現象学や倫理学における人格の議論であろうから、今日とはその内実は異なるものの、歴史的に変遷してきた人格の概念が、依然として「問題」であることは、百年近く後の今でも変わりがない。

その人格概念をめぐる和辻の考察が、この概念の歴史の観点からも、現代的問題の観点からも、あらためて注目に値するように思われる。『仏教倫理思想史』にも人格概念の歴史のスケッチは見られるが、よく知られているのは小品「面とペルソナ」の論述であろう。ここで和辻は、能の面が舞台においては生きた表情を示し、さらに役者の肢体や動作も従わせる「人格の座」となる事態から、「ペルソナ＝仮面」に由来する人格の語源に説き及んでいた。このエッセイで示された、坂部恵の表現を借りれば「〈人格〉概念のアルケオロジー(考古学)」[1]は、まさに人文学的な考察の手続きであろう。また同じ「面とペルソナ」を、『生命学への招待』(一九八八年)以来一貫して、現代の生命倫理学における パーソン論に批判的な言説を展開している森岡正博が、近年あらためて参照している。自己意識を有する主体に局限された「パーソン」概念に対抗し、脳死患者が備える対話相手としてのリアリティを掬いとるべく、森岡氏が展開する「ペルソナ」論を補強するために、和辻の能面の分析とペルソナ論が呼び出されるのである[2]。このように和辻の人格論は、人格概念の歴史をめぐる人文学的な考察に裏打ちされつつ、今日的な可能性も秘めているように思われる。ただ和辻倫理学の中心概念はもちろん、「人格」ではなく、間柄的存在としての「人間」である。和辻の人格論は倫理学体系のなかで、とくに人間概念との関係において、どのような位置を占めるのだろうか。

和辻における人格概念は従来、主著『倫理学』に至る思想の展開を「人格より人間へ」（苅部直[3]）や「人格から間柄へ」（宮川敬之[4]）と整理する図式のように、人間や間柄の概念を準備するものと位置づけられてきた。これらの図式はたしかに、和辻の思想の大きな動向を直観的に示してくれるのだが、あまりに強調されると死角になりかねないのが、『倫理学』での人格論である。「人格」は、『倫理学』以前に克服された概念ではなく、『倫理学』でも人格論は展開されている。和辻人格論の可能性を考えるためには、まず『倫理学』の人格論を、人間概念との関係において把握しておく必要があるだろう。またそのうえで、その背後にある従来の人格論をめぐる和辻の考察を再検討することで、人格という倫理学の古典的問題の観点から、和辻の倫理学体系と人文学的探究の連関に光を当てうるはずである。

本章ではこうした見通しのもと、あらためて「人間から人格へ」という観点から和辻の人格論に光を当てる。それは『倫理学』での議論の秩序としての「人間から人格へ」であり（二節）、また『倫理学』の人間論の基本論理の起源を、それ以前の特異な人格論のこころみに探る「人間から人格へ」でもある（三節）。さらに和辻の考察において陰になっている人格論の伝統も考慮することで（四節）、光と影の両面から和辻の人格論を検討する。人格概念が依然として、人文学的な意味でも現代的な観点からも問題であるかぎり、和辻人格論の光と影、可能性と限界は、私たち自身の問題でもあるはずである。

二　『倫理学』における「人間から人格へ」

　個と全体の関係をめぐる、和辻倫理学の基本思想が成立した時期は、第三次全集の刊行以来、その筆記記録が『全集』「別巻二」に収録されている諸講演が行なわれた、一九三〇年頃と考えられている。[5]その講演の一つ「人間の風土性について」の筆記記録にはすでに、和辻倫理学における人間と人格の関係が端的に示されている。この講演の序盤で和辻は、マルクスに賛意を示しつつ、人間を個人としてだけでなく「社会的に見る」べきことを説き、「人間」という日本語にはそうした含意があると指摘する。そこで四年後の『人間の学としての倫理学』と同様に、『言海』における「人間」の語源の説明や、謡曲「羽衣」や狂言「こんくわい」での「人間」の用例を列挙するのだが、興味深いのは、この筆記記録ではそうした周知の人間論に続き、ただちにラテン語のペルソナが話題になることである。日本語の「人間」の含意を説明したのち、和辻は続けて「日常の生活においても、人間はなんらかの役目、ラテン語のペルソナ persona であります」と指摘する。ペルソナはもともと「仮面」であったが、芝居では「役目」がペルソナであり、実生活でも私たちは聴衆や父母や教師などのペルソナ＝役において生きる。こうして「かくいろいろの役がいっしょになったものが人間」であることは、「日常生活に照らして見ても明らかであります」と、ペルソナをめぐる考察は総括され、「人間はたえず個人であると同時に、社会である」という結論が導き出されることになる（以上、『全集』別巻2、二〇六－二〇七頁）。

ここでは「人間」という日本語に基づく議論を、「日常生活に照らして」裏打ちするものとしてペルソナの考察が登場し、人間における個人と社会の連関という結論に至っている。こうした、やや強引な「人間」論から、それを具体的日常に着陸させる「ペルソナ／人格」論へ、という思考の秩序は、『倫理学』でもいくつかの次元で確認することができる。

まず『倫理学』の「序論」から「本論」冒頭への論述の展開が、「人間からペルソナへ」という流れである。「序論」は『人間の学としての倫理学』の議論を反復し展開するとともに、これからの『倫理学』全体も展望しつつ、「人間の学としての倫理学」の意義と方法を論じる。こうしたやや抽象的で理屈が先走りがちな「序論」での「人間の学」論には、「本論」第一章第一節「出発点としての日常的事実」が続く。この節は、「日常生活の中から我々に最も手近な人間存在の仕方を選び取り」、それに基づいて「人間存在の根本構造」に至ることを課題とする（『全集』10、五一頁）。前者の手近な存在の仕方とは、私たちが著者と読者、教師と学生、親と子といった「資格」においてあることであり、こうした事実から「我々は日常的に間柄的存在においてある」という構造が取り出される（同、六一頁）。和辻はここでは「資格」と言い「ペルソナ」とは言わないが、その日常の分析は、人間を共同世界における役割を持つ「ペルソナ」として考察する、カール・レーヴィットの分析に対応している。[6] 議論の内実としてはここでも、「序論」の人間論を、第一章冒頭のペルソナ論が引き受けることで、「間柄的存在」という結論が導き出されていることになる。

より大局的には『倫理学』の上巻（第一・二章）と中巻（第三章）のあいだにも、「人間からペルソナ／人格へ」の展開を認めうる。『倫理学』第一章では、行為的連関の主体が暫定的に「人格」と呼ばれるが、和辻はこの段階では「いまだ行為や人格が何であるかを明らかにしてはおらない」と断わる。行為の解明が第二章の空間・時間論を前提するように、「人格を明らかにするには人間存在の連帯性の構造を捕えねばならぬ」からである（同、一四〇頁）。この「連帯性の構造」を分析し、人格を解明するのが『倫理学』の中巻＝第三章である。『倫理学』「序論」では、第三章が扱う問題は、そこで「人々が一定のpersonaとしての資格を得、責任や義務を具体的に荷なうに至る」という、「人倫的組織における連帯性の構造」と説明され（同、二八頁）、第二章末尾では、次章の課題は「人間存在における連帯性の構造を分析し、「人格」なるものの真の意義を把捉しておく」ことだとされる（同、三二八頁）。『倫理学』中巻＝第三章の共同体論は、上巻において、あるいは『人間の学としての倫理学』以来、やや大味な展開の劇の主演を務めた「人間」に代わり、より実生活に密着した筋書きのなかで、「ペルソナ／人格」が主役として躍動する舞台なのである。

第三章「人倫的組織」で論じられる共同体のうち、第二節の「家族」や第三節の「親族」における、夫と妻、母と子、叔母と姪といったあり方は、ペルソナの典型である。ひとが家庭のなかで、両親に対する息子、兄姉に対する弟といった「資格」に応じふるまう事態は、先に言及した「本論」の冒頭でも考察されていた（同、五八－五九頁）。続く第四節「地縁共同体」で、ペルソナは「一人前」となる。家族における「資格」だけでは、「親の子であり弟の兄であったというだけでは」、ひとはいまだ「一人前ではなかった」。ひとが「一人前」に、家族の一員という私的存在を超えた「世間における人」となるには、「成年式」等の通過儀式を経るとともに、「隣人」たちと同じように労働し、地域の防衛に参加するなど、「村落共同体における一定の役割りを担い始める」必要がある。「personaという語」の源流も、こうした「共同体における役割りに存する」のである（以上、同、四六二―四六三頁）。

さて先に言及した「人間の風土性について」では、「ペルソナ」と「人格」は区別されていた。「ペルソナ」はあくまで役であるが、「人格という時は役ではない」からである（『全集』別巻2、二〇七頁）。『倫理学』でも和辻はこの区別に留意し、地縁共同体における「一人前」の意味を強めていけば、近代的な「人格」に通じるとはいえ、地縁共同体におけるペルソナ＝「役割りと相即せる一人前」を、「人格」と呼ぶことを避けると断わっている（『全集』10、四六二―四六三頁）。第六節「文化共同体」で指摘されるように、ペルソナはもともと「夫、妻、父、母、子、兄弟、隣人などのごとき限定された資格における人」を意味するはずであるが、近代における人格は「これらの限定された資格を洗い去った人を意味するに至っている」からである。後者の人格は文化共同体の段階に登場する。土地や労働の共同に基づく「隣人」としての「ペルソナ」に対し、文化共同体における「人格」は、学問や芸術や宗教の共同に基づく「友人」である。どんなに遠い土地に住む赤の他人であっても、文化さえ共有すれば友人たりうる。こうした「友人たり得る人としての資格」に、和辻は人格が人格たるゆえんを求める（以上、同、五八二頁）。

ただし和辻は、そこで人が友人としての人格たり得る文化共同体の範囲を限定する。文化の伝達は風土と言語の違いにより制約されるが、両者を共有する同じ「民族」の内部でなら、なだらかに文化は伝達されうると考えるからである。こうして「友人たり得る人」としての人格は、民族の一員として捉え返され、友人たりうるとは、民族という文化と言語の共同存在に入りうることを意味することになる。人格は言語を用いた文化活動によって、民族という「生ける全体性」に帰来し、しかもその帰来において個性的である。『倫理学』下巻で説かれるように、言語は個人が作ったのではない「民族のもの」であるが、民族という全体がではなく「必ず個々の個人がおのれの言葉として」使用するものだからである（『全集』11、六四頁）。こうした言語に基づく文化活動を通じた、「精神共同体としての民族」と「民族の一員としての人格」の相即が、「有限なる人間存在において最も現実的に個人的・全体的両契機の相即を実現したもの」である（『全集』10、五九一頁）。

このように和辻にとっては民族の一員としての「人格」こそが、人間存在の個人性と全体性の相即を最も現実的に体現するものである。講演「人間の風土性について」以来の、人間論からペルソナ／人格論へ、そしてそこから個と全体の連関という結論へ、という考察のリズムが、『倫理学』の上巻から中巻への流れにおいても反復されていることになる。

ただしこうした人格と民族の相即が、和辻の考える個と全体の連関の最終形態ではない。「人間の風土性について」の翌年、一九三一年の講義の準備草稿「国民道徳論」では、「国民」という人格のあり方が重視されていた。家族においては親である人も、同時に町民や同僚や友人でもあるから、家族はそれだけでは「一人の人間を人格たらしめることは出来ぬ」。家族や地域や職場等の様々な生活共同態を統一するのは、それ自体が「活ける全体人格」である、全体としての「国民」である。この全体が個々の人を「一個の国民」たらしめ、「かかる国民はそれぞれ一個の人格である」（『全集』別巻1、四二九－四三〇頁）。

『倫理学』では第三章最終節の「国家」で、多様な人倫的組織とペルソナ／人格の在り方の統一が示される。『倫理学』で国家は、前節の民族における個と全体の相即を自覚化した段階とされ、民族の成員たることが「明白な自覚にもたらされる時、そこに国家の成員としての人格が成り立つ」。だがひとはいきなり国家の成員たりうるのではなく、「国家の成員たることは家族や地縁共同体や文化共同体の成員たることを通じて可能となる」。和辻は例として、「姓名、家における地位、住所、原籍、職業」を記すという所有権の書類を挙げるが、現代では例えば、氏名、続柄、住所、職業を記す、国税である所得税の確定申告の書類などを考えるとよいだろう。「家の名と当人固有の名との結合」である氏名と続柄は、家族の成員であることを示し、住所は地縁共同体の、職業は経済的組織や文化共同体の成員であることを表現する。国家が所有権者や納税者として関わる人格は、「かかる種々の共同体によって限定せられた人格」にほかならない。また様々な人倫的組織を法によって規定し、統一する国家において、個々の国民は「人格的個別性を円成する」とともに、「人格は国家の成員たることにおいてその人倫的意義を充実する」（以上、『全集』10、六〇五－六〇六頁）。ここに『倫理学』下巻の主人公である、「国民」という人格が生成したことになる。

三　「空において有る」人格へ

『倫理学』の上巻と中巻については、「中巻の部分にみえる具体的説明を念頭において上巻の原理論の部分をよみ直すと、和辻の考え方がよくわかる」[7]とも指摘されるが、前節の検討を踏まえれば、同じことは人間とペルソナ／人格の関係としても表現できる。『倫理学』中巻では、その都度の人倫的組織に応じて相貌を異にする「ペルソナ／人格」が、上巻の「人間」をめぐる原理的主張を、観客ならぬ読者に具体的に示す役を演じているのである。和辻倫理学において「人格」は、「実質においては二人共同体から文化共同体にいたる全共同体に浸透した存在であり、おのおのの共同体においてそれぞれ固有の間柄を成り立たせている存在なのである」という宇都宮芳明の見解に、(8)前節の検討の結果は合致する。

また上巻や人間論との関係をいったん括弧に入れても、『倫理学』中巻は一つの独自な人格論としての評価に値するはずである。一般にペルソナとして人間が考察される場合、親や教師や顧客といった日常の様々なあり方が並列されるに留まることが多く、『倫理学』「本論」冒頭での和辻の論述も、学生や息子や友人などの「資格」を列挙していくだけである。これに対し『倫理学』中巻の人格論は、人倫的組織の重層的な構造に対応して、「ペルソナ／人格」の多様なあり方が立体的に組み合わされ、最終的に「国家の成員」として統合されるという、『倫理学』のような体系的な作品でなければ望みがたい高度な構造を備える。しかもその構造に、「役割」というペルソナの原初的な意味から、近代的な人格の語義への展開が重ねあわされることで、原型的な問題場面まで視線を届かせつつも、近代的な問題の水準も見据える、奥行きのあるペルソナ＝人格論たりえている。これは和辻人格論の「可能性」ではなく、洋の東西を見渡してもおそらくは相当に稀有な達成である。

もちろん、民族や国家のなかでだけ人格の問題を考える、和辻の発想には批判もあるが、そうした問題点についてはのちに立ち帰る。その前にまず、『倫理学』の論述を準備した、それ以前の和辻の人格をめぐる人文学的考察を概観しておきたい。ペルソナに由来する人格概念の歴史への理解が、『倫理学』中巻の議論の背景であることは明らかだが、同時に従来の代表的な人格論との取り組みは、

『倫理学』上巻の人間論を準備するものでもあった。

人格の問題への関心は、すでに処女作『ニイチェ研究』にも認められる。「人格主義のマニフェスト」[9]とも形容される、この作品が焦点を合わせるニーチェの「権力意志」は、人格として解釈される。人格とは「征服と創造とに努める権力意志」であり（『全集』1、一五七頁）、権力意志に忠実な「真の自己」が、「ニイチェの人格」である（同、一七三頁）。続く『偶像再興』の諸論考の時期に和辻は、テオドール・リップスの人格主義から影響を受け、論考「個人主義と人格主義」では、自分は「リップスにニイチェの倫理学説の完成者を見る」と断言する（『全集』17、一六七頁）。若き和辻の見るところでは、ニーチェとリップスの基調の類似は、「人格価値の尊重」にある（同、一六九頁）。こうした「ニーチェからリップスへ」の歩みは、すでにニーチェの「人格主義」的な解釈において準備されていたのであろう。

ニーチェやリップスに基づく若き和辻の人格論は、基本的に自我や個人の尊重を説くものである。こうした立場からの転回は、京都帝国大学での最初の講義の草稿である、冒頭で言及した『仏教倫理思想史』（一九二五－一九二六年）に確認できる。ここではマックス・シェーラーの人格論が盛んに言及され、「リップスからシェーラーへ」[10]という人格論の重心の移動が認められるが、同時に西洋の人格概念は仏教思想の論理に接続されることになる。

『仏教倫理思想史』の主な課題の一つは、キリスト教を背景とする西洋の倫理学を強く意識しつつ、仏教においても道徳や倫理学が成立しうることを示すことにある。たとえば「苦」からの解脱を説く仏教は、倫理学的には「エピクロス風の快楽主義」（『全集』19、一四〇頁）を説くものではないか、また西洋では行為の帰責の主体とされる、同一的な「自我」や「人格」を認めぬ仏教の無我説は、「行為に責任なし」と説く「外道の唯物論的快楽主義」（同、三二九頁）にどう対抗するのか、といった問いに和辻は取り組む。前者の問いについては、仏教での苦の「滅」が、無我説を根拠として、自分一人のアタラクシアを目指すものではないと指摘される。「滅」は理想であり、「無我縁起等の真理」を実現することだから、苦の滅への努力は「無我の立場においての道徳の根拠」である（同、一四三頁）。

人格が後者の行為の責任の問題に関して話題となるのは、竜樹の「空」の思想を扱う第二篇第一章においてのことである。ここでシェーラーの人格論への言及が目立つのだが、シェーラーが選ばれたのは、一つには無我説という『仏教倫理思想史』全体の主題と、もう一つには竜樹の「空」という当面の問題と、関連づけやすい論点に見当がついていたからであろう。シェーラーは主著『倫理学における形式主義と実質的価値倫理学』において、「人格」と「自我」を区別し、また人格を様々な体験の背後にある「実体」と見ることを退けている。シェーラーによれば、「自我」は対象として認識できるが、「人格」は対象化できない知や情や意といった諸作用の統一である。また人格は、諸作用の背後や外部にそれだけである実体ではなく、諸作用と不可分で、自らを「作用を遂行する存在者としてのみ体験」する、具体的な統一にほかならない(11)。

前者の人格と自我の区別を援用しつつ和辻は、リップスは体験の対象となる自我を人格と同一視したとして、「リップスにおいては人格は個人的自我と同義に」なるが、シェーラーにおいて人格は「自我と全然引き離される」と指摘する（『全集』19、三二七頁）。こうしたシェーラーの人格論に依拠すれば、自我を離れても、無我論の前提のもとでも、行為の責任の主体としての人格は存立しうる。またシェーラーの人格論における人格と諸作用の関係に、竜樹の「空」の論理が適用される。和辻によれば竜樹の弁証法の核をなすのは、果なくして縁はなく、縁なくして果はないというように、縁と果が互に条件づけられ自性を持たないという意味で「縁も果もない」が、この「ない」に基づいてのみ「縁や果の概念が成立し得る」という、縁起の批評である（同、三一〇頁）。同様の関係が、自らを「作用を遂行する存在者としてのみ体験」する、人格にも指摘される。人格なくして諸作用はなく、諸作用なくして人格はないという相互依存の関係は「両者が自性（An-sich-sein）を持たぬことを示す」のであり、無自性という意味で人格も作用も「実相空である」（同、三三九頁）。このようにして、西洋の人格論の伝統に「空」の論理が導き入れられ、竜樹の「我空法空」の主張も、「作用の作者であるのみならず、自己同一意識を保ち、責任の主体であるところの「我」「人格」が、空において有る」ことを説くものと解釈される（同、三三二頁）。なおシェーラーにとって人格は、諸作用の束には解消しえない、諸作用に対して超越的な側面を持ち、それがシェーラーの思想では「人格の永生」の問題にもリンクしている[12]。ゆえにシェーラーの人格論自体は決して仏教の無我説と相性のよいものではなく、まして人格の無自性や実相空を説くものではない。ただそのいくつかの論点が、西洋の人格論の伝統へ、仏教の無我と空の論理を呼びこむ媒体とされているのである。

　人格の実相が空であるなら、空を体現するものが卓越した意味での人格となる。煩悩を持つ人間でありつつ、さとりを求め「空を体現せんとするはたらきになり切っている」菩薩がその人格であり、「菩薩である」とは「道徳的人格であるとの謂い」である（同、三四七－三四八頁）。こうした、人格の実相を「空」とし、「菩薩」を道徳的人格と見る立場から、和辻はのちにカントの人格論に取り組んでいる。欧州留学直後の一九三一～一九三二年に前半分が発表され、一九三八年に加筆され完成した「カントにおける「人格」と「人類性」」（以下「カント論文」と略）がその舞台である。その論述はカント解釈としてのそれらしい課題と手続きを備えてはいるが、結論を見るかぎり和辻の主な狙いは、『仏教倫理思想史』で取り出した、人格が「空において有る」という構造を、カントの人格論によって裏打ちすることであったはずである。個々の人格を人格たらしめる、カントにおける「超越論的人格性」や「人類性」は、和辻の解釈では「無」であり「空」なのである。

「カント論文」が主な解釈の対象とする場面は二つあり、一つは『純粋理性批判』弁証論の「（第三）誤謬推理」論である。カントは『純粋理性批判』のこの部門で、あらゆる思考や認識が可能となる前提をなす、形式的な「私は考える」という統覚の統一から、知的実体としての人格の同一性を導き出す論証を批判する。和辻はハイデガー『現象学の根本諸問題』の用語法を援用して、統覚としての自我を「超越論的人格性」と呼び、カントの「誤謬推理」論の主眼は、この「超越論的人格性」と対象としての自我や人格を峻別し、「超越論的人格性が全然対象的でないこと、対象的に無であることを確保するにあった」と解釈する（『全集』9、三三一頁）。なお『原始仏教の実践哲学』でも『仏教倫理思想史』でも、統覚のような意識の統一を「（自）我」と呼ぶと、経験的自我と混同するおそれがあるとして、仏教の無我説の優位が指摘されるとともに、この意識の統一が、縁起説を経て竜樹の「空」に至る仏教思想の中心問題であると説かれていた（『全集』5、一三三－一三六頁、『全集』19、五六－五七頁）。和辻にとっては統覚も「超越論的人格性」も、突き詰めればその正体は「空」であり、そうした「超越論的人格性においてある時」、経験的な自我は「人格となる」（『全集』9、三三三頁）。

さらにカントが経験的な人や性格から区別する可想的な人や性格も、「無」や「非存在性」として解釈され、こうした解釈はカントの道徳哲学にも押しひろげられる。和辻は「超越論的人格性」と「道徳的人格性」は別のものではないとし、また後者を、和辻のカント解釈が焦点を合わせるもう一つの場面の鍵概念と同一視する。それが『道徳形而上学の基礎づけ』に登場する、定言命法のいわゆる「目的自体の法式」において、単に手段とすることなく、つねに同時に目的として扱わねばならないとされる、自他の「人格」における「人類性（Menschheit）」である。この人格と人類性（＝道徳的人格性）の関係は、カントの道徳哲学における経験的自己と本来的自己の関係により肉付けされていく。人間のような理性的存在者は、経験的対象に触発される自己でありつつも、同時に外部から独立した「本来的自己」であることも意識するという、二重性からなる。カントの「目的自体の法式」で示されているのも、和辻によればこうした人間の二重性格にほかならない。「人類性」は個々の人格から区別される、「人を人たらしめ、人格を人格たらしめるところの、人の本性」であり、人格とは人類性を「その存在において実現したもの」である。神聖であり目的それ自体であるのは人類性であり、「もの」である人格は手段としても扱われうる。ただ人格は神聖なる人類性を体現しており、人格を離れたどこかに人類性があるわけではないから、人格を手段としてだけ扱うなら人類性も手段化してしまう。目的自体の法式が説いているのは、こうした個々の人格と人類性の区別と連関である（同、三七七－三七九頁）。

この「人類性」の本性も、「超越論的人格性」と同様に「空」である。「人類性は人格の主体的な根柢」であるが、この根柢は対象的に「有る」ものではなく、カントはその表現に苦しんでいる。また同じく主体的な根柢である「本来的自己」を、「本来的」という限定により経験的な自己から区別しても、「自己という語の通例の意味はここではむしろ邪魔になる」。カントが捉えていた事態をより適切に表現するのは、西洋には欠けていた、「一切の現実性の主体的な根源としての「空」」という発想なのである（同、三八四頁）。

このようにして和辻は、「空において有る」人格という理論を確立するが、同時に平行して『仏教倫理思想史』でも（『全集』19、三五三頁）、「カント論文」でも（『全集』9、三八五頁）、「仮面」に由来し「役割」の意味を持っていた人格概念の歴史に注意している。こうした人格概念の歴史に関する考察は、前節で見た『倫理学』中巻の議論に結実するが、「空において有る」人格という発想は、直接的には『倫理学』上巻で定式化される「人間存在の根本理法」につながる。「カント論文」の加筆と完成は『倫理学』上巻刊行の翌年であるが、その視点は『倫理学』上巻執筆時には確立されていたのであろう。『倫理学』上巻によれば、個人と全体は「いずれもそれ自身において存せず、ただ他者との連関においてのみ存する」（『全集』10、一〇六頁）。こうした相互依存関係においてある「個人の真相」は「空」であり、「個人は、己れの本源たる空（すなわち本来空）の否定として、個人となる」（同、一二四頁）。またカントにおける本来的自己や人間性・人格性を、個々の自己や人格がそこから離れることで個体となり、そこに帰来することが当為である根源と解釈すれば、カントの道徳の原理、とくに定言命法の目的自体の法式は、「我々から見れば人間存在の理法を彼の仕方で言い現わしたもの」である（同、一四八頁）。『仏教倫理思想史』以来の「空」の理解が、和辻倫理学の基本論理の淵源であることはしばしば指摘されるが[13]、シェーラーの人格論を通路とし、カントの人格論によって裏打ちされるというように、西洋の代表的な人格論を媒体とすることで、「空」の論理は『倫理学』の人間論に結実したのである。

四　別の人格論の伝統へ

以上見てきたように、和辻倫理学の「人間」論も「ペルソナ／人格」論も、従来の代表的な人格論や人格概念の歴史をめぐる人文学的な考察によって準備された。『倫理学』ではこうした背景を持つ両者が、第二節で見た「人間から人格へ」という秩序で展開されることになる。和辻の人文学者としての広い視野は人格の考察にも示され、仏教の論理と西洋の人格論の伝統が大胆に結合されているが、ただその分、従来の西洋の人格論の解釈には強引さも目立つ。「空において有る」人格という発想が、シェーラーの人格論とは異質であることはすでに触れたが、カント解釈についても同様のことは指摘できる。「誤謬推理」論でのカントの関心は、デカルト以来の実体としての「私」の問題をめぐり、単純性や人格性といった「私」の諸特性が、経験から独立に「認識される」のか、「考えられる」にすぎないのかを見極めることにあった。それを対象として「有る」か「無」かという図式で整理すること（『全集』9、三三五頁）が、カント本人の関心に添った読解とは思えない。ことは可想的なものについても人類性についても本来的自己についても同様である。

ただ人格をめぐる人文学的研究という観点で、「カント論文」のより大きな問題と思えるのは、和辻のカント批判の論点である。和辻によれば、カントは人格が個別的であることを自明視し、人格の個別性を、和辻にとっては自他の区別なき「無」であるはずの可想的な領域にまで持ち込んでいる。そのため「目的の王国」というカントの説く人格共同態も可想界のものとされ、人類性が可能とするはずの現実の人格共同態の問題が欠けてしまう。こうしたカントの見落としは、「カントが十八世紀の個人主義に足をさらわれたためだというほかはない」、こう和辻はカントを批判する（以上、『全集』9、三八五－三九〇頁）。

たしかにカントが人格の個別性を自明視し、可想界においても個別的な人格を考えていることは間違いがない。だがその背景をなしていたのは、果たして「十八世紀の個人主義」なのだろうか。ここころみに和辻と同年代の代表的な研究者の見解を参照してみると、『純粋理性批判』弁証論の代表的な註解を著わしたH・ハイムゼート（一八八六年生）は、「誤謬推理」論でのカントの人格の理解の背景として、六世紀初頭に活動した神学者ボエティウスに遡る、「理性的な本性をもつ個的な実体」というペルソナの定義を考慮するよう、繰り返し注意する。(14) また定言命法の古典的な研究を遺したH・J・ペイトン（一八八七年生）は、目的自体の法式を、「個々の人間はすべて独自で無限の価値を有しており、それ故それにふさわしく扱うべきである」というキリスト教の教えのカントなりの表現と解釈し、本来のアガペーの教えとの近さを強調している。(15) ただこうしたカントの人格論の背景が、和辻に見えていなかったとは思えない。むしろそれを「十八世紀の個人主義」と、いささか手軽に片づけることで、正面から対決するのを避けようとしていたのではないだろうか。

ボエティウスによるペルソナの定義は、三位一体論と並ぶキリスト教教理の中心理論である、キリスト論の文脈で提示された。(16) 「ペルソナ」は、三位一体論（一つの実体、三つのペルソナ）においては、神が実体としては「一」でありつつ、同時に「三」（父・子・聖霊）であることを表現するが、キリスト論（二つの本性、一つのペルソナ）では逆に、神と人間という「二つ」の本性が、キリストにおいては（いわば「二重人格」にならずに）「一つ」に統合されていることを表現する。和辻は「面とペルソナ」において、「役割」というペルソナの用法が神に適用されて「父と子と聖霊が神の三つのペルソナだと言われる」と、前者の三位一体論に論及しているが（『全集』17、二九四頁）、一般に複数のペルソナ相互の関係と交わりが話題になる三位一体論には、和辻のペルソナ／人格論と親和的な面がある。また『仏教倫理思想史』で和辻が「合理的個体」という人格の古い定義を挙げるとき（『全集』19、三二六頁）、念頭にあったのはボエティウスのペルソナの定義であろうが、この定義を積極的に活用する論述は、この講義ノートを含む和辻の作品には見あたらない。とはいえ「個的な実体」という定義を生んだ、ペルソナが一であり個であることが問われるキリスト論も、ペルソナ論のもう一つの伝統であった。三位一体論とキリスト論を中心とするキリスト教教理の成立をめぐる壮大なドラマを描き出した坂口ふみによれば、キリスト教が何よりも尊ぶ「個としての個」、「純粋の個的動性、存在性」こそが、ヨーロッパ語ではパーソンやペルゾーンと呼ばれ、「日本語で「人格」などと訳されるものの正体」である。そして「純粋な個としての個、かけがえのない、一回かぎりの個の尊厳」という思想は、「近代よりはるか以前」に、「遅くとも紀元五、六世紀の、あのローマ帝国末期の教義論争のなかで」独自の顔をあらわしはじめていた[17]。ペルソナ／人格を個体と見て、個体として尊重することは、決して「十八世紀の個人主義」の偏った考えではない。

またペイトンの指摘するような、カントの目的自体の法式が含むアガペーの発想を正面から受け止め、活かすことができたら、和辻倫理学における日常や間柄の議論も、また人間や人格の理論も、民族や国家の彼方へ開かれた、超越の側面を含むことができたかもしれない。和辻の周辺で言えば、波多野精一『時と永遠』の「アガペー」論が、そうした可能性を示唆してくれる。波多野によれば、他者において自己を見出し、他者性を自己性のうちに吸収しようとする愛である「エロース」に対し、アガペーとは「あらゆる人倫的間柄において対手において人格を見、人格に対して取るべき態度を取る」ものである。ここでアガペーが関わる人格とは、「カントに従って、手段として用いられることなく自己目的としてのみ成立つもの」と定義できるが、それはつまり、他者は自己実現の一契機に解消されずに「飽くまでも他者として留まり」、そうした他者との共同において、「他者を本とし他者より出発し」て生きるところに、「人格性は成立つ」ことを意味する[18]。そして人格に対するアガペーは、キリスト教世界で強調され理論化されたとはいえ、どの世界の日常にも実質的には見出され、それも「日常の生においても、すべての人倫的共同に真の生命を与えつつ、この世ならぬかなたの世界の閃きを示す[19]」。和辻と同じくカントの目的自体の法式を踏まえつつも、波多野は日常の間柄における他者の人格としての尊重のうちに、民族をも国家をも超える「かなたの世界の閃き」という開けを看取するのである。

波多野もまた、和辻と同様に、広く持続的な影響を後代に与えた人文学者としての仕事と、追随を許さず険しく聳え立つ体系家としての仕事を両立しえた、稀有な存在であった。和辻が波多野の学問にはじめて触れたのは、藤村操の自殺を知り「人生の意義」に思い悩める中学生のころ、兄竜太郎にもらったという『西洋哲学史要』を通じてであっただろう（『全集』18、二九九―三〇〇頁）。その波多野の学問に、和辻は生涯で少なくとも二度、兜を脱いでいる。一度目は『原始キリスト教の文化史的意義』の「序言」でのことであり、和辻は同書が学問的に不精密であることを告白しつつ、読者が「波多野先生の『基督教の起源』を必読せられんことを」要望している（『全集』7、三頁）。二度目は大学教授としての最後の仕事においてである。井上忠の報告によれば、和辻は最終講義で自分の倫理学説を一通り述べたあと、「以上のべたところは結局はこの世の中における人間存在の連関としての倫理にほかならない」と限定し、波多野の宗教哲学に説き及んだ。「こうした人生という舞台を越えて、人間は一体いかにあるか」、この問題に関して和辻は波多野の宗教哲学に同感であり、「倫理を超えるものとしての人間存在の問題については、諸君、どうか波多野氏の著作を読んでくれ給え」、こう最終講義は締めくくられたという[20]。

波多野らの誘いを受け、京都帝国大学の倫理学の担当者として出発したばかりの和辻は、『仏教倫理思想史』において、「個人の霊魂を救うこと」は、仏教においては「解脱の実現」として意味があるのであり、キリスト教におけるように「個人」なるがゆえに意味があるのではない」（『全集』19、一四六頁）と、仏教とキリスト教の倫理を対比していた。和辻は倫理学者としての出発時に選び取った前者の途をひたすらに進み、個人を個人なるがゆえに尊重するペルソナ／人格論の伝統に立ち返ることはなかった。そのことが和辻の人格をめぐる人文学的な研究にも、『倫理学』の人格論にも、陰の部分を生んでいる。その陰は独創的な人格論と倫理学体系の構築という光に、伴わざるをえなかったものなのかもしれない。ただ波多野の学問に対する態度からうかがえるように、和辻自身もそうした陰の部分を意識しており、自分が選ばなかった伝統への敬意は持ち続けていたはずである。

五　おわりに

ひとをいつでも人格として尊重し、ただの物や道具として決して扱わないこと。カントの目的自体の法式も説く、こうした人格の尊重は、現代社会でも最も広く共有されている「倫理」の考えの一つであろう。ただこの程度のことは、倫理の研究者でなくとも誰でも分かっている。清水哲郎の言うように、「相手を人格として扱い、ものとして扱ってはならない」といったことを、ひとが分かっていないかのように見なし、たとえば医療の現場で得々と説いてみせるとき、「哲学・倫理学者は現場を白けさせる、役に立たない理論の宣伝家になり果ててしまうだろう」[21]。つねにすでに日常的に何ほどか理解され、また体現されてもいる倫理を論じる者には、こうした愚かな「宣伝家」になり果てる危険がつねに付きまとうのかもしれない。それでも人文学としての倫理学の研究者になしうることがあるとすれば、それは一つには、人格概念に込められた多くの先人たちの洞察や英知と、従来の人格概念を根柢から揺さぶる現代の諸問題のあいだを往復し、私たちなりの「人格の尊厳」の思想を鍛えあげることではないだろうか。人格概念をめぐる人文学的研究に裏打ちされつつ、同時代の問題と向き合うべく展開された和辻の人格論は、達成と限界、光と影の両面において、その偉大な先例である。『倫理学』「序言」の表現（『全集』10、三頁）をもじって言えば、今日でも「人格の具体的な把捉に自ら努力」する人々にとって「よき伴侶」たりうるところに、和辻「人格」論の最大の可能性はあるように思われる。

（1）坂部恵「仮面と人格――仮面《ペルソナ》の論理と倫理に向けて1――」（『坂部恵集3』岩波書店、二〇〇七年、所収）七八頁。

（2）森岡正博「ペルソナと和辻哲郎」（『現代生命哲学研究』第一号、二〇一二年）第2章。

（3）苅部直『光の領国　和辻哲郎』（岩波現代文庫、二〇一〇年）第三章。

（4）宮川敬之『和辻哲郎――人格から間柄へ』（講談社、二〇〇八年）。

（5）米谷匡史「和辻倫理学と十五年戦争期の日本」（『情況』一九九二年九月号）一〇四頁、福島揚「和辻哲郎とカール・レーヴィット」（『比較思想研究』第二二号、一九九五年）五二頁。

（6）濱井修『倫理的世界の探究』（東京大学出版会、二〇〇四年）一六－一七頁を参照されたい。

（7）湯浅泰雄『和辻哲郎――近代日本哲学の運命』（ミネルヴァ書房、一九八一年）二六七頁。

（8）宇都宮芳明「和辻倫理学における「人格」」（「『和辻哲郎全集』（第三次）月報10」、一九九〇年）三頁。

（9）苅部、前掲書、六三頁。

（10）宮川、前掲書、九三頁。

（11）マックス・シェーラー、小倉志祥訳『倫理学における形式主義と実質的価値倫理学（下）』、『シェーラー著作集3』（白水社、一九八〇年）三八－三九、三五頁。

（12）マックス・シェーラー、小倉貞秀訳「死と永生」、『シェーラー著作集6』（白水社、一九七七年）三六〇－三六一頁。

（13）市倉宏祐「和辻哲学における空の概念」（『専修人文論集』2、一九六九年）二五－二七頁、上原雅文「和辻哲郎と仏教」（『理想』第六七七号、二〇〇六年）五六－六〇頁、苅部、前掲書、三〇二頁の注62。なお『仏教倫理思想史』の論述に立ち入らず、和辻の「空理解は、カントの自由の概念から導き出されたものではないか」とする田原謙三の想定（「和辻哲郎とカント」『比較思想研究』第一一号、一九八四年、一一〇頁）は、実際とは真逆である。
(14) ハインツ・ハイムゼート、山形欽一訳『魂・世界および神――カント『純粋理性批判』註解　超越論的弁証論　第一部』(晃洋書房、一九九六年)、「原著者註」の註126、130、167(ただし問題のペルソナの定義の訳は、本稿での訳とは異なっている)。
(15) H・J・ペイトン、杉田聡訳『定言命法』(行路社、一九八六年)二八六-二八七頁。
(16) 以下のこの段落の論述には、西洋中世哲学が専門の石田隆太氏の教示に負う部分がある。
(17) 坂口ふみ『〈個〉の誕生』(岩波書店、一九九六年)二七頁、二四一頁。
(18) 波多野精一『時と永遠』、『波多野精一全集　第四巻』(岩波書店、一九六九年)四三〇頁。
(19) 同、四二五頁。
(20) 井上忠「和辻教授最終講義の話」湯浅泰雄編『人と思想　和辻哲郎』(三一書房、一九七三年)三〇一頁。
(21) 清水哲郎『医療現場に臨む哲学』(勁草書房、一九九七年)三頁。

第六章　和辻哲郎の「人間関係」の行為論
――現代哲学・倫理学理論との対比から――

飯嶋裕治

本稿の主題は、和辻哲郎の倫理学理論を現代哲学・倫理学の文脈の中に位置づけ直すことで、その理論的な可能性を改めて吟味し提示することにある。従来彼の倫理学は、日本ないし東洋に特異な倫理思想を理論的に表現し直したものとして解釈される傾向にあった。しかし本稿で目指すのは、そうした文化的特殊性への還元ではなく、他の理論との比較でどんな特徴があり、普遍的な理論として今なお参照に値するどんな洞察があるのかを明らかにすべく試みる。また、そのためのアプローチとして採りたいのは、和辻の倫理学理論の中核を哲学的な「行為論」として読解する、という視点である。

一　和辻の倫理学理論の基本的特徴
――「行為の規範性」問題の諸側面から――

本稿では、和辻の倫理学理論の基本的特徴を彼に特異な行為論の内に見定める。まず、和辻が「行為」のどんな側面を特に問題化していたのかを、他の哲学・倫理学理論とも対比させながら確認することから始めよう。

†行為の規範性の二側面——事前の規整と事後の評価

行為論とはごく大まかに言って、「人間の行為はいかなる仕組み・構造において成立しているか」を問う議論だが、特に倫理学では「規範性」という問題と結び付けて考察されるのが通例である。例えば「いかに行為すべきか」「行為の善し悪しに関してどんな基準があり得るか」といった典型的な問題を見ても、そこでは行為の問題が規範性（当為や価値基準をめぐる問題）との関連から問われている。以下では、規範性という観点から見えてくる行為の諸側面を整理し、和辻がそのどの側面に注目して自身の理論を展開させていたのかを見ておこう。

行為を規範性との関連から考えるとき、われわれの常識的な理解に照らせば、人間の行為は基本的に何らかの規範に従ったもの、つまり「規範的なもの」としてあると思われる。

この「行為は規範的である」というテーゼを、もう少し具体的な事例で補足すれば、例えば「目上の人に挨拶する」といったごく日常的な行為は次のように分析できる。その行為がなされる際、そこでは「目上の人に対して相応しい挨拶の仕方というものがあり、それに則って相手にしかるべき敬意を示すべきである」といった規範があらかじめ理解されているはずである。そして、こうした規範理解が自他の間で（程度の差はあれ）共有されているからこそ、その行為は「しかるべき敬意を示す」という意味を持ったふるまいとして現に行なわれ、相手にもそのように理解され受けとめられ得る。

またさらには、その実際になされた行為のあり様が適切だったかどうかについて、後になってから規範に照らして評価することも可能である。

すなわち先の「規範に従った」という言い方には二重の含意がある。一つは「規範は行為のあり様を事前に規整している」という意味であり、もう一つは「規範は行為を事後的に評価する際の基準になる」という意味である。別言すれば、行為はあらかじめ一定の規範によって制約を受け方向性を与えられるという仕方で現になされていくものだが、他方、実際になされた行為は規範を参照することでその善し悪しや正誤や適切さなどが問われ得るようなものでもある。

つまり「行為は規範的である」というテーゼは、より詳しくは「行為とは、自他の間で何らかの意味を持つべくしてなされ、また事後的な評価の対象になり得るような価値を持つ、という二重の意味で規範的である」ことを含意しており、それが行為の規範性に関するわれわれの常識的理解の内実をなすと思われる。行為の規範性をめぐるこの二側面を、規範による「事前の規整」と「事後の評価」と呼んでおこう。

†「事後の評価」の側面から見たときの規範性問題——価値の客観性をめぐって

しかし、こうした日常的理解にもかかわらず、これまでの哲学的議論において行為の規範性の問題は、もっぱら後者の「事後の評価」の側面の方を中心に展開され、しかも絶えず懐疑的な観点から問われてきた。この背景には、次のような事情があると思われる(1)。

行為の善し悪しや適切さを評価するためには何らかの価値的基準を参照する必要があるが、その基準自体に客観性や普遍妥当性を認め得るのかが、懐疑の主たる対象となる。そこでいわゆる「価値の客観性」が疑われる背景には、西洋哲学に伝統的な考え方として「客観性問題は実在性問題から考えるべき」という存在論的・認識論的な前提がある。価値の客観性を問うためにも、まずはその実在性が問われるべきとされ、つまり「価値という対象ないし性質が、本当に存在するものなのかどうか」が問題視される。

しかし、そこで問題になっている当の「価値」は、世界の中に知覚可能な対象や性質として存在するかどうかが、控え目に言っても定かでないものだ。要するに西洋哲学の伝統では、その実在性の不確かさゆえに、価値の客観性は非常に疑わしいものとして絶えず問題化されてきた。「客観的な評価基準などそもそもあり得るのか」という「価値の客観性」問題の背後には、そうした問いが提起されるべくしてされてくるような背景的文脈として、物事の「真偽」をもっぱら「実在（世界の側の事実）との対応関係」から考えるべきとする伝統的な真理観が控えている。

そして、この「価値の客観性」問題に議論が集中するという傾向は、一般的に言って近現代の倫理学理論の基本動向にも合致している。そこでは、倫理的・道徳的な判断（つまり事後的な評価）を行なう際の確かな基準たり得るような普遍的・客観的な道徳原理の可能性が、その最大の問題とされてきた。例えば、功利主義的倫理学が提示する「最大多数の最大幸福」という原理は、まさに典型的な「事後の評価」の基準となる。こうした何らかの実質的な道徳原理を提示しようとする規範的倫理学であれ、特定の原理（いわゆる「善」）にコミットするよりは、ある原理が人々の間で承認される過程の公正さ（「正義」）を確保しようとする手続き主義的倫理学であれ（カント、ジョン・ロールズ、ユルゲン・ハーバーマスら）、あるいは「価値の客観性」問題をその存在論的身分を問うことによって考察するG・E・ムーア以来のメタ倫理学であれ、近現代の倫理学理論の基本動向として、何らかの普遍的・客観的な道徳原理・基準の可能性が絶えず問題化されてきたと言ってよいだろう。

それは先の二側面に照らして言えば、規範性の「事後の評価」の方がより重視されてきたことを意味する。このとき、他方の「事前の規整」は、「普遍的な道徳原理がともかく確保さえされたならば、あとは単純にそれに従えばよい」として片付く程度の問題として、さほど重視されてこなかったのだと思われる。――しかし「事前の規整」の問題は、それでは決して片付かないのではないか。このことを先鋭的な形で問題化したのが、ウィトゲンシュタインによって提起された（としてソール・A・クリプキによって定式化された）「規則のパラドクス」という議論だと評価できる。この議論は、「規範による行為の事前の規整はそもそも可能か」というラディカルな懐疑を提示した点で、「事後の評価」の側面を重視して「価値の客観性」問題にもっぱら従事してきた近現代の倫理学理論にとって、極めて重大な問題提起をした議論だと位置づけられよう(2)。

そして興味深いことに、こうした諸立場との対比から見えてくる和辻の倫理学理論の特徴は、規範性の「事後の評価」ではなく「事前の規整」の側面の方をより重視した点に求められる。

† 行為の規範性をめぐるもう一つの対比――規範に関する知識のあり方をめぐって

では和辻は、その「事前の規整」をどう考察したのか。そこで特に注目すべきは、彼の倫理学では人間の「日常性」「常識」というものが殊更に重要視されている点である。

先述の通り常識的に考えれば、日常性におけるあらゆる行為は、何らかの規範に従ったものとして

「規範的」であるはずである。しかし他方、われわれの日常的行為の大部分は、（近現代の倫理学理論が追究してきた）普遍的原理をそのつど参照して熟慮・判断するまでもなく、その意味では、ただひたすら端的に行なわれているようにも見える。例えば目上の人への挨拶といったごく日常的な行為も何らかの規範に従ったものとしてあるはずだが、それを行なう当のわれわれは「この場合はどう挨拶したらいいか？」などと特に意識することもなく、しかし大抵は適切な仕方で現に挨拶できているのではないか。

つまり通常の倫理学的な議論で見逃されがちなのは、こうした人間の行為の大部分を占めるはずの日常的でありながらも規範的な行為のあり様全般が、いったいどんな仕組みで成立し得ているのかという問題である。それに対し和辻の倫理学理論は、そうした日常性における人間の有意味な規範的行為の構造を倫理学的な観点から問題化したという点に、その最大の理論的特徴があると考える。――そしてここには、規範的行為の「事前の規整」のあり方をめぐって対立する、二つの行為観が見て取られよう。両者は特に、規範に関するわれわれの知識（規範知）のあり方という点で、見解を異にしている。

一方は、普遍的な道徳原理を追究する近現代の倫理学理論が暗に前提とする、「原理（規範）を正しく知ってさえいれば、それに従って正しく行為することができる」という行為観である。そこでの基本的なイメージは、「行為者が一定の明示的規則・原理（規範）を目前の状況と適合するように解釈・適用しながら、なすべき行為を判断・選択している」というもので、その典型例として、「大前提（普遍的な原理・目的）と小前提（個別的な状況）から結論（なすべき行為）を導出する」という、いわゆる実践的三段論法がある。これを主題的・表象的・推論的な知識に基づく「主知主義的」な行為観[3]と呼ぶならば、それと対置されるものとして本稿で注目し検討するのは、非主題的・非表象的・非推論的な知識に基づく「非主知主義的」な行為観である。少なくとも、和辻が重視する日常的行為の大半は、この後者の行為観からこそよりよく説明可能になる。

以上の考察から、「行為の規範性」問題に関して二つの対比を導入したことになる。一つは規範による事前の規整と事後の評価という対比、もう一つは主知主義的な行為観と非主知主義的な行為観という対比である。前者は規範性が作用する行為の場面の区別であり、後者は規範に関する知識のあり方の区別だが、和辻の倫理学理論は、それぞれ「事前の規整」および「非主知主義的な行為観」という側面をより重視しており、その解明に独自な寄与をなしている。以下ではこのことを、彼の主著『倫理学』の第二章に即して具体的に検討してみよう。

二　主体的空間性に基づく行為の構造
——有意味性の基準としての人間関係——

『倫理学』第二章は「人間存在の空間的・時間的構造」と題される通り、人間の存在構造を「空間性」および「時間性」という観点から考察している。ただしそれによって実質的に問われているのは「人間の行為」であり、行為論こそがその真の主題であると言ってよい。以下では、空間性と時間性に関する議論がいかに行為論として展開されているのか、順に確認していこう。

†「主体的なひろがり」としての空間性

空間性に関する和辻の基本的な見解は、「客体的な物のひろがり」としての物理的空間よりも根源的な空間性として、人間同士の間で成立している「主体的なひろがり」を「主体的空間性」として強調する点にある（一七三頁）[4]。またそこで言う「主体的なひろがり」とは、「人間がその主体的な存在において、多くの主体に分離しつつしかもそれらの主体の間に結合を作り出そうとしている」（一七三頁）ことだと説明される。これは、彼の「間柄」概念に含意される「個人的かつ社会的」という人間の二重性格を、主体間の分離・結合という「実践的な動き」（一七三頁）において捉え直したものだと言えよう（分離へ動けば個人の側面が、結合へ動けば社会の側面がそれぞれ際立つことになる）。つまり和辻の空間性の議論は、客体的な物の並在としての静的な空間ではなく、人間主体の間で成り立つ二方向の運動性を持った動的な空間である点に、その要点がある。

そして、この主体的空間性における分離・結合の「動き」こそが、人間の行為に他ならない。

もし主体が一つであって分裂し得ないものであるならば、交通通信によって連絡しようとするごとき実践的な動きは起こるはずがない。が、また主体が多であるにとどまって一となることのないものであるならば、そこにも連絡の動きは起こり得ない。本来一である主体が、多なる主体に分裂することを通じて一に還ろうとするがゆえに、主体の間に動きが生じ、従って「人間」の存在が実践的行為的連関として成り立つのである。かく見れば主体的な空間性は畢竟人間存在の根

本構造そのものにほかならない。（一七三頁）

この一節の趣旨は、分離しかつ結合しているという「間柄」の矛盾的な存在構造を、主体間を連絡する「実践的な動き」（つまり行為）が現に生じている、という事実に基づいて論証しようとする点にある。人々は互いに分離した個々の主体（「多」）として存在しつつも、そのつど何らかの行為（実践的な動き）をなすことで、一定の結合（「一」）を作り出しているとされる。つまり和辻は、「一」と「多」を媒介する二方向の運動性として人間の行為を位置づけ、そうした行為が絶えず生起する場として空間性を概念化していたことになるが、まさにこうした「主体的空間性」の概念化において、同時に「人間の行為」も問題化されていたのだった。

† 行為を有意味化する背景的文脈としての「人間関係」

では、この主体的空間性という観点から、人間の行為の構造がいかに捉え返されてくるだろうか。和辻はさしあたり二つの主張を掲げる。第一に、行為は単なる「独立的な個人の行動」ではなく、第二に、行為は単なる「客体的な物への働きかけ」ではない、という（二四七頁）。これらは実質的には表裏一体の主張だが、彼はそれに基づいて、行為を個人の意識や心から根拠づけようとする行為論的立場を批判していく。

まず第一の主張に関しては、「間柄」的な人間観からしても当然の主張だと思われるが、先の空間性の議論も踏まえてさらに次のように説明される。

個人の独立性がそれ自身においては存せず、ただ何らかの共同性の否定としてのみ成立することを我々はすでに見て来た。そうして共同性の否定は多数の個人の対立にほかならなかった。だから個人の行動は対立的な個人の行動として必ず他の個人との連関の上に立つものである。そうしてその限り個人の行動は行為としての意味を持つ。（二四七頁）

引用前半は、『倫理学』第一章で論じられていた個人存在の実体性・独立性を否定する「空の存在論」に基づいており、共同性の否定として存立する諸個人は、分離はしていても全く無関係なのではなく、互いに対立するという空間的な関係にある。そこで重要なのは、行為は「独立的な個人の行動」ではなく、まずは「対立的な個人の行動」として「必ず他の個人との連関の上に」成立する、という指摘である。

行為が他の主体との関係を必ず前提とすることについて、和辻は「手づかみで食べる」といった行為を例に挙げて、次のように述べる。

そうしてこの〔ものを食べるという〕動作にとっては、手づかみで食おうと口で音を立てようと、何ら意味の上に相違ない。しかし、我々の日常の食事は、何らかの作法に従ったものであって、単に動作であることはできない。そうしてその作法は我々自身の恣意を超えて社会的に定まったものである。（二四七－二四八頁。〔　〕は引用者による補足。以下同じ）

ここでは「行為」と単なる「動作」との区別が論じられている。単に「何かを食べる」という点だけで見れば、箸を使おうが手づかみだろうが、さしたる違いはない。しかし「箸で食べる」ことと「手づかみで食べる」ことは、例えば家庭の食卓や宴席といった特定の場面において見れば、それぞれ全く異なる意味を持った行為になるだろう。「手づかみで食べる」ことは、席を共にする相手から、故意に失礼なふるまいをしたといった何らかの悪意の表現として受けとられるかもしれないし、仲間内での何かの冗談として受けとられるかもしれない。その点で「手づかみで食べる」ことは、「他の主体に対する何らかの態度の表示」（二四八頁）として、否応なく一定の意味を持った行為になってしまう。要するに人間の行為は、自分のふるまいが相手からいかなる「態度の表示」として受けとられるかをも含めて初めて、ある一定の意味を持った行為として成立するのであり、まさにその意味で、行為成立には「他の主体との連関」が不可欠の前提となっている。

では、そうした行為の意味自体は何に基づくのか。上述の通り、行為の意味は「相手（他の主体）からどう受けとられるか」次第でもあるが、それに加えて先の引用では、行為は何らかの「作法」に従ったものだともされていた。作法とは、「我々自身の恣意を超えて社会的に定まったもの」だという点で、前節で考察した「規範」に相当するものであり、自他の間で従うべきものとして前提にされている何らかの基準である。「手づかみで食べる」行為は、その場面で当然前提とされるべき作法・規範に照らしてみても、何か他意のある「態度の表示」として他の主体に受けとられてしまうだろう。引用中にもある通り、「行為」はこのように作法（規範）に従ったものであることにおいて有意味・

理解可能になるという点で、単なる「動作」とは異なるのである。

この「行為と動作の区別」という論点は、先の、行為は単なる「客体的な物への働きかけ」ではない、という第二の主張にもそのままつながる。その要点は、行為の基本的・典型的なイメージを、「人とものとの関係」ではなく「人と人との関係」において捉えるべきだということにある。

前者での「行為」は、先述の「客体的な物のひろがり」という物理的空間性を前提とし、その空間内にある物体に人間が何らかの意識や心的状態を持って働きかける、とイメージされているだろう。しかし、こうした物理的空間内で何らかの身体的動作が起こるというだけでは、それは有意味な行為たり得ない。和辻が挙げる例で言えば、塀の上を越えて実っている果物を取って食べるという動作が「盗み」の行為になるのは、その果物を盗まれる「他の主体との連関」があるからで、主体間のひろがり（主体的空間性）がまずあってこそ、行為もそのなかで一定の意味を持ったものとして成立し得る。

以上のような、「人とものとの関係」ではなく「人と人との関係」においてこそ、人間のふるまいは有意味な行為になるという行為観について、端的には次のように主張されている。


そうなれば、客体的な物との関係にのみ視点を定めて、意志の選択決定であるとか、意識的・意志的・知能的であるとかいうごとき特徴によって行為を規定しようとする試みは、すべて見当違いであると言わねばならない。たといこのような条件に合する動作であっても、そこに人間関係という契機を欠けば、行為とはならない。（二四九頁）

要するに、人間の行為を有意味なものとしてそもそも成り立たせているのは、行為者個人の内にあるとされる意識的・心的な諸契機（例えば、意志や意図、信念と欲求のペア、目的意識、等々）なのではなく、ある一定の「人間関係」（人と人との関係、個別的な間柄）という主体的なひろがり・空間性なのである。この人間関係という契機は、個々の行為にとって背景的な文脈をなす（つまり通常はそれとして意識されない）ものであり、そうした「人間関係にはめ込まれた限りにおいて」（二四九頁）、行為はその文脈で一定の位置を持ったものとして有意味化されてくる。

再び和辻の示す例では、「新聞を読む」ことはその文脈次第では、「目の前の人を無視する」という行為にもなり得る。つまり、同じような動作でもあってもその文脈次第では全く異なる意味合いの行為になる可能性があり、そのことは、行為を「物との意志的関係」のみから捉えようとする立場では上手く説明ができない。われわれが何らかの有意味な行為を現に行ない、またそれをそうした行為として受けとめ理解できるのは、一定の人間関係・間柄という主体的なひろがりが背景的文脈として成立しているからこそなのである。

† 文脈主義的な責任論と、規範的な「持ち場」の有意味化機能

和辻はその空間性概念から、「行為を成り立たしめるもの」は「個人意識の諸契機ではなく人間存在の空間性（人間関係・間柄）である」と結論づけていた（二五一頁）。このように、行為の意味を最重要視し、それは行為がなされる人間関係のあり方次第だと考える彼の行為論は、「文脈主義的」と呼

んでよいだろう。そしてこの文脈主義的行為論が、彼の倫理学に独自な責任論を展開させている点も、ここで注目しておきたい。

責任の問題を考えるにあたり和辻が事例に挙げるのは、「過失」や「不作為」といった、通常の行為論からすれば行為とは見なされない事柄に対する責任である。人間の行為を個人の意識や心に基づかせる立場にとっては、故意ではない過失や不作為は通常の意図的行為とは見なしがたく、したがってその責任をいかに問い得るのかは一つの倫理学的な問題となる。それに対し和辻は、文脈主義的行為論に基づいて、「意識的・意志的・知能的というごとき規定を持たない動作であっても、それが人間関係の契機である限り、行為となる」（二五〇頁）という見解を示す。つまり、たとえ意図的行為とは見なせない動作であっても、もしくは何の動作も起こらなかったとしても、そのこと自体がある人間関係という背景的文脈で一定の意味を持つならば、それは自他の間で一つの行為として見なされ、その責任が問われ得るという。

この点に関しては、さらに次のように論じられている。

しからば我々は、己れの意志の選択決定によるものでないにかかわらず、ただ注意の欠如のゆえに、すなわち不作為のゆえに、この過失を己れの行為として責めを取るのである。しかし、不作為が何ゆえに行為としての意義を持つのであろうか。それはただ人間関係における一定の「持ち場」からのみ理解せられる。（二五〇頁）

例えばカント主義的な主体観（および行為観）からすれば、「己れの意志の選択決定による」ものこそが行為と見なされ、そうした自由な行為（およびその予見可能な結果）に対して責任が問われ得るとされる。和辻の行為論でも「責任は行為に対して問われる」という基本構図は同様だが、そこで「何が行為として認められるのか」が異なる。

和辻の示す事例では、電車のなかで不注意ゆえに誰かの足を踏んでしまったことは、自由意志によるふるまいではないため、それ自体は意図的行為ではないとされるだろう。しかし普通の人であれば、そのことを詫びるという形で、「この過失を己れの行為として責めを取る」のではないか。つまりこの意図せぬ過失を、にもかかわらず自分の行為とし、それに対する責任を認めていることになる。それは文脈主義的行為論からすれば、電車の乗客同士という人間関係（背景的文脈）のなかで、その過失が詫びるべき（という意味を持つ）行為として相互に理解されていることに基づくとされるはずである。

またさらに注目したいのは、先の引用で、ある人間関係のなかで何を帰責可能な行為と見なすか、というその相互理解を担保するものとして「人間関係における一定の持ち場」が示唆される点である。上の事例の「電車の乗客」も一つの「持ち場」であり、人は乗客という「持ち場」に立つことにおいて、例えば「他の乗客の迷惑になる動作をしてはならぬ」といった「行為の仕方を背負わされている」（二五〇–二五一頁）。つまり、電車に乗り合わせたという人間関係においては、「乗客」という「持ち場」に相応しい仕方でふるまうべきだという規範（「行為の仕方」）が実際に拘束力を持っているのであり、そこでは持ち場という形で相互に了解されている規範が、その場の人々のふるまい方を制約し導くという仕方で、言わば行為の有意味性の基準として機能している。

つまり日常性における人間は、ある人間関係（共同体）を背景的文脈とした「持ち場」を負う者としてさしあたって存在しており、その下で各自に相応しい「行為の仕方」（「社会的に定まった作法」）をおおよそ把握し得ている。そしてこの持ち場が一種の規範的基準となって、その場において、どんなふるまいがいかなる意味を持った行為となるのかについて（そしてそれにどんな責任が問われるのかについて）、人々にあらかじめ何らかの見通しを与えている。

さらにこの文脈主義的責任論を踏まえると、上述のカント主義的な「主体」観も、「近代的な社会」という文脈（人間関係・共同体）に特異な一つの「持ち場」として位置づけ直すことができる。そこで前提にされている「自由な選択をなし得る自律的主体としての個人」という主体像は、近代的な社会における標準的な成員としての「成人」という持ち場の内実をなすものとして理解可能だろう（なお、標準的でない成員として「未成年」や「被後見人」があり、また「外国人」は正式な成員として認められない）。

近代的な社会において成人という持ち場を負っているわれわれは、（能力という点でそれが実際に可能かどうかは別問題として）「自由な選択によって自ら行為できる」ような人間としてみな等しく扱われているが、それはつまり、われわれのふるまいはすべて、この成人という持ち場に相応しい行為であるかどうかという基準から、その行為の意味が問われる（ないし一定の行為として有意味化されてくる）、ということになる。大して何も考えずにやってしまったこと（その意味では、カント主義的な意味で自由な行為であるかどうかが疑わしいふるまい）が、しかしわれわれの社会では責任を問われるべき行為として位置づけられ非難されることがあるのは、「成人という持ち場にある者ならば、そうした結果を招きかねないことは本来は見通し得たはずなのに」という仕方で、それに相応しい「行為の仕方」の基準から、各ふるまいの意味が規定され評価されるからだろう。このように捉え返してみるならば、カント主義的な行為論・責任論も、ここで確認した和辻の文脈主義的行為論・責任論の枠組の内に十分に位置づけ直すことが可能である。

――以上の検討では、和辻に独自な空間性概念から出発して、そこから帰結する彼の文脈主義的行為論および責任論を確認した。それは、行為をそもそも有意味にする背景的文脈としての「人間関係」という契機を最重要視する行為論であり、また、その行為の帰責可能性を「人間関係における一定の持ち場」の帯びる規範性に基づかせるような責任論だったとまとめられよう。

三　主体的時間性に基づく行為の構造
――あらかじめ・すでにという方向づけ――

† 行為はいかに事前に規定されているか？――浸透的な方向づけ

では、空間性と対をなす時間性の観点からは、行為の構造はいかに捉え返されてくるだろうか。時間性に関する和辻の見解は、空間性の議論と基本的に同型である。すなわち「可分的、可測的」（二〇二頁）な時間といった、特に自然科学におけるような抽象的・客観的な「時間」概念は、「人間関係と無関係に等質的に流れていく時間」（二〇一頁）であり、それよりも根源的な時間性として「主体的時間性」（二〇二頁）が主張される（「人間が「時間の中に」存在するのではなく、逆に時間が人間存在から出て来る。」（一九九頁）とも言われる）。そしてこの主体的時間性に関してもやはり、行為の時間的構造の分析として考察が展開されることになる。

そこで和辻は特に、人間の行為が「あらかじめすでに」という仕方で事前に規定され方向づけられている、という点に注目する。例えば、どこかに向かって歩いて行く人のその「歩行」という行為について、次のような分析が示される。

> 我々は道を歩いて行く時、その方向、速度等をいかようにも自由に変えることができる。しかもそれは単に非決定的なのではない。我々が歩き始めた時、この歩行はすでに一定の「往《ゆ》く方《え》」によって規定せられている。すなわち働き場所、友人の家等がすでにあらかじめ方向として歩行行動の内に存するのである。従ってまた歩行の一歩一歩の内にいまだ達せられざる場所があらかじめすでに存している。が、それは目的の場所の表象が意識内容として持続的に存しているということではないのである。（一九〇頁）

和辻の行為論の際立った特徴として、行為の「事前の規整」の側面の方をより重視している点を先に指摘したが、ここではその事前の行為規定のあり様が具体的に論じられている。「事前の規整」の難点として、どう歩くか自体にそのつど自由の余地があるだけでなく、歩いて行く途上でそのつど対処を要する不確定要因が無数にあり得るという点でも、その歩行行為が事前に決定され尽くしているとは言い難い。その意味で行為の詳細は、事前にはかなりの部分が「非決定的」であるはずなのだが、それでもなお和辻は、行為はあらかじめすでに規定を受けている、と主張する。

歩行の例で言えば、その行為を事前に規定する「往く方」とは、まさに現在の歩みに一定の「方向」を与えるものである。つまり行為が事前に規定される仕方とは、その詳細を決定し尽くすような仕方ではなく、あくまでも一定の方向づけを与えるという仕方にとどまる。しかし、その「往く方」という方向づけは、一歩一歩の歩みの内に「あらかじめすでに存する」ものであり、その行為全体に言わば「浸透」している[5]。だからこそ和辻は引用の最後で、歩行行為においては、「目的の場所の表象が意識内容として持続的に存している」わけではないと述べていたのである。

この点はさらに次のようにも説明されている。

> すなわち歩行者は目前の事象に気を取られて目的の場所のことを全然考えていなくてもよい。それでも彼の歩行の仕方はあらかじめすでに決定せられている。かかる「あらかじめすでに」は歩行者の現前の意識を超えて彼の存在の仕方としての意義を持つのである。（一九〇―一九一頁）

ここで重要なのは、行為が事前に方向づけられる仕方に関して、それは目的の表象といった形で絶えず意識されている必要はない、という点である。われわれは普段、絶えず「目的の場所の表象」を意識しながら歩いているわけではない。そこへと現に歩きながらも、「信号が早く変わらないか」と思ったり、路傍に咲く花に季節の変化を感じたりなど、周囲の事象に「気を取られ」ることもあるだろうし、また目的地に着いてからやらねばならない仕事の段取りに「気を取られ」ていることもあるかもしれない。

つまり、われわれの行為の方向性が事前に規定される仕方は、ある明確な目的や動機を常に意識するという仕方ではないが、にもかかわらずその方向づけは行為がなされている間、終始それを目立たない非主題的な仕方でそれとなく導き続けている。まさにその意味でこの方向づけの仕方は、単なる「現前の意識」を超えた「存在の仕方」だと説明されるのである。行為の方向づけが「行為全体に浸透している」という言い方をしたのは、こうした非表象的・非主題的な仕方でこそ行為の方向性は規定され得る、という点を言い当てようとしてのことだった。

†「あらかじめ」「すでに」という行為の時間的構造について

先の引用箇所では、以上のような「存在の仕方」としての行為の事前の方向づけが、「あらかじめすでに」という時間的な構造を持つ点が特に強調されていた。そして、行為があらかじめすでに方向づけられていることこそが、ここで問題としている主体的時間性の基本構造にほかならない。和辻はその時間的構造を、「あらかじめ」と「すでに」の二側面に分けながら考察を進めている。

まず「あらかじめ」の側面の方は、「未来への方向」に関わるという。引き続き「歩行」を例にして、次のように説明されている。

そうすれば行く先において起こるべき人間関係は、いまだ全然未発であるにかかわらず、「あらかじめ」現在の歩行の内に存しているのである。言いかえればこの歩行の本質は可能的なる人間関係である。歩行はこの人間関係によって決定せられている。……かく現在の歩行をあらかじめ規定するものとしての人間関係［間柄］が、本来の「未来」、すなわち「行く末」にほかならぬ。……かく見れば「未来」とは、あらゆる実践的行動において、それに方向を与えるところの可能的なる間柄、すなわち可能的人間存在であるということができる。（二九一頁）

主体的空間性でも重要な契機だった人間関係（個別的な間柄）が、ここでも再び重要な説明項として登場している点が注目される。すなわち、歩行行為をあらかじめ規定しているのは、その歩いて行った「行く先」で起こるはずの「可能的なる人間関係・間柄」であるという。例えば、友人のところへ行くという行為は、その行った先で語らうことなどにおいて何らかの人間関係を取り結ぶべくなされるという意味で、一定の可能的な人間関係によってあらかじめ方向づけられている。あるいは人が誰かに話しかけるのは、その人との間に何か関係を作ろうとしているからであり、これもまた一定の可能的な人間関係によってあらかじめ方向づけられた行為だと言えよう。

つまり主体的時間性に関しても、人間関係という契機が、そこでの行為をそもそも方向づけるものとして位置づけられている。和辻の言い方に拠れば、「主体の間の働き合い」としての行為は、分離か結合かという方向性はどうあれ、「とにかくいまだ存せざる（人間）関係をあらかじめ含んでいるのでなくては」そもそも行為たり得ない（二五三頁）。こうした可能的な人間関係にあらかじめ方向づけられてこそ、人間の行為は一定の方向性を持った行為として成り立ち得る。

また、もう一方の「すでに」の側面は（すでに予想される通り）「過去からの方向」に関わる。和辻はこれも「歩行」を例にして次のように述べる。

> 現在の歩行の内に「あらかじめ」存している〔可能的な〕人間関係は、「すでに」何らかの意味において存立しているのでなければ、現在の歩行を規定することはできない。働き場所へ出勤し友人を訪ねるということは、一定の労働関係あるいは友人関係が「すでに」存立しているがゆえに可能なのである。従って昨日までの過去の間柄は、過ぎ去って消えてしまったのではなく、現前の出勤や訪問において存在し、将《まさ》に起こるべき今日の関係として現在の歩行を規定しているのである。（一九一－一九二頁）

ここでもやはり、人間関係・間柄という契機から「すでに」の側面が説明される。先に行為は、「可能的な人間関係」によってあらかじめ方向づけられているとされていたが、それと同時に、行為は「既存の人間関係」（過去の間柄）によってすでに方向づけられているとも説明される。

例えば、友人のところへ行くという行為は、（さらに交誼を深めるためであれ、絶交を告げるためであれ）新たな人間関係を実現すべくなされる行為だったが、他方でそれは、すでに（友人同士といった）一定の人間関係があることを前提としてこそ、なされ得るはずである。われわれはすでに友人同士だったからこそ、今の私は友人としてその相手のところへと向かっている。

また、その行った先での私の「口のきき方」は、その時点までの相手との人間関係のあり様に決定的に規定されているだろう。それは例えば、気安い親しげな口調であったり、妙に神妙な口ぶりであったり、といった行為の形で端的に表現される。そうした意味で、既存の人間関係（過去の間柄）もまた、現在の私の行為全体（つまり一歩一歩の歩行や一言一言の語りかけの内）にすでに浸透的に存在しており、それによって現在の行為の方向性を規定しているのである（「過去において作られた人間関係は必ず精密に現在の働きかけに反映する」（二五三頁））。

以上から、あらかじめ・すでに方向づけられているという行為の時間的構造は、次のようにまとめられる。

> してみれば、動機・目的などとして個人意識の立場からのみ論ぜられていることは、それだけでは行為の契機ではない。意志の心理学によって規定せられる行為は、主として物との連関における未来的な契機を抽象したものに過ぎない。行為を具体的に把握するためには、それを人間関係の場面において過去的な間柄に規定されつつ未来的な間柄に動き行く運動として捕えねばならぬ。（二五五頁）

引用前半にもある通り、「あらかじめすでに方向づけられている」という行為の時間的な規定性は、個人の内なる意識や心から規定されるといったことなのではない。ここでも空間性の議論と同様、行為を意識や心から根拠づける行為論的立場が明確に批判されている。

主体的時間性における行為の方向性は（主体的空間性における行為の有意味性と同様）、人間関係・間柄という契機によって決定的に規定されているのであり、そのことは心的なものに依拠する「個人意識の立場」からでは適切に捉えることができない。人間の行為は、その時間的構造から見れば、すでに存在する「過去の間柄」から否応なく規定される一方、これから実現されるべき「未来的な間柄」からもあらかじめ規定される、という仕方で事前に方向づけられている。

要するに人間の行為は、「必ず既存の人間関係を背負いつつ可能的な人間関係への方向として働く」（二四六頁）のであり、そのように過去と未来から同時に方向づけられた現在の行為において、「既存の間柄と可能的な間柄との統一」（二九三頁）が示されているのだという。そして、ここに指摘される「過去と未来の現前における統一」（一九二頁）という時間的構造こそが、和辻の言う「主体的時間性」の根本構造なのであり、それに基づいて初めて「あらかじめすでに」という行為の方向づけの問題も理解可能になる。

四　行為の全体論的構造と、その行為論上の理論的意義

人間存在の空間性および時間性という観点から、行為の構造がいかに捉え返されてくるかを順に確認してきたが、いずれにおいても「人間関係」という契機が最重要視されていたと言えよう。空間性から見れば、主体的なひろがりとしての人間関係はそこでの個々の行為の有意味性を担保する背景的文脈として機能するものであり、また時間性から見れば、人間の行為は可能的な人間関係および既存の人間関係から「あらかじめすでに」という仕方で規定されることにおいて、一定の方向づけが与え

られているとされた。つまり人間の行為は、何らかの人間関係においてなされるということに基づいてこそ、空間的には自他の間で一定の意味を持ち、かつ、時間的には過去を背負いつつ可能的な未来へという一定の方向性を持った行為たり得る、と整理できる(6)。

さて、行為の成立構造を以上のように統一的に捉え直した上で、さらに和辻は「我々は日常的に行為の海の中にいる」(二五五頁)と述べている。この「行為の海」という言い方で言い当てられようとしているのは、行為の全体論的な構造だと思われる。

この点に関して彼はまず、行為とは「重々無尽に相連関するものであって、ただ一つの行為であることができない」(二五五頁)という。つまり、ここまでの検討からも明らかだと思われるが、空間的にも時間的にも、それ自体で存立するある独立した一つの行為というものはあり得ない。空間的に見れば、行為は必ず一定の人間関係を背景とするという意味で他の主体との行為的連関の内にある。また時間的に見れば、現在の行為は過去の人間関係に規定され、かつ未来の何らかの人間関係を目指すものであるという点で、それ単独で理解可能なものではない。人間の行為は、ある一つの行為だけを取り上げてみるだけではその意味や方向性は十全には理解できず、それは空間的にも時間的にも「重々無尽に相連関する」ような諸行為の全体論的構造のなかで一定の位置を占めることにおいてこそ、「一つの有意味な、ある方向づけを持った行為」たり得る。

こうした行為の全体論的構造について、和辻自身は「通勤」を例に次のように説明している。

たとえば働き場所に出勤するということは、なまけて出勤しないということと明らかに区別せら

> るる一つの行為である。が、この行為は、道の左側を歩くとか、電車のなかで他の客の迷惑にならぬようにふるまうとか、信号灯に従って交叉点を横切るとかいうごとき、無数の行為から成り立っている。そうしてそれ自身また彼の持ち場における社会的行動の内の単なる一契機に過ぎない。（二五五－二五六頁）

ここではその全体論的構造の説明のために、様々な水準の行為を「全体－部分」関係から捉えるという視点が導入されている点が、（それとして明示されてはいないが）極めて重要である。

　例えば、「きちんと出勤する」ことと「怠けて出勤しない」ことは、いずれかを選んだり、また昨日は一方を選択し今日は他方を選択したりするといった意味で、互いに対立ないし連接関係にある同水準の行為の可能性である。それに対し、「道の左側を歩く」「電車のなかで他の客の迷惑にならぬようにふるまう」等々の諸行為は、「通勤する」という一つの行為（全体）を構成する、よりミクロな水準の行為（部分）である。またさらに、この「通勤する」という行為自体は、「会議で報告する」「取引先の相手と交渉する」等々のその他の同水準の諸行為と一緒になって、「会社員として勤務する」（「持ち場における社会的行動」）というよりマクロな水準の行為（全体）を構成する一契機（部分）にもなっている。

　こうした様々な水準にある諸行為は、そのどれ一つを取ってみても、それ自身のみで存立する独立した行為ではあり得ない。われわれの行為は何であれ、それ自身よりミクロな水準の諸行為から構成され、また同水準にある他の諸行為との対立・連接関係のなかで一定の意味を持ち、さらには他の同水準の諸行為とともによりマクロな水準の何らかの行為を構成すべく方向づけられている。その意味で行為とは、「重々無尽に相連関するものであって、ただ一つの行為であることができない」ようなものとして、「体系的連関」（二五六頁）をなしているのである。

こうした行為の全体論的構造に照らして考えれば、ある断片的なふるまいを一つの独立した行為（出来事）として取り上げて、それと個人の意識・心との関係を問うような（今日でも主流と言える）行為論的立場は次のように批判されることになる。

もちろん我々はこのような行為の体系的連関の中から、一つの断片を切り取って考察することはできる。動機、意図、決意、遂行などを一つの連続的な意識作用として問題にするのは、通例このような断片に即してである。しかし、それは行為の抽象的な取り扱いであって、行為の具体的な姿ではない。出勤の途上人に逢って挨拶をする時には、ただその人との交渉のみが意識の表面に現われ、出勤の意図は意識の面から消え去っていてもよい。……にもかかわらず、これらの行為系列を通じて出勤の行為が行なわれている。途中で停電とか交通遮断とかに逢えば、出勤の意図はたちまち意識の表面に現われてくる。（二五六頁）

ここでは「行為が事前に方向づけられる」仕方が改めて問題化されている。先にも指摘した通り、和辻が批判するタイプの行為論では、行為のあり様を事前に規定するものとして何か心的なもの（「意識作用」）が想定されているが、それが行為の取り扱い方としては抽象的で不十分なことは、本節で確認した行為の全体論的構造を踏まえてこそ、よりよく理解可能となる。

個人の内側にある心的なものが行為を事前に規定するという発想の前提には、行為を「一つの断片」に切り取って、一個人が行なった一つの完結した出来事として考察可能だとする考え方が（暗黙裏にせよ）控えている。しかし、本来は全体論的構造を持つ行為は、ある体系的連関のなかにあって初めて、有意味で一定の方向づけを持った一行為として存立し理解可能となるのであり、そうした行為の成立構造を、個人の意識や心の状態から説明し尽くすことは不可能なはずである。

和辻はそのことを示すために、（特に日常的な）行為を事前に規定していると想定される心的なもの（意志、意図、動機、目的の表象）が、その行為の最中に常に意識の俎上にあるわけではないことを、重ねて指摘する。通勤という行為の最中に、われわれは常にその「出勤の意図」をそれとして意識しているわけではない。その途上では、知人に出会えば挨拶し、周囲を注意しつつ横断歩道を渡り、必要があれば定期券を更新するというように、通勤行為を構成するよりミクロな水準の諸行為（「行為系列」）の方がよほど意識的になされているのであって、それらの目的の位置にある「出勤の意図」は背景に退いている。しかしその「出勤の意図」（として事後的に主題化され得る、行為を事前に規定する浸透的な方向づけ）は、その下で順次遂行される行為系列を、背景的・非主題的な仕方で終始規定し続けているはずで、そうした仕方でミクロの諸行為を導くことにおいてこそ、通勤というよりマクロな水準での行為を成り立たせているのである。

なお、こうした方向づけが行為系列を終始規定し続けていたこと自体は、その進展が妨げられ行為が停滞してしまったときに、行為者当人にも主題化され意識されてくるのだという（「途中で停電とか交通遮断とかに逢えば、出勤の意図はたちまち意識の表面に現われてくる」)。つまり、それまでスムーズに進行していた行為が、何か障害に遭うことで一種の故障状態に陥るとき、むしろ背景に退いていることでこそ本来の機能を発揮し得ていた浸透的な方向づけが、例えば「時間までに会社に着くにはどうすればいいか?」といった形で「出勤の意図」として、あたかもあらかじめ心中にあったものとして、しかしあくまでも事後的に、主題化されてくるのである。

五　おわりに

以上では、和辻の倫理学理論の核心部分をその文脈主義的行為論に見定め、現代の諸議論とも対比させながら検討してきた。最後に本稿で確認した要点を簡単に整理した上で、その理論上の意義を考察しておこう。

人間存在の空間性および時間性を論ずる『倫理学』第二章では、実質的には行為の空間的・時間的構造を分析する行為論が展開されていた。そこで明らかとなった最大の理論的特徴は、行為に一定の意味と方向性を与える背景的文脈としての「人間関係」こそが、行為成立の要とされる点である。人間の行為は、空間的には、相手からの理解や社会的規範(作法・持ち場)との相互関係において有意味化され、時間的には、可能的な人間関係および既存の人間関係から「あらかじめすでに」という仕方で事前に方向づけられている。冒頭で論じた「事前の規整」問題に対し、和辻の行為論は「人間関係」という契機を最重要視するという理論的な方向性を示したことになるが、それは彼の人間観の根幹をなす「間柄」概念からの当然の帰結だと見ることもできよう。

また他の立場との関係から言えば、この「人間関係の行為論」とも呼称すべき立場は、もっぱら行為者個人の内側にあるとされる「心的なもの」（意志や意図、欲求と信念のペア、信念体系など）から行為成立を説明しようとする、現代でもなお主流の行為論的立場に対し、真正面からの批判と代替案を提示する議論になり得ている。そしてその理論的根拠となるのが、本稿後半で論じた「行為の全体論的構造」および「浸透的な方向づけ」である。

「人間の行為を事前に規定するのは、意識・心ではなく人間関係だ」という一見大胆な主張を支えているのは、「意味」を行為の成立要件と捉える行為観である。単なる身体的動作であれば、意識や心との関係から考え得ることもあるはずだが、そもそも意味という現象が他者や社会との相互関係を前提としたものである以上、行為の意味を個人の内面へと還元することはもとより不可能である。「行為の全体論的構造」を踏まえれば、こうした批判は「それ単独で有意味となる行為はあり得ない」というテーゼとして要約できる。

そして、その上で改めて問題となるのが、意識や心に拠るのではない、行為の事前の規定のされ方である。本稿ではそれをさしあたり「浸透的な方向づけ」と呼んでおいたが、その内実のさらなる解明が必要だろう。この課題への取り組みは別稿に譲らざるを得ないが[7]、それは第一節の最後で掲げた「非主題的・非表象的・非推論的な規範知に基づく非主知主義的な行為観」をより精緻な議論へと彫琢することで果たされるはずである。和辻独自の行為論の成否自体は、その作業も踏まえて判断する必要がある。ただし、本稿で確認した「人間関係の行為論」の範囲だけであっても、そこからの批判に何らかの応答をせざるを得ないだけの説得力はあると考える。

（1） 以下の説明は、特に次の文献の議論を援用した。Hilary Putnam, *Ethics without Ontology*, Cambridge, MA: Harvard UP, 2004, pp. 52ff.（ヒラリー・パトナム、関口浩喜ほか訳『存在論抜きの倫理』法政大学出版局、二〇〇七年、六三頁以降）。

（2） Saul A. Kripke, *Wittgenstein on Rules and Private Language*, Cambridge, MA: Harvard UP, 1982.（ソール・A・クリプキ、黒崎宏訳『ウィトゲンシュタインのパラドックス――規則・私的言語・他人の心』産業図書、一九八三年）を参照。なおこの論点に関しては、拙論「「解釈とは異なる、規則の把握の仕方」について――「規則のパラドクス」へのもうひとつのアプローチ」（『超域文化科学紀要』第一〇号、東京大学大学院総合文化研究科、二〇〇五年）で、ジョン・マクダウェルによるクリプキ批判も含めて、詳しく論じたことがある。

（3） この「主知主義的」という規定は、次の論文でのチャールズ・テイラーの議論を踏まえている。Charles Taylor, "To Follow a Rule", *Philosophical Arguments*, Cambridge, MA: Harvard UP, 1995.

（4） 和辻哲郎『倫理学』上巻（岩波書店、一九三七年）からの引用は、『和辻哲郎全集』第十巻（第三次編集、岩波書店、一九九〇年）所収の全集版に基づき、その参照頁のみを本文中に組み込んで示す（以下同様）。

（5） この「浸透」という言葉遣いは和辻自身によるものではなく、門脇俊介のハイデガー解釈における、「こうした自己についての存在了解は、語られたり意識されない仕方で、日常のふるまいのなかに浸透しそれを導く」（門脇俊介『『存在と時間』の哲学Ⅰ』産業図書、二〇〇八年、二九頁）という記述を踏まえたものである。

（6） こうした「空間的に有意味化され、かつ、時間的に方向づけられたものとしての行為」という行為観を踏まえてさらに主張されるのが、人間の存在構造における空間性と時間性の「相即」である。このことを和辻は自身の「空の存在論」に基づかせて論じているが、この点に関して本稿では紙幅および問題設定の都合上詳述できない。

(7) この点に関しては、和辻の行為論に多大な影響を与えていたハイデガーの議論(『存在と時間』での日常性の分析)が極めて重要となる。拙論「和辻哲郎の倫理学における「信頼の行為論」について――ハイデガーとの対比から見る日常性における共生のあり方をめぐって」(『共生の現代哲学――門脇俊介記念論集』〈UTCP Booklet 18〉東京大学グローバルCOE「共生のための国際哲学教育研究センター」、二〇一一年)も参照されたい。

III

和辻哲郎と東洋思想

第七章　乏しき時代の『論語』
——和辻哲郎『孔子』をめぐって——

板東洋介

一　問題の所在

西師の江戸に入りしより、文事地に墜ち、都下は儒を業とする者、率《おほむ》ね自活する能はず。
（安井息軒『北潜日抄』慶応四年〔一八六八年〕八月二十四日条）(1)

「西師」は京都の朝廷を奉ずる薩長の軍である。昌平黌《しょうへいこう》の教官をつとめながら、維新後は右のように儒者の不遇を歎じつつ一生を終えた安井息軒の生涯は、近代日本における儒教と儒者とのじり貧の境遇を象徴している。この九年後に漢学復興の拠点として興された二松学舎の舎則にさえ「今ヤ洋学大ニ行《おこなは》レ法律技術ノ精密ニ至テハ漢学ノ能《よ》ク及ブ所ニアラズ」（第一章教旨、第一条）(2)と述べられた。明治日本に緊要の知は新来の洋学であり、旧式の漢学ではなかったのである。前代に人倫日用に資する

「実学」を標榜して仏教から思想的ヘゲモニーを奪取した儒学が、今度は同じ言葉でもって「実学」の位置を洋学に奪われたのは、一つの歴史の皮肉といわざるをえない。高等教育では英・独の学が花形であったとはいえ、明治国家の公的な書き言葉は漢文訓読体であったから、特に中等教育以下での漢学需要は根強かった。しかし明治十年代以降、欧化への反動の風潮に乗じて儒者・漢学者の多くが所謂「国民道徳」と儒教との一体性を喧伝したことがかえって仇《あだ》となり、敗戦による旧来の道徳教説の失効は、日本の儒教に愈々《いよいよ》とどめをさしたといえる。また〝西洋の衝撃〟に際会して反照的に希求された民族的伝統の核が、日本の場合、儒教ではなく神道（および武士道）に定位されたことも、おのずと日本の儒教の命運を中国・朝鮮などとは別のものにした。

　しかしながら、このような逆風下で『論語』は根強く読まれてきた。まず目につくのは、渋沢栄一・下村湖人・安岡正篤ら、保守的な政治家・実業家とその〝賓師〟的な人物とによる『論語』受容である。しかしそこには、功成り名を遂げた人が『論語』をだしに人生訓を説くこの手の類型とは異なる『論語』享受の系譜もあったといえそうである。すでに古典に列しているものだけでも、諸橋轍次の『掌中論語の講義』（一九五三年）があり、吉川幸次郎の『論語』（一九六五－一九六六年）があり、何より白川静の『孔子伝』（一九七一年）があった。白川『孔子伝』の深甚な影響下にある諸星大二郎の怪作『孔子暗黒伝』（一九八八年）もまた、一世代の『論語』体験を形作っているにちがいない。むろん中島敦「弟子」（一九四三年）、井上靖『孔子』（一九八九年）、酒見賢一『陋巷《ろうこう》に在り』（一九九二－二〇〇二年）など、多く『論語』に取材して孔子の為人《ひととなり》を描いた小説群も忘れることはできない。

　なぜかくも『論語』は読まれるのであろうか。そこに「西洋」の「個人主義」「功利主義」云々に抗して「東洋」の「道徳」「修養」「公共心」云々を再興せんとする意図と、とりわけ戦後、他の和漢の古典にも試みられたように、この書を「人間的」に、あるいは「革命的」に再解釈しなおそうとする意図とがせめぎあっているのは疑いを容れない。今日なおそうである。しかしこの俯瞰的で、多分に政治的な構図から、少しだけ『論語』という本そのものへと焦点距離を縮めてみるならば、また別の像が結ばれてくるように思われる。

『古事記』を信じるかぎり、『論語』はわが国に渡来した最初の書物である。本朝の人は「最上至極宇宙第一の書」(伊藤仁斎)[3]といい、「天地間第一の文章」(中井履軒)[4]といい、この本に賞賛を惜しまなかった。ことは儒者の身内ぼめにとどまらない。「漢意《からごころ》」の最大の批判者であった本居宣長でさえ、この書の「浴沂詠帰」(先進二十六)に深く共鳴し[5]、「孔子《くじ》はよき人」[6]と歌っている。周知のとおり、宣長は儒教の教説体系を「さかしら」「つくりごと」と切り捨てた。しかしその宣長にして、その思想は一旦括弧にくくった上で、『論語』自体はなお面白かったのである。

その面白さとはおそらく、次のような章に隠顕《みえかくれ》するものであると思われる。

顔淵・季路侍《はべ》る。子曰く、なんぞ各爾《なんぢ》の志《こころざし》を言はざる。子路曰く、願くは車馬衣裘を、朋友とともにして之を敝《やぶ》るも憾《うら》みなからむ。顔淵曰く、願くは善に伐《ほこ》ることなく労を施すことなからむ。子路曰く、願くは子の志を聞かむ。子曰く、老者には安んぜられ、朋友には信ぜられ、少者には懐《なつかし》まれむ。(公冶長二十七)[7]

あるとき孔子は二人の高弟に各々の「志」を問い、彼らはそれぞれ懐《おも》う所を述べた[8]。そして子路――後に衛国の動乱に斃《たお》れ、死をもってその「志」をあかすことになる――が「先生のお志も承りたい」と反問した時、子路と読者とはともに、周の礼楽の復興を悲願として諸国に遊説するも、ついに位を得なかった孔子の半生へと思いを致すはずである。韜晦の奥に秘められた孔子のぎりぎりの「志」が「革命」にあったとは、漢代の公羊学者以来、急進的な学者たちが古来勘ぐるところ。しかし現実に孔子の口をついて出たのは「年寄りには気を置かれず、友人には信用され、若者には慕われたいものだ」という、ごくごく当たり前な、懐《なつ》かしい理想のかたちにすぎなかった。そしてたったそれだけのことがなかなか現実には能《よ》くしえないのも、誰もが身をもって知っているはずである。「革命」や「正名」をめぐるきな臭い政治の議論や、「仁」や「孝」についての（見方によっては）埃じみた道徳談義の間から、突然孔子の肉声が日常茶飯の生の急所を衝《つ》いてくる感触。これこそが『論語』の妙味ではなかろうか。

おそらく古今『論語』をもっとも多く、かつ深く読んだ日本人である伊藤仁斎は、まさに孔子の肉声、あるいは生身のひらめきにこそ、この書の卓越を見出している。仁斎は『論語』をはじめとする儒教の経書の内容を、「血脈」と「意味」とに大きく区別する[9]。「血脈」は現代語「すじみち」に、「意味」は「あじわい」に近い。仁斎によれば、きわめて論理的で論争的な後代の『孟子』が聖人の思考の「血脈」（すじみち）を直示しているのに対して、『論語』はもっぱら聖人の言行から滲み出す「意味」（あじわい）を汲み取るべき書なのである。仁斎の力点は、『論語』は一般に「儒教」として流通する一つの道徳思想の骨組みを示した本ではないということにある。「仁」「義」「忠」「孝」等々の概念の定義やそれら相互の関係づけ、また形而上学や人性論に基づく概念体系の妥当性の証明等々は、『孟子』『中庸』以下の後代の諸書の主題であって、『論語』の主題ではない。『論語』の眼目はいわば、思想そのものではなく、思想を生きる人にある。この書の中で「人能《よ》く道を弘《ひろ》む、道人を弘《ひろ》むるにあらざるなり」(衛霊公二十九)と孔子は述べているが、『論語』のピントは「道」そのものよりも「道」を弘めんとする「人」の生きざまに合わされているのである。だからこそ、為政者による人民の全面的な教化を目指したり、血縁共同体の紐帯を公法に優先させたりするその道徳思想の一々には必ずしも同意できずとも、一つの思想を自己の生の論理として選び取ろうとしている人の真摯さや鬱屈、そして含羞は、いやしくも理想を掲げて生を生きようとする人に対して、ある近さをもって迫ってくるのである。『論語』の古典としての根強さは、ついに此処に求められねばならない。

ところで、さきの近・現代日本人の『論語』受容の中に、和辻哲郎の『孔子』を挙げないのは、杜撰の極まったものといわざるをえない。この本は昭和十三年(一九三八年)という、近代日本史の上でも、和辻個人の思想遍歴の上でも大きな曲がり角をなす年に発刊されながら、著者本人と同じく戦争をそのままくぐり抜け、現在も岩波文庫の一冊として版を重ねている。この年、日中戦争の戦端はすでに開かれ、国家総動員体制が始まり、和辻はすでに大正期のエピキュリアンではなく、東京帝大の倫理学講座教授として『国体の本義』編纂に参与していた。乏しき時代にものされたこの小篇は、日本人の『論語』読みの系譜の中でもほぼ最重要の一角をなす書物にほかならないのである。後述するが、本書は和辻の著作の例にもれず、極めて平易で読みやすい。その平易さが本書の長い受容を支えている。しかしその読みやすさのかげには、それなりの風浪にみまわれた和辻の思想遍歴、国家総動員体制下の東大教授としての韜晦や妥協や抵抗、大正から昭和戦中期にかけての国際情勢や国内の政治／思想問題、そして近代北東アジアにおける欧化と儒教伝統との（単なる〝衝突〞とは呼び難い）複雑なかかわり、等々の問題が錯綜している。本稿は本書にまつわるこの輻輳《こんぐらがり》を解きほぐし、『論語』の思想的特質と和辻哲郎の儒教観という二つの大きなテーマについて、いささかの寄与を目指すものである。

二　和辻と儒教

和辻哲郎の『孔子』は、もとは昭和十三年（一九三八年）、著者が数えで五十歳――ちょうどその「知天命」の年に、岩波書店の「大教育家文庫」の第一冊として出版された。三木清が企画したこの文庫には他に武内義雄が『朱子・陽明』を、津田左右吉が『蕃山・益軒』を、西晋一郎が『尊徳・梅岩』を、村岡典嗣が『素行・宣長』を、三木自身が『ソクラテス』を執筆している。このうちで和辻の『孔子』はもっとも長い命脈を保っている。本書は敗戦を越えて昭和二十三年（一九四八年）に「再版序」と長い「付録」とを附して植村書店から再刊され、昭和三十年（一九五五年）に角川文庫に入った。そしてさらに昭和五十八年（一九八三年）に岩波文庫に入り、すでに二十数版を重ねている。仏教美術における『古寺巡礼』、禅思想における『沙門道元』などと同じように、過去の思想・文化への入り口として好適な著者一流のみずみずしく平易な描写が、著者の知名度とともに、この息の長さを支えているはずである。またそのわかりやすさが、往々に専門家からは苦々しく見られるのも、[10]上述の二書と似通っていよう。

　しかしながら、この本の見かけの平易さの奥には、和辻の思想理解の問題としても、さらに広く日本近代の思想史上の問題としても、きわめてこみいった事情が存する。そもそも、和辻と儒教の関係そのものが、こみいっているのである。

　一方では、和辻が打ち立てた倫理学体系は、往々に儒教的であると指摘される。海外から眺めた時、和辻倫理学は要するに儒教を西洋近代倫理学の概念と語彙とをもって再話したものと捉えられる。卞《べん》崇道《すうどう》が和辻の「間柄」を「東洋の全体を中心とする集団主義の価値観」(11)の表出と位置づけ、『倫理学』前半部の英訳者であるカーターが、和辻の倫理学を神道の「まこと」と儒教の「忠孝」とに培われた日本の伝統的なエートスを「結晶化」したものと論定するようにである(12)。また視線を日本に限っても、伊藤仁斎の思想と和辻倫理学との思想的な近さは、繰り返し指摘される所である(13)。

　しかしその一方で、和辻個人の思想形成史を辿ってゆくと、彼は儒教に対して、概して冷淡である。幼時の経典素読を通じて「儒教の教養」(『全集』21、一六八頁)を核に人格形成した「前時代の日本人」(同、一六七頁)と、西洋の文明の光に浴した自分たちとは「まったく色合いを異にしている」(同)と二十八歳の和辻は述べている。そして多くその「前時代の日本人」とその弟子たちとから成る「固陋な因習道徳家」(『全集』22、二五頁)に対して、和辻は終生鋭い批判者として立ち続けた。「これまで日本人のくせに日本を研究せず、また日本に偉いものがあるとも思っていなかった」(『全集』21、二一九頁)和辻が『偶像再興』以降、日本ないし東洋に回帰してゆくのも、はじめは天平の仏教美術に、そして次いで記紀万葉に美と理想とを見出したのであり、儒教に「再興」されるべきなんらかの価値を見たわけではない。四半世紀ほど後の〝体系期〟においても、そこにもっとも本質的な影響を与えている東洋の思想伝統は仏教であって、儒教ではない。にもかかわらず和辻倫理学が儒教的であるという印象を与えるのは、何よりもまず、その体系の中心をなす二著が、開巻第一頭に儒教の概念を掲げ、そこから出発するからである。すなわち『人間の学としての倫理学』（一九三四年刊）は、倫理を問うに際してまず手近にある儒教語「倫理」の分析から始めて『礼記』『春秋公羊伝』などを援用しつつ「人倫五常」の論にすすみ、またもうひとつの主著『倫理学』上巻（一九三七年刊）の序言では「道は邇《ちか》きに在《あ》りとは誠に至言である」（『全集』10、四頁）と『孟子』離婁《りろう》上篇の文句に自分の立場を代表させている。しかし前者は、苅部直が正当に指摘するように、『岩波講座　哲学』第二に収録された「倫理学――人間の学としての倫理学の意義及び方法」（一九三一年）を三年後に岩波全書『人間の学としての倫理学』へと書き改める際に構成が入れ替えられ、儒教語を扱う章が冒頭に置かれた結果「ハイデガーやマルクス－エンゲルスの哲学ではなく、儒学思想に立脚して倫理学を構想したかのような印象を生み出した」(14)にすぎない。後者の『倫理学』序言での『孟子』の引用も所詮はエピグラフの亜種にすぎず、続く本論を一読すれば瞭然なとおり、その浩瀚な論述に決定的な影響を与えているのはハイデガーの日常性の解釈学とヘーゲルの人倫の体系とである。視圏を東洋思想に限っても、やはり人間存在の根本理法が「空が空ずる」（『全集』10、二六頁）運動に見出される以上、その最大の影響源は大乗仏教である。

以上を要するに、昭和十三年（一九三八年）に和辻が『孔子』を書くということは、――四年前にこの本来の意味で「リベラル」な人が東京帝国大学の倫理学講座に着任したことと同じく――実は奇異なことなのである。和辻が終生敵意を燃やし続けた井上哲次郎は「不敬」事件（一九二七年）以来すでに公界から退隠していたが、儒教伝統にいっそう親和的な倫理学者としては、和辻の前任者・吉田熊次が国民精神文化研究所に、西晋一郎が広島文理科大学にいた。倫理学ではなく社会学の専攻であり、すでに前年病に伏してはいたが、井上クライスの国民道徳論者にして『論語』読みとしては、東京高師を経て巣鴨学院を創立した遠藤隆吉の存在感も多大である。明白な民本主義者かつ天皇機関説論者であり、すでに三・一五事件を経て共産党が非合法化していた言論界においては事実上の〝最左翼〟であった和辻が『孔子』を書く所には、当時の文脈の中では、或るすわりの悪さが感じられなくてはならない。戦後には美濃部達吉・小泉信三・津田左右吉らと相並んで雑誌『心』に集うことになる、所謂オールド・リベラルを代表する一人が『論語』についての専著を書いたことの意義と脈絡とを正確にはかるためには、やや広い視圏への移行が必要である。

三　『論語』と孔子との近代

明治二十二年（一八八九年）、帝国憲法発布の年に生まれた和辻の思想家・著述家としての活動は、大正二年（一九一三年）の『ニイチェ研究』に端を発し、ちょうど昭和のはじまり頃に精神史・文化史から倫理学へと大きく進路を変え、昭和十三年（一九三八年）の『孔子』に到る。安井息軒の慨歎からここまでおよそ七十年の間、近代日本は『論語』と孔子とを書蠹《しみ》とともに朽ちるに任せてくれたわけでは、まるでない。近代日本にあって『論語』と孔子とが翻弄された波濤は、じつは和辻の『孔子』

にまで打ち寄せ、その隠れた文脈をなしている。

　明治十年代までの欧化主義と「知育」偏重の教育への反動として、伝統の復興と「徳育」とが説き出されたのは、福沢諭吉によれば「明治十四五年の頃」（「福沢全集緒言」[15]）であった。儒教批判の急先鋒であった福沢はその動きに「政府が教育に儒教主義とて不思議なることを唱へ出し……時候遅れの老儒者を呼び集めて……恰《あたか》も文明世界に古流回復の狂言を演ずる」（同）ものと辛辣である。この頃「教学大旨」が発され（明治十二年）、「修身」が諸学科の筆頭となり（明治十三年）、東大に古典講習科が置かれ（明治十四年）、斯文学会が発足し（同年）、『幼学綱要』が下賜され（明治十五年）、『婦女鑑』が出版され（明治二十年）、日本弘道会が発足し（同年）、最終的には『教育勅語』の渙発（明治二十三年）につながってゆく。一連の動きの中心にいたのは明治天皇の侍講・元田永孚《ながざね》である。元田は、その初進講（明治四年）の際、『論語』公冶長篇第一章を講じた。この熊本時習館出身の醇儒にとって、開化日本の君主が「今日盛世ニ当リ復《また》此論語ヲ講セラレ」ることは、「応神天皇ノ王仁《わに》ヲ師トセラレ論語ヲ講シ玉フ」ことの象徴的な反復と捉えられ、そこには汲めども尽きせぬ感慨があった（「還暦之記」[16]）。

　このとき、「知識才芸」と「立身出世」とに偏するとされた洋学と同じく、実は儒教・漢学もまた外来思想であるという事実は、明治の人士にはあまり顧みられなかった。儒教によって（日本人は新たな内容を教わったのではなく）日本固有の道徳が分節され言語化されたのだという近世水戸学以来の論理[17]が広く浸透していたためである。『論語』は「皇道の註脚」（「論語講義」[18]）だという元田の言は、彼らがどのように神道と儒教との折り合いを付けていたのかを端的に示している。ただし、「皇道」と儒教とのずれは、折に触れてわずかに露見することもあった。百七十年余り続いた湯島聖堂・昌平釁の釈奠《せきてん》（孔子の祭祀）は幕末の混乱の中で途絶し、明治二年（一八六九年）に創立されたその後身の大学校では、日本神話に登場する八意思兼《やごころおもいかね》神が新たに祀られることになった。「大成殿の聖像は蛛網に鎖《とざ》され顧《かえりみ》る者もなく、……古来の漢学校も俄《にわか》に社務所の如く」（高橋勝弘『昌平遺響』）[19]になったこの一件は、孔子と儒教との位置の微妙な、しかし決定的な変化を物語る。近代日本の至尊の価値は皇室と国家とにあり、すでに「万世の師表」であるはずの孔子にはなかったのである。

大きく状況が変わるのは、明治三十七－三十八年（一九〇四－一九〇五年）の日露戦争によってである。西洋列強の一角への勝利は、日本に（領土的野心と表裏をなす）〝東洋の代表者〟の意識を芽生えさせた。中国歴代王朝に代わる「中華」として、儒教伝統を自己のものにせねばならないという目的意識が、更新された東洋学研究熱の基《もとい》をなした。ドイツ・フランスのシノロジーに遅れを取らじとする意識と、列強の中国分割に遅るまじとする意識とは、正確に相応じていたのである。ポーツマス条約の二年後、明治四十年（一九〇七年）には三十年ぶりに湯島聖堂での釈奠が復興し、またそこで大正十一年（一九二二年）に盛大に挙行された孔子二千四百年追遠記念祭に、併合された朝鮮と台湾との代表が出席したことも、当時の漢学復興がきわめて政治的な動きであったことを示す。また戊申詔書（明治四十一年（一九〇八年））や漢学復興建議（大正十年（一九二一年））を見るに、国内向きにも階級対立と所謂「思想問題」との解決のために儒教が動員された側面も見逃せない。

しかも同時に大陸では、日清戦争における日本の躍進に一面では脅威を、一面では模範をみた改革派知識人による熱い議論と実践との焦点として、孔子が浮上していた。康有為は主著『孔子改制考』（光緒十九年（一八九三年））で、春秋公羊学の影響のもと、民主主義的かつ共産主義的なユートピア「大同の世」を目指した革命家として孔子を描き出し、戊戌《ぼじゅつ》変法（光緒二十四年〔一八九八年〕）に失敗して一時日本に亡命するも、辛亥革命に多大な役割を果たした。[20] 民国政府内部ではクリスチャンである孫文ら開明派と康有為・梁啓超ら保守派との「信教の自由」を一争点とする角逐があったが、袁世凱および段祺瑞《だんきずい》体制下では、欧米のキリスト教に倣って新生国民国家・中華民国の民心の統一のために「孔子教」の国教化が進められた。ようやくまた日の目を見た孔子が、時こそあれ、民主主義・共和主義、そして「革命」の偶像として、また民国のナショナリズムの核として、隣国で再賦活してしまったのである。周知のとおり、大逆事件、民本主義《デモクラシー》運動、アナ・ボル両派社会主義の勃興、そしてドイツ・ロシアの帝政の瓦解を閲《けみ》した明治末から大正期の日本の保守論壇で「革命」「民主主義」「共和主義」「社会主義」（さらには「社会」という語そのもの）は忌《いみ》言葉である。日本側の漢学復興の中核となった服部宇之吉と斯文会の人びととは火消しに躍起になり、民国側の急進的な「孔子教」を激しく批判した。服部は公羊学を奉じ孔子改制を説く「現時の支那人」は孔子の真意を失っているといい（『孔子及孔子教』[21]）、孔子の理想は「民主共和政体」ではなく「君主政体」にあったという（同[22]）。また塩谷温は「革命といふことは、決して孔夫子の善とせらるる所ではありませぬ。万世一系の皇室を戴ける我国こそ、孔子の理想とする国家であります」（『斯文』八巻五号[23]）と説いている。服部が「吾等の孔子教と支那の孔子教とが一に帰する」ことを目指すという時（『斯文』四巻三号[24]）、そこでいかなる統一が思い描かれているのかはおのずと彷彿するであろう。

清朝は歴代王朝にならって国家的祭祀として孔子祭祀を行ない、革命後も「祀孔」は大総統・袁世凱の命のもとに継続された。そこには先述の明治日本に見られたほどの、民族／国民の伝統をそのまま儒教と同定することへの躊躇いはなかったといいえよう。しかし、例えば伊勢神宮大宮司の田中頼庸がロシア正教にならって神道を「国教」として近代日本の民心の統一に用いねばならぬと建白した[25]のとほとんど同じ口吻《くちぶり》で、康有為が国民道徳の確立のために「国教」としての「孔子之道」を打ち立てねばならぬと述べるとき[26]、やはり大陸においても、もはや孔子は価値の究極的な源泉ではなくなり、国民国家の持続と統治とのために操作可能な任意の道具の一つと化している。〝西洋の衝撃〟ののち、東シナ海の沿岸で漢字を操る人びとの思考と言論とをその外部から規定し、その慌ただしいタイムスケジュールを決めているのは、「文明」の進歩と国民国家間の熾烈な競争とであって、たとい形骸化したその祭祀は継続していようと、もはや孔子ではなかったのである。

そもそも「文明」とは元来civilizationの訳語などではなく、ましてや西洋がそれを代表したりいくつかの「文明」が並立したりするはずもなく、たった一つ「中華」のそれをいうのであって、その象徴こそが孔子なのであった[27]。孔子の権威とともに、「文明」の語もまた西洋と近代とに簒《うば》われたのである。

四　和辻『孔子』の方法と戦略

その学問的なプライオリティが随所で断わられるとおり、和辻の『孔子』は武内義雄の『論語』論に全面的に立脚している。昭和三年（一九二八年）十二月、京都帝国大学の助教授であった和辻は、学内で開催された支那学会大会で武内の『論語』講演を聴いて強い感銘を受けた。元来儒教への親しみが薄く「孔子について書くだけの研究も素養も準備もない」（『全集』6、一五九頁）と告白する和辻は、しかし武内の講演で受けた感動が「いつまでも新鮮な衝撃として論語への関心をそそり続け」（同、三五七頁）るのを覚えた。この大正のモダニストは井上哲次郎や服部宇之吉の旧弊な儒教論には辟易していたが、武内の『論語』論はそれらと一線を画した清新さで、新たに『論語』への目を開かせたのである。和辻『孔子』での『論語』の本文と訓読とは、武内義雄が校訂・訳注を担当した岩波文庫版『論語』（昭和八年〔一九三三年〕）に拠っている。その柔らかい訓読は、近世の文之点《ぶんしてん》や一斎点の流れを汲む荘重な訓《よ》みに親しんだ明治の人、例えば西田幾多郎には、不審を抱かせる体《てい》のものであった[28]。和辻の本書での激賞に「そぞろに知音の感激を覚え[29]」、しかし和辻による講演内容の紹介に若干の修正の必要を感じた武内は、『論語之研究』を翌年、同じく岩波書店から上梓している。

武内義雄は明治末年に狩野直喜や内藤湖南によって創始され、雑誌『支那学』に拠る京都帝国大学の中国研究、いわゆる京大「支那学」に育った第一世代である。坂出祥伸《さかでよしのぶ》はその特質を、井上哲次郎や服部宇之吉に代表される東大系の漢学――すなわち国策としての国民道徳論に親和的であり、西洋の哲学・倫理学の諸範疇を無頓着に援用しつつ、同時に近世風の道学臭をも残したそれとは一線を画して、清朝考証学やフランスのシノロジーの影響を強く受けつつ、実証的な学風を堅持する点に見ている[30]。和辻は井上を主任教授とする東京帝国大学文学部哲学科の出身ではあるが、井上に反発してケーベルに師事し、卒業後も在野での文筆活動の傍ら私大で講じ、その主流からは外れていたし、京大に彼を招いたのも、同じく東大哲学科に学ぶも選科生として甚だしい疎外感を味わった西田幾多郎である。哲学の所謂京都学派と京大「支那学」とは、東大官学の権威性と国策へのおもねりとに対する反発の態度を共有している。武内と和辻との交流、そして彼らの昭和十年代に相次いで上梓された『論語』論は、そのころ早稲田大学にあった津田左右吉の〝抹殺博士〟の再来めいた論争的な漢学研究と併せて、近代日本における孔子と『論語』観との新たな展開とみなくてはならない。それは漢学を幼時の身体経験として持たず、大正の教養主義と民本主義との中で人格形成した知的選良たち——そのうちの一人が創業し、彼らと歩みをともにした書肆に即していえば、岩波文化人たちによる『論語』観である。

武内の『論語』研究は、その講演の原題「論語原始」のとおり『論語』の始《はじ》めを原《たず》ねるものであった。すなわち、経書としての分厚い権威に覆われた『論語』全二十篇に対して、本文の実証的な検討によって、その内部に篇ごとの来歴と性質との違いを読み取り、その複層的な成立過程を論定したのである。後漢の鄭玄によって現行の二十篇が確定するまでに、魯論語・斉論語・古文論語、また斉魯二篇本・河間七篇本など、内容と分量とを異にする諸本が存したことはすでに知られていた。さらに伊藤仁斎によって、前半十篇と後半十篇とは語法の上でも内容の上でも区別されることも明らかにされていた。武内は現行の二十篇のうち、為政第二－泰伯第八までの七篇を河間七篇本と同定して『論語』のうちの最古層とし、次に先進第十一－衛霊公第十五と子張第十九・堯曰第二十の七篇を斉論語としてそれに次ぐものとし、冒頭の学而第一と郷党第十を斉魯二篇本と同定してさらにその後の成立とし、残り五篇を後人の付加とした。[31] 後人の付加した雑多な五篇の成立は「早くとも戦国末、晩《おそ》ければ秦漢の際まで降る」[32] と武内はみる。

武内の文献批判《テクスト・クリティーク》は、荒木見悟が評するように「経書の権威をさしおいて、近代的批判精神にもとづき、その成立過程を丹念に追及されたもの[33]」として新しかったが、和辻が「学問を愛する人でなければこの書に近づく必要はない」(『全集』6、三五三頁)と明言するとおり専門性が高く、儒教と孔子とに積極的な関心をもつ人でなくては、興味をそそられるものではない。では、泰西とインドとの文物は愛せど経書の「学問を愛する人」ではない和辻にとって、武内の『論語』理解の何処がそんなに面白かったのであろうか。

それは武内の方法が、文化史家としての和辻がこれまで東西の古典を取り扱ってきた方法ときわめて似通っていたため――和辻の言葉でいえば古典の「原典批判」だったためである。『イーリアス』『オデュッセイア』をホメーロス一人の作とせず、そこに時代時代の吟唱詩人たちによる重層的な成立を見る世紀交代期ヨーロッパの「ホメーロス批判」に学んだ和辻は、この方法を仏教の経・論(『原始仏教の実践哲学』『仏教哲学の最初の展開』「仏教倫理思想史」)、福音書(『原始基督教の実践的意義』)、『源氏物語』(「『源氏物語』について」)『枕草子』(「『枕草紙』について」)など東西の古典に自在に適用した[34]。和辻が縦横に古典を切り刻み、その中に近古の層を同定したのは、単に舶来の新しい方法を試し切り的に乱用したというだけのことではない。仏教経典における伝統宗門、『論語』における東大漢学系の人々、王朝文学における国文学者など、古典の解釈権と社会的な権威とを専有していた旧来の勢力に対して、彼らの権威の源泉である古典の歴史性・多層性を証し立てることは、一つの思想的・社会的挑戦であった。「宗派の立場の宣揚」に終始する既存の仏教学への「方法(Methode)なし。学問にあらず」という辛辣な評(「仏教倫理思想史」序文、『全集』19、三八五頁)や、従来の講壇倫理学に対して「数年間心掛けて、……私自身が曾て大学できいた倫理学概論位のものが講義できないやうな頭であるならば、それはもう先生方〔波多野精一ら〕の仲間に入れて下さる価値はない」（波多野宛書簡、『全集』25、一三〇頁、傍点原文〔 〕は引用者による補足）とのうそぶきなどを見るに、そのやり口の挑戦性とみずからの手際の鮮やかさとを、和辻自身も自負していた様子である。

そして古典内での古層・近層の認定の仕方も、明白に戦略的である。すなわち、仏教における輪廻（および在家者に対する出家者の優位）や儒教における「孝」の道徳など、体制教学化した伝統教団がそれぞれの思想・宗教の核心として強調していた要素は、みな後代に付加された最近層にすぎないものへと引き下げられた。その上で諸古典の最古層に、人格の陶冶につとめ、真理を無限に探究しゆく師弟という、共通の要素が見出された。そこでは釈迦と仏弟子たち、イエスと十二使徒、孔子と七十二子らはみな、浮世の塵を清く払い、高邁な理想主義のエートスに満ち満ちた、水平的な結合とみられている。最古層が同質であるからこそ、ソクラテスとともに、本書『孔子』の冒頭で彼らは等しく「四聖」「人類の教師」としてまとめられたのである。それは普遍的な人間存在の真理が各文化の中に各々特殊な表現を得るという和辻倫理学の基礎的なロジック（『倫理学』、『全集』10、三〇頁）がすでに成立していたからこそ可能な操作でもあった。

武内に教えられた高等批判の方法によって『論語』のリベラルな換骨奪胎が可能になったということの最も見えやすい例は、学而篇第二章の解釈に見られる。

有子曰く、その人と為《な》り、孝弟（悌）にして上を犯すことを好むものは鮮《すくな》し。上を犯すことを好まずして乱を作《な》すことを好むものは、未だこれ有らざるなり。君子は本を務む、本立ちて道作《な》る、孝弟はそれ仁の本か。

家庭内での長上への服従（父への孝・兄への悌）が、国家社会における統治者への服従（不犯上・不作乱）の姿勢を涵養するというこの主張は、近代に入ると儒教の後進性・反動性を典型的に証示する文段として槍玉に挙げられることになった。五四新文化運動で魯迅とともに儒教批判の急先鋒に立った呉虞によれば、本章こそは旧来の「宗法社会」における「二千年来の専制政治と家族制度との連結の根幹」を示しているのである（「家族制度為専制主義之根据論」[35]）。そして同時にこの論理は、評価の正負の符号こそ違えど、まさに近代日本の家族国家論の論理として称揚されたものでもある。現に、元田永孚が編纂した欽定教科書『幼学綱要』（明治十五年（一八八二年））は、第一章「孝行」に『論語』からの引用の筆頭として本章を掲げる。しかし和辻は、この章を含む学而・郷党二篇をもっとも古く「明白な統一」（『全集』6、三二一頁）をもった河間二篇本に比定し、この学而篇は、孔子の孫弟子たちが学園に集った青年たちに学の方針を伝えんとする意図のもとに「統一」されているとみる。[36] それゆえ右の章は、天下の万民に「孝弟」を教えて恭順せしめる牧民のプランを語っているのではなく、学園に入門してきた青年たちに、「まず勧《すす》むべき手近な道」（同、三二三頁）として「青年たちが今まで体験してきた家族生活」（同）の基礎的な徳目である「孝弟」をさしあたり示したにすぎないということになる。ここで「孝弟」は、学それ自体を「自己目的」（同、三一八頁）として無窮の真理の追究と人格の修養とに励む特権的な学問共同体に向けてのみ――和辻自身が新渡戸稲造の崇拝者《アドマイアラー》として、またケーベルの門下で、そして夏目漱石の木曜会で、くぐりぬけてきたようなエリート青年たちの閉鎖的な学団に向けてのみ、語られたのである。この学団を貫くのは「信《まこと》と愛と」（同、三一五頁）であって「孝を何よりも重大視するというのもまたこの初期の孔子学団の思想ではなかったのである」（同）と和辻は断言する。

またもう一つこの絡みで重要なのは、泰伯篇第八の取り扱いである。武内義雄が雍也・公冶長・為政・八佾《はちいつ》・里仁・述而《じゅつじ》・泰伯の七篇を河間七篇本に比定し『論語』の最古層としたのに対し、和辻は雍也・公冶長・為政・八佾・里仁・述而・子罕の七篇を河間本とする。武内にとって子罕篇は明白な後代の攙入《ざんにゅう》にすぎなかったが、これに押し出された泰伯篇を、和辻は「論語の最も新しい層であることの一目して明らかなもの」（同、三四七頁）と断言する。ここには明白な見解の相違がある。

そもそも泰伯篇は問題含みな章である。その首章で孔子に「至徳」と讃えられる泰伯（周の文王の伯祖父）は、弟に位を譲って辺境に退隠したと伝えられ、さらに日本人がその後裔であるという伝説（『晋書』倭人伝など）も中近世の日本で重んじられた。さらに泰伯篇は「孝」で知られる曾子の言葉を多く伝える。『孝経』は曾子または曾子周辺の人の作とされる。素読を受けた人ならば誰もが諳《そら》んじうる「身体髪膚は之《これ》を父母に受く、敢て毀傷せざるは孝の始《はじめ》……」という『孝経』首章は、本篇のうちで曾子の熱烈な「孝」の実践を説く第四章（曾子有疾章）の内容を敷衍したものである。さらに本篇での孔子は堯・舜・禹、文・武・周公ら、先王たちに頭《こうべ》を垂れること深い。それは「孔子教」の本意が革命ではなく「尊王攘夷」にあるとする立場（服部宇之吉『孔子教大義』(37)）を裏支えする。剰《あまつさ》え本篇の「民は由《よ》らしむべし、知らしむべからず」（第九章）は愚民観を、「其位にあらざれば其政を謀らず」（第十四章）は権威主義を、それぞれ示すものとして、今日に到るまでしばしば批判される所である。

要は、泰伯篇は「孝」と権威への恭順を説く傾向がきわめて強いのである。泰伯篇は古層か新層かという問題は、実証的な文献批判の次元を越えて、和辻と武内との道徳構想の差異にこそ淵源する。「忠孝一本の孔夫子の理想」は「我が国に入ってはじめて実現せられた」と述べる武内(『儒教の倫理』)[38]には、和辻とは違って、忠孝一致・家族国家論・反動的な儒教復興等々に対する忌避や反発の態度は認められないのである。

『論語』の最古層の本質は理想を抱いた青年たちの集う学団の高邁な理想であって、家族道徳や権威への恭順ではない。こうした和辻の『論語』観は、『論語』と儒教との本質を「孝」に見出す日本の保守論壇に差し向けられている。前節で見た明治四十年代の漢学復興の文脈の中で、儒教を復興せねばならない理由、いいかえれば諸思想・宗教の中で儒教にしかない特質は、端的にそれが「家族」を強調する点に求められていた。井上哲次郎は大逆事件の年に「本年処罰されました逆徒のやうなる危険な思想」(『国民道徳概論』)[39]をにらみつつ「儒教は家族制度と相伴つて起つてきた徳教でありまず」(同)[40]と明言する。しかも個人主義を乗り越える拠点として見出されたこの家族が、中国ではその外で国家と鋭く対立し、定期的に易姓革命(皇帝の「家」の交代)が起こるのに対して、日本ではそれがなく、家族は明確な輪郭をもたずに曖昧に国家へと拡散しゆくものと見られた。ゆえに家族への忠誠(「孝」)と国家へのそれ(「忠」)とは日本においてのみ一致することになり(「忠孝一致」)、日本一国は内部に矛盾対立を含まず、家族的な血縁と情とで結びついた一共同体とみなされるに至る。いわゆる家族国家論である。しかし和辻にとって「忠孝一致」と家族国家論とは「理論的にも歴史的にも多くの無理を含む」(『風土』、『全集』8、一四七頁)イデオロギーにすぎないものであった。日本の立憲制と同い年の和辻にとって超越的な「国家の全体性」（同、一四八頁）は、家族の延長線上には存在しなかった。二十世紀最初の四半期にあって諸々の国民国家内で鋭い対立を示した皇帝と人民、国家と個人、資本家と労働者云々を、家族的な情緒のもとに再統合する役割を担わされた「孝」を、和辻は『論語』から追い出したのである。

五　孔子のゆくえ、「信」のゆくえ

貴族院議員の大木遠吉は、大正年間に頻発する労働争議をみて「今日吾邦の人々の思想の混乱」を「防遏《ぼうあつ》」するために「儒教の精神本領を能《よ》く国民の頭に入れしめねばならぬ」と力説した（『斯文』二巻四号）[41]。ここまで露骨ではないにせよ、本稿で通覧してきた漢字文化圏の近代知識人たちには、孔子と『論語』とを価値と伝統との源泉である〝かのように〟取り扱いつつ、実はその閑文字などとは比較を絶して喫緊なる諸問題――国民教化と道徳教育、階級対立の調停、国民のアイデンティティと帝国主義的膨張のためのイデオロギーとの形成、云々――を解決するためのマニューバ的な操作対象としてのみ孔子と『論語』とを見ている傾向が顕著である。和辻もその例外ではない。『論語』を人格主義的・教養主義的に再解釈することで旧来の国民道徳論の権威――「偶像破壊者」であった大正年間は措くとして、『国体の本義』を編んだ東京帝大教授にとっての抗するべき権威とは、今さらどこにあったのだろう――を相対化することを念頭に、きわめて短い時間で書かれたとみられる[42]この本もやはり、『論語』をだしにしている感が否めない。三・一五事件と満州事変とをもって画されるこの乏しき時代における和辻の言論や進退に、複雑に入り組んだ韜晦や妥協や抵抗が読み取りうるのは言を俟たない。本稿でみたのはその一端である。しかしそれら歴史的な経緯は一旦措いて、「朝に道を聞かば夕に死すとも可なり」（里仁八）というその「道」を、読み手の心身の全量をかけてこの短く古雅な本に問いかける、古臭いといえば古臭い『論語』読みの正道の系譜の中で、和辻の著の読みどころは一体どこにあるのだろうか。

和辻『孔子』のもう一つの力点は、孔子は啓示を受けてはいないという点にある。儒教世界において啓示の主体となる絶対者は、一般に「天」である。孔子は、その内実が「素王」たるか「祖述者」たるか、はたまた康有為の説くごとく「託古改制」かは議論津々であるものの、天から啓示（「天命」）を下され、われわれ凡俗からは超出した特権的な存在（「聖人」）となったと、普通には解される。和辻によれば、このような「孔子が宇宙の主宰神から道を復興する使命を受けて活動した」（『全集』6、三四一頁）とする説は、端的に誤りである。和辻の考えは、述而篇十六「子曰加我数年五十以学易可以無大過矣」の訓《よ》みに窺える。この章は一般に、例えば林羅山に従えば「子曰く、我に数年を加へ、五十にして以て易を学ばば、以て大過なかるべし」と訓《よ》まれる。「易」は六経の中でもっとも難解かつ神秘的な占いの書『易経』である。人は卜筮《ぼくぜい》を通じて「形而上」（『易経』繫辞上伝）なる絶対者の意志を知り、「鬼神の情状」「幽明の故」（同）に通ずることができるとされる。現に朱子は『易』を学べば「吉凶消長の理、進退存亡の道明らかに」なるがゆえに「大過」がなくなるのだと解している[43]。しかし和辻は、津田左右吉の文献批判[44]に従って、『易経』の成立を『論語』以降に引き下げる（『全集』6、三〇七頁）。このとき「易」は『易経』ではなく接続詞「また」でなくてはならない。ゆえに本章は「子曰く、我に数年を加へ五十にして学ぶも、易《また》大過なかるべし」と訓み直される。「ただ『易』に囚われることをやめて淡白に読みさえすれば、この一句は五十歳の年ごろの者にとっては実に津々たる滋味に富んだ句になってくる」(同)と五十歳の和辻はいう。「五十からでも学んで道を得ることはできる」(同)というのが本章の趣意なのである。一生の学の総まとめとして幽邃な『易』を学び、絶対者に参ずるという厳《おごそ》かな徳の歴程の宣言から、〝学ぶに遅過ぎるということはない〟という、平凡だが、それだけに平凡な人の胸に滲《し》みる一言への読み替え。この『易《えき》』から「易《また》」への読み替えは、和辻の態度を典型的に示している。孔子と啓示といえばもっとも有名な「五十にして天命を知る」(為政四)も、孔子は五十歳にして「天よりの使命を覚った」(『全集』6、三二六頁、傍点原文)のではなく、「己のなし得べき事の限度を知」(同、三二五頁)り、或る「妥協」(同、三二六頁)をした、もっとくだけていえば「落ち着きを得た」(同、三二四頁)のだと解される。和辻は『論語』中の孔子が、平々凡々たる人倫の列《つら》を破って「天」に参じようとする部分を、高等批判の方法によって均《なら》し、彼を「最も平凡な日常的態度でもって、ヒュマニティーの急所を示」(同、三二〇頁)す〝日常の達人〟に据え置こうとしている。

ところで右の行論中で和辻がその批判を通じて自説を述べるところの、孔子受命、あるいは孔子の預言者性を強調した後代の「学者」(同、三四一頁)とは、具体的には誰であろうか。前々節で見た清末・民国初の知識人たちは明白にこの立場である。康有為にとっての孔子は、戦乱に苦しむ上古の人民を憐れんだ天が遣わし、「百世を救」わしめた「神明聖王」であった(『孔子改制考』巻八)[45]。ここから康有為は西洋のキリスト教にならって(一世一元制＝皇帝紀年に代わって)孔子紀年を採用し、七日ごとの安息日に各地の孔教会で全国民に説教せよと説いて、[46] 明らかに孔子をイエスの位置に置くことを狙っていたし、その弟子の陳煥章は実際にこのプランを実践して「孔教学院」を創設した。しかしここで和辻が意識しているのは、当時の日本の倫理学界の重鎮であった西晋一郎であると推測される。『孔子』出版の一か月ほど前、昭和十三年（一九三八年）十月十三日の東大での「日本倫理思想史演習」にて、和辻は「東洋の学は「教」だ、などという、今頃の傾向は、まったくアナクロニズムで、あんなベラボーなものはない」[47]と述べたという。和辻の『人間の学としての倫理学』や津田左右吉の『儒教の実践道徳』も収められた岩波全書の一冊『東洋倫理』（昭和九年（一九三四年））で東洋の学は「教」であることを高らかに宣言し、そしてその膨大な著書群の随所で聖人の受命を強調したのは、西その人にほかならない。

西晋一郎は和辻より十六歳年長で同じく東京帝大哲学科でケーベルに学び、長く広島高等師範学校、およびその後身の広島文理科大学で倫理学を講じた。西田幾多郎の恩師でもある北条時敬《ときゆき》に師事したが、その哲学的な立場は、明治哲学史を劃した井上哲次郎の「現象即実在」論を、プロティノスの発出論とフィヒテの「一者」の思想とに拠りつつ大正から昭和前期の哲学界の水準で再構成したものである。衛藤吉則はその根本思想を「特殊即普遍のパラダイム」と定式化している。[48] 西は『東洋倫理』の中で、西洋の学と東洋の学とを明確に対比する。すなわち「一は……単身真理の大海に投じて自ら津涯を見出さんとするもの、一は聖賢祖師の教を信受して、其の指導に遵《したが》つて進まんとするもの」[49]である。西洋の学はソクラテスやデカルトの道行きに典型的なように、自己の理知以外の何ものにも寄りかからない「個人主義的」で「自己表現」的なものであり、「真理愛」に衝き動かされている。対して東洋の学は師への「敬愛」に発し、己を虚《むな》しうして教えに就く「自己供奉」を徴表とする。東洋の学は、西洋のように自己が―真理に―直接際会する構造にはなっておらず、「万人に傑出する聖賢・祖師・哲人」が「無数の真理の中から人生を全くするため緊急肝要なる真理を選んで、これを衆人のために示[50]」した「教」を不可欠な契機として有する。東洋では、真理は教という形で限定されて与えられる。こうした西の主張は、たしかに経典を真理の直示ではなく「方便」とする仏教や、『中庸』に「性」と「道」との他に「教」を枢機として挙げる儒教をみるかぎり、妥当であるといえよう。そして「自己表現」（現代風にいえば自己主張）ではなく「自己供奉」が東洋の人が真理を享ける構えであるかぎり、「忠」と「孝」とによって長上を敬いその教えを仰ぐ共同体、要は儒教的な国家が、真理の実現の場となってくる。「国家の主即ち人君は其の中に生まれ出づるものの教主[51]」であり、「礼楽刑政の組織たる国家は人を道徳化する大方案なのである。[52]」『忠孝論』（昭和六年）『教学の説』（昭和十四年）などを著わした西は、旧制国立大学の中では広島文理科大学だけに設置されることになった国体学講座の教授を務めるに至ったし[53]、また和辻が終生距離を取ろうとし続けた家族国家論・忠孝一致論は、西にとっては「我が国の歴史が即ちこれを示す」（『忠孝論』[54]）、自明の理想であった。

　孔子が受命の聖人ならば、われわれは彼を深く「信」じ、その一言一挙に真理が表われるさまを注視せねばならないだろう。現に、歴代の儒者の『論語』の読み方はそういうものであった。宋学に深く学んだ西の議論は、真理と自己との間に「教」という媒介を置くことで、西洋哲学の発想と語彙とが蔓延した近代日本の思想界において、聖人への「信」を回復せんとするものだったと捉えることができる。西にとって、真理は孔子に有《も》たれている。では西の行論の前提である孔子受命を否定する和辻の場合、真理は『論語』のどこに表われるのだろうか。和辻にとっても『論語』には普遍的な真理が「上代シナ」の特殊な風土のもと、特殊な形に表現されていることは揺るがないのである。

和辻という、このみかけよりもずっと個性的でくせのある思想家・思想史家においては、（歴史的個人としての）孔子の人格というより、一つの統一をもった『論語』という作品にこそ、真理は有《も》たれているのではなかろうか。

和辻は本書第二章で、孔子のみならず「人類の教師」とされたソクラテス・イエス・釈迦について、みな後代の人々の「理想化」（『全集』6、二七七頁）が著しいことを強調する。それはプラトンによる初期対話篇・福音書・初期仏典、そして『論語』といった最古層の古典を辿っても、もはや歴史的個人としての彼らの事蹟には到達できないことを説くためである。『弁明』『クリトン』でさえソクラテスとプラトンとはすでに一体であり、「福音書の物語るのは実在の人物たるイエスの伝記などではな」（同、二八三頁）く、仏伝は釈迦の孫弟子の時代の成立であり、『論語』も孔子の孫弟子の代までしか遡れない。にもかかわらずこれらの古典が真理を表現しているのは「それぞれの世代が人間の智慧と人格において最も深きものと考えるさまざまの点をこの教師の内に見出して行」（同、二七七頁、傍点原文）ったため、その「「理想人」の姿」が「無数の人々の抱く理想によって作り上げられて来た」（同、二八八頁）ためである。逆にいえばここで和辻は、それら諸古典の中に歴史的実在としての彼らの痕跡を辿ることはきっぱりと断念している。『風土』でノエマとしての自然現象そのものよりも人間がその対象を（共同で）志向することに力点が置かれていたのとパラレルに、古典においても、語られた「人類の教師」その人よりもその人をめぐる後代の人々の語りにこそ、特権的に真理はひらめくと和辻は考えている。この時イエスその人、孔子その人は不可知のXとして括られ、いわば語りの虚焦点と化している。

仏教の事例が、和辻の理路がもっとも見えやすい。近世における富永仲基の戦闘的な提起以来、なにがしか「信」と「知」との双方に相渉ろうとする仏教者を立ちすくませてきた大乗非仏説の問題——すなわち大量の大乗仏典は尋常の理知の立場に立つかぎり、歴史的ゴータマの実説とは認めがたいという問題に対して、和辻は経典中に含まれる歴史的ゴータマの実説の率を先の論法で限りなく少なく見積もり、爾余の膨大な経・論類をみなロゴスの無窮の自己展開（『仏教倫理思想史』、『全集』19、二五五頁）の産物とみなすことで、きわめて逆説的に、その大半の真理性を擁護した。和辻の立場では、もとより歴史的ゴータマの本当の言葉であるかどうかなどどうでもよいのだから。こうして和辻は、釈迦を「信」ずることなしに『華厳経』や『成唯識論』は哲学的に、また『法華経』は「芸術的」に、作品として観賞することを通じて、仏教の真理を縦横に論じた。またイエスの場合でも、和辻は福音書が語るイエスの生涯を貫く「精神」の由来するところが、「歴史的人物としてのナザレのイエスであるか、あるいはイエス崇拝の密儀から生まれた神話であるか」を未決のままにとどめ（『原始キリスト教の文化史的意義』、『全集』7、四八頁）、もっぱらその「精神」の内実だけを問題にしている。

『論語』でも同じことである。和辻の視線は孔子の生身から微妙に逸れて、孔子の言行録の配列や構成にうかがえる「統一」（『全集』6、三一一頁）や「主題」（同、三二八頁）や「全体的構図」（同、三一九頁）を、つまりはその作品的まとまりを辿っている。そもそも「統一」を見出すためにこそ、『論語』は斉魯二篇本・河間七篇本ほかへと分解されたのであった。『イーリアス』の美を、雑多な叙事詩群を編纂し、そこに有機的な統一を与えた「第一の詩人」の手腕に帰した（『ホメーロス批判』同、一八二頁）のと同じ仕方で、和辻は『論語』の編者と目される孔子の孫弟子・曾孫弟子たちの描き方を凝視し、そこに真理の表われを見ている。徹底し得ぬエピキュリアンであった和辻にとって、青年期の『古寺巡礼』以来、美の享受と真・善の覚知とはそもそも同一であったから、ここに聖人への「信」ではなく作品の享受を真理への経路とする、経書の新たな読み方が提示されたのである。

六　おわりに

孔子がかつて陳・蔡の国に遊説した際、両国の軍勢に包囲されて食糧が絶え、付き従った門弟たちは立つことさえおぼつかなくなった（衛霊公二）。憤慨した子路は「君子も亦《また》窮するあるか」と師に詰め寄った。〝義を行なう君子でさえ窮状に遇うのですか〟というこの問いは、「天」を仰ぐ儒教世界における神義論的な問いであり、はるか後の「天道是か非か」という司馬遷の悲痛な歎きにまで残響を遺している。孔子は間髪容《い》れずに「君子固《もと》より窮す、小人は窮すれば斯《すなは》ち濫《みだ》る」(55)と答えた。乱世に義を行なわんとする君子が窮乏するのはもとよりのこと、そこで懐疑し取り乱すか否かで君子と小人とが岐《わか》れるのだ。ここには焦悴し青ざめた老境の孔子の顔が、その言葉の自分に言い聞かせるかのような激しさが、そしてごろつきの出である子路にさえ反問の隙を与えない威厳が、彷彿する。また別の平和で静かなおりふし、同じ弟子の問いに対して、この人が「老者には安んぜられ、朋友には信ぜられ、少者には懐《なつか》しまれむ」（公冶長二十七、前引）とおそらくは微笑んで答える場面もあったことを改めて想起するとき、やはり『論語』における真理は、孔子という人の肉体の形に切り取られて与えられていると思わざるをえない。その限りで、西の分析は真を穿っている。その描写の生彩や感性的な豊かさに反して、やはりこの「窮」せる時代にものされた和辻の『孔子』の中では、孔子の生身と息遣いとはすでに式微《しょくび》のさまを示しているのであるように思われる。

(1) 長田泰彦訓注『注解　北潜日抄』(さきたま出版会、一九八八年)二五七頁。

(2) 『二松学舎九十年史』(二松学舎、一九六七年)九五頁。この舎則は明治二十八年(一八九五年)五月に改訂施行された。

(3) よく知られたことであるが、仁斎の『論語』注釈書『論語古義』の林本には、巻ごとの冒頭に「最上至極宇宙第一論語巻之＊」と標題が掲げられている(刊本では刪《けず》られている)。

(4) 西村時彦(天囚)『懐徳堂考』(懐徳堂記念会、一九二五年)一一〇頁所引。

(5) 「孔子所與曾晳、可観而見已、點也孔門之徒、其所楽不在聖人之道、而在浴沂詠帰矣、孔子之意、斯亦在此而不在彼矣、僕有取于茲、而至好和歌。」(清水吉太郎宛書簡草稿、『本居宣長全集』第十七巻、一九八七年、一八頁)

(6) 「聖人と人はいへども聖人のたぐひにはあらず孔子はよき人」(『石上稿』十八、『本居宣長全集』第十五巻、筑摩書房、一九六九年、五〇一頁)宣長の孔子観については、岩田隆「孔子はよき人——本居宣長と鈴木朖」『宣長学論究』(おうふう、二〇〇八年)を参照のこと。

(7) 本稿での『論語』からの引用・訓読・章番号は基本的に、和辻『孔子』が依拠する武内義雄訓注『論語』(岩波文庫、一九三三年刊)に拠る。現行の岩波文庫版(一九六三年刊・一九九九年改訳、金谷治訳注)とは訓読や章番号が異なるので注意されたい。

（8）本章の解釈は、武内の訓読が多く採っていると考えられる朱子の『論語集注』による。

（9）「同志会筆記」『伊藤仁斎・伊藤東涯』〈日本思想大系三十三〉（岩波書店、一九七一年）二三一頁。

（10）軽いエッセイではあるが、高島俊男は和辻の『論語』の取り扱いについて「やや手つきはおぼつかない」と評している（「独断！　中国関係名著案内（一一三）和辻哲郎『孔子』」『東方』一九五、一九九七年、一六頁）。

（11）『日本近代思想のアジア的意義』（農山漁村文化協会、一九九八年）一八八頁。

（12）Robert E. Carter, "interpretative essay : strands of influence," *Watsuji Tetsurō's Rinrigaku : Ethics in Japan*, trans. S. Yamamoto and R. E. Carter, Albany, NY : State University of New York Press, 1996, pp. 328-329.

（13）子安宣邦は「仁斎における儒教の問い直しの作業」が「「倫理とは何であるか」を問う和辻の仕事」の「先駆的な意義を担っている」と述べる（『伊藤仁斎の世界』ぺりかん社、二〇〇四年、八頁、論文初出一九七四年）。ただし子安は「和辻の倫理学のうちに、特別に仁斎の影響を受けた痕跡を見出すことはできない」（同、二一頁）とも指摘する。仁斎と和辻との思想的な相似性は容易に看取できるが、直接の影響関係は論証できないという見解である。この子安の理解はその後の通説となった。近年、関口すみ子は和辻旧蔵の仁斎『童子問』（『日本倫理彙篇』本、法政大学図書館和辻文庫蔵）に多くの傍線・傍点などの書きこみが見つかることから仁斎と和辻との「議論が似ているのは偶然ではなく、和辻が仁斎から基本発想を取り込んだからに他ならない」と主張した（『国民道徳とジェンダー』第二部第二章、東京大学出版会、二〇〇七年、二四二頁）。しかし、和辻が仁斎を精読していたことは示し得てもなお、とかく様々な本に書きこむ人であった和辻自身の思想の核にその読書が影響を及ぼしたか否かについては、なお議論の余地が残るであろう。

（14）「二十世紀の『論語』――和辻哲郎『孔子』をめぐる考察」（『季刊日本思想史』七九号、二〇一二年）一九三頁。和辻『孔子』成立の背景となる社会事情や思想史上の文脈については、苅部の本論文がすでに周到な分析を与えている。本稿がこの先行研究に屋上屋を架するの弊に立ち至っていないかについては、読者諸賢の判断に委ねたい。またこの原論文「倫理学」（『岩波講座　哲学』第二）は最近苅部の校訂によりちくま学芸文庫の一冊『初稿　倫理学』（二〇一七年）として入手・参照しやすい形で刊行された。

（15）「福沢全集緒言」、『福沢諭吉全集』第一巻（岩波書店、一九五八年）六一頁。

（16）『元田永孚文書』第一巻（元田文書研究会、一九六九年）一二八頁。

（17）代表的なものとして、徳川斉昭『弘道館記』（一八三八年）に次のように説かれる。「すなはち西土唐虞三代の治教のごときは、資りて以て皇猷を賛けたまへり。」（『水戸学』〈日本思想大系五三〉岩波書店、一九七三年、二三〇頁）

（18）『元田永孚文書』第三巻（元田文書研究会、一九七〇年）二三一頁。

（19）海後宗臣「国民教化史についての一考」『海後宗臣著作集』第八巻（東京書籍、一九七一年）四六四頁所引。

（20）以下、本稿における康有為の思想と行動については、坂出祥伸『康有為——ユートピアの開花』（集英社、一九九五年）および蕭橘『清朝末期の孔教運動』（中国書店、二〇〇四年）、また譚嗣同・章炳麟らその周辺の思想家たちについては島田虔次「辛亥革命期の孔子問題」小野川秀美・島田編『辛亥革命の研究』（筑摩書房、一九七八年）、竹内弘行『中国の儒教的近代化論』（研文出版、一九九五年）、佐藤慎一編『近代中国の思索者たち』（大修館書店、一九九八年）、『厳復・康有為・譚嗣同・呉敬恒』〈中国歴代思想家十九〉（台湾商務印書館、一九七九年、更新版一九九九年）に多くを拠っている。

（21）『孔子及孔子教』（明治出版社、一九一七年）一六三頁。なお服部宇之吉の「孔子教」が大陸の孔教運動への反応を通じて形成されたものであり、その主要な論敵が康有為・陳煥章らの「孔教会」派であったことについては水野博太「辛亥革命と服部宇之吉における「孔子教」論の成立」（『東洋文化研究』第一九号、学習院大学東洋文化研究所、二〇一七年）を参照。

（22）『孔子及孔子教』前掲、三五一頁。

(23)「孔夫子と吾国体」(『斯文』八巻五号、一九二七年)二七頁。

(24)「孔子教の特徴」(『斯文』四巻三号、一九二二年)三頁。

(25)「方今泰西ニ行ハル、基教ノ類ハ其起源ヲ政府ニ依スシテ自立セシ宗旨サヘモ其勢猶神法ヲ以テ国法ノ部属トセサルヲ得ス加之実用窮理ノ学益盛ニ開テ宗教ノ勢漸ク衰微スト雖モ各国亦自ラ信崇宗旨ヲ立テ国教トシ官員忝ク其宗ヲ奉スル者ハ民ヲ治ムルノ要務ニシテ一日モ国家ニ欠クヘカラサルカ故ナリ殊ニ魯西亜ノ如キハ其主親ラ宗徒ヲ統理シ法皇ノ勢ニ居ル故ニ国法教法相分スシテ政教一致ナルヲ以テ国民ノ其主ヲ翼戴シ政令ヲ遵奉スル他ノ国々ニ比スレハ天地懸隔セリ蓋シ魯国ノ宇内ニ跋扈シ隣境ヲ蚕食スル所以ノ者モ必ス宗教ノ資ナシトハ云難シ」(「神祇官ヲ復シ教導寮諸陵寮ヲ置之議」『編纂建白書・明治七年上陳之部　中』第一五六号、国立公文書館デジタルアーカイブ所蔵、一八七四年五月十五日)。田中はこの前半部分でヨーロッパ諸国における伝統的な王権(「国法」)に対する教権(「神法」)の独立を認識していながら、事実上は「各国」が「民ヲ治ムル」ために「国教」を立てており、政教分離は建前にとどまっていると、醒めた認識を示している。おそらく田中が念頭に置いているのは、この頃の日中の「国教」論で繰り返し参照されるイギリス国教会と、後半部分で詳説される帝政下のロシア正教とである。

(26)「中華救国論」『康有為政論集』下巻(中華書局、一九八一年)七二五頁(公刊は一九一三年)。ただし彼が「孔教」の日本におけるモデルとしたのは所謂「国家神道」(「神教」「孔教会序第二」同書、七三九頁)よりも、儒教との親和性の強い神武紀元(皇紀)や『教育勅語』であった。山室信一『思想課題としてのアジア――基軸・連鎖・投企』(岩波書店、二〇〇一年)四〇四―四一〇頁参照。

(27)河野有理は「希代のコピーライター」であった福沢諭吉が、『書経』(舜典篇)や『易経』(賁卦・彖伝)などに見え、元来唐虞三代の治を形容する表現であって、それゆえ過去に存在する理想を形容する言葉であった「文明」を、知識や技術が未来に進む・開けるというニュアンスの強い「開化」と結びつけることで、明治日本の進むべき方向を示すスローガンとして「文明開化」の語を作り出し、さらにこの語が civilization の訳語として流通してゆく過程を描き出している（『明六社の政治思想――阪谷素と「道理」の挑戦』東京大学出版会、二〇一一年、第三章「文明――『明六雑誌』と「租税公共の政」」）。

（28）西田は武内の『論語』新訳を読んで、京大の同僚であり武内の師である狩野直喜に「これでいいのか」と問うたとのことである（吉川幸次郎「解説」、『武内義雄全集』第一巻、角川書店、一九七八年、五〇九頁）。

（29）『論語の研究』はしがき、『武内義雄全集』第一巻、前掲、一四頁。

（30）「中国哲学研究の回顧と展望」『東西シノロジー事情』（東方書店、一九九四年）、特に四三頁以下。また戸川芳郎「漢学シナ学の沿革とその問題点――近代アカデミズムの成立と中国研究の〝系譜〟（二）」（『理想』三九七、一九六六年）も参照。

（31）武内は『論語』堯曰第二十の首章のみを堯曰第二十とし、残り二章を分割して子張問第二十一とする。ゆえに武内の理解では『論語』は全二十一篇となる（『論語の研究』前掲、一四七頁以降）。ただし岩波文庫版では子張問篇は立てられず、旧来のごとく堯曰篇の中に編入されている。

（32）『論語の研究』結論、『武内義雄全集』第一巻、前掲、一九五頁。

（33）「武内『論語』と私」『武内義雄全集』月報二（角川書店、一九七八年）一頁。

（34）メレンドルフやマレーの研究が「著者が『原始キリスト教の文化史的意義』において試みた福音書の分析、『日本精神史研究』に収録した日本文芸に関する数編の論考、『原始仏教の実践哲学』の序論において取り扱った釈迦伝の分析、『孔子』における論語の分析」に影響を与えたと和辻は明言している（『ホメーロス批判』序言、『全集』6、四三－四四）。

（35）『呉虞集』（四川人民出版社、一九八五年）六三頁。原論文は一九一七年二月発表。

（36）先述の通り、武内は斉魯二篇本（学而・郷党両篇）よりも河間七篇本（雍也以下七篇）のほうが古いと考えており、和辻とは見解の相違が存在する。

（37）『孔子教大義』（冨山房、一九三九年）三五四頁。

(38) 『武内義雄全集』第二巻（角川書店、一九七八年）二九頁。
(39) 『国民道徳概論』（三省堂、一九一二年）一〇頁。
(40) 『国民道徳概論』前掲、八頁。
(41) 「漢学と思想問題」（『斯文』二巻四号、一九二〇年）三頁。大木遠吉は大木喬任の子で伯爵位を嗣ぎ、立憲政友会の政治家として原敬・高橋是清・加藤友三郎の内閣で各大臣を歴任している。
(42) 本書の議論の基礎をなし、たびたび参照される（『全集』6、三〇〇頁、三〇三頁、三〇七頁、三四三頁）。津田左右吉『儒教の実践道徳』（岩波全書、一九三八年六月十六日刊）は、この大教育家文庫『孔子』（一九三八年十一月六日刊）のわずか五か月前に出版されている。
(43) 『論語集注』『朱子全書　修訂本』第六巻（上海古籍出版社・安徽教育出版社、二〇一〇年）一二五頁。
(44) 津田左右吉『儒教の実践道徳』（岩波書店、一九三八年）二一八頁。
(45) 『孔子改制考』（広西師範大学出版社、二〇一六年）第二冊四〇五頁。
(46) 「請尊孔聖為国教立教部教会以孔子紀年而廃淫祀摺」（光緒二十四年〔一八九八年〕）『康有為政治論集』上冊（中華書局、一九八一年）二七九―二八二頁。
(47) 勝部真長『和辻倫理学ノート』（東京書籍、一九七九年）九七頁。
(48) 衛藤吉則『西晋一郎の思想――広島から「平和・和解」を問う』（広島大学出版会、二〇一八年）二六頁。
(49) 『東洋倫理』（岩波書店、一九三四年）一二頁。
(50) 同、一〇―一一頁。
(51) 同、八四頁。
(52) 同、七二頁。
(53) この国体学講座設置の顛末と、それとの西の関わりについては山内廣隆『昭和天皇をポツダム宣言受諾に導いた哲学者――西晋一郎、昭和十八年の御進講とその周辺』（ナカニシヤ出版、二〇一七年）の第二章を参照。
（54）『忠孝論』（岩波書店、一九三一年）四六頁。
（55）武内義雄は岩波文庫版『論語』でこの「小人窮斯濫矣」の「濫」を「ぬすむ」と訓読しているが、ここでは『論語集解』および『論語集注』に見える「「濫」、「溢」也」という伝統的な解釈に従って「みだる」と訓読しておく。

第八章　和辻哲郎と仏教
――初期の作品・資料を手がかりとして――

頼住光子

一　はじめに

日本近代を代表する思想家の一人である和辻哲郎（一八八九―一九六〇）の思想の展開を考えるにあたって、仏教の果たした役割は重大なものである。和辻は、生涯の活動のどの時期においても、濃淡の差こそはあれ、仏教との関わり合いを持っていた。しかし、和辻の思想に関する従来の研究が、その倫理学体系を中心として行なわれてきたという経緯から、和辻と仏教というイシューについても、和辻倫理学成立と直接的な関係が顕著である「空の弁証法」に研究の関心が集中し、それとは直接的には関わらないとされる『古寺巡礼』をはじめ、仏教思想や仏教文化に関する初期の著作群は、一種の若書きとみなされ、和辻の思想研究においては、周縁的なものと位置付けられてきた。たとえば、『古寺巡礼』は、和辻生来の芸術的感覚と繊細な感受性の発揮された「印象記」ではあるが、本書に見られるような芸術作品の個的享受に酔う立場を破棄したところに、和辻倫理学の堅固な学的体系が築かれたなどと、一般的にはイメージされてきたのである。

確かに、倫理学体系形成期の直前に刊行された『原始仏教の実践哲学』を通じて和辻が見出した「空の弁証法」は、人間存在を孤立した実体ではなくて関係の結節点と考える「間柄の倫理」の学的体系の中軸をなすものであり、この意味で「空の弁証法」に焦点を当てて研究すること自体、十分な意義があることは言うまでもない。しかし、和辻研究が、吉沢伝三郎、湯浅泰雄、勝部真長、市倉宏祐など、東京大学倫理学研究室で和辻の謦咳に接した直弟子たちによる研究、すなわち倫理学的研究を主軸とした時代から、坂部恵、苅部直、木村純二、セビリア・アントン、飯島裕治らによって牽引され、より広範で多面的な研究へと範囲を広げながら変化しつつある現在、和辻の思想における仏教の意義というイシューも、より多角的に追及されるべきであろう(1)。以上から、本稿では、和辻の思想における仏教の意義は、倫理学体系形成との関係のみに限られるわけではないという立場から、倫理学体系形成以前の時期に焦点を当て、和辻が仏教をどのように受け止めたのかを解明するとともに、初期の和辻の基本的な思想の枠組みについても考察を試みたい。

二　青年期の宗教意識と仏教

†一高、東京帝大哲学科時代――キリスト教への傾倒と仏教への開眼

まず、和辻の少年期から青年期における宗教への対し方を確認しておこう。和辻哲郎は、明治二十二年（一八八九年）に姫路市近郊の農村、仁豊野に、代々の医家の次男として生まれた。晩年に著わし

た未完の自伝『自叙伝の試み』「村の子」や少年時代の日記には、祖父が篤い浄土真宗の信心を持っていたことや、近所にある菩提寺の子弟と交流したこと、村の盆行事について言及されてはいるものの、仏教の信仰や思想に踏み込んだ記述は見られない。十二歳の時に書いた作文「書写山嶺」に、書写山円教寺（姫路市）の堂宇の荒廃を目の当たりにして、「いかに仏教が廃れたとは云へあまりの廃れ様には驚かざるを得ない」と書かれていることからも分かるように、当時の和辻にとって、仏教はすでに廃れてしまったものであり、村の因習の一つという以上の意味は持ち得ず、ほとんど関心の外にあったということができよう。[2][3]

しかし、仏教に対してこそ関心を示さなかったとはいえ、少年期から青年期にかけての和辻が宗教全般に対して全く無関心であったというわけではない。日常を超えた永遠、無限なる世界への憧れを抱き、非日常的なもの、神秘的なものに対して敏感な感性を示した和辻は、特にキリスト教に対しては文学を通して早くから関心を持っていた。また、和辻は、姫路中学在学中に、一高生藤村操の華厳の滝投身事件（明治三十六年（一九〇三年））を新聞で知り、大きな衝撃を受けた（『全集』18、二九八―二九九頁）。将来、国家有為の人物となることが期待されるエリートである一高生が、「万有の真相」は「不可解」との言葉を遺して、滝に身を投げたこの事件は、一国の独立と一身の独立と重ね合わせた「政治の時代」は過ぎ去り、真理を求めて哲学や宗教に沈潜する「内向の時代」が到来したことを告げた。上京した和辻は、この後、新時代のトップランナーの一人に成長していく。[4][5]

さて、明治三十九年（一九〇六年）、一高に入学した和辻は、当時の「宗教なきところに人生なし」という風潮の下、同郷の先輩魚住影雄（折蘆）の影響もあって、もともと興味を持っていたキリスト教にさらに接近し、「日に一度は必ず祈祷をし」聖書を熱心に読むなど（『全集』25、一〇頁）、一時は洗礼を受ける一歩手前まで信仰を深めていった。とりわけ、魚住が深く関わっており当時大きな影響力を持っていた自由主義神学からは、多大な思想的影響を受けた(6)。

自由主義神学では、信仰と理性との共存を図り、伝統的な三位一体論のドグマ（教義）や原罪、聖書無謬説を否定し、イエスについては人と捉えた上で、信者自らもその愛と犠牲に倣って生きることを説き、また、理性的信仰の立場から諸宗教との融和を図った。とりわけ魚住が私淑した、自由主義神学者である海老名弾正は、神を超越神であるとともに遍在神であるとも捉えた。遍在する神を自らの霊魂において感得するという海老名の主張は、魚住を経由して、和辻の宗教観念にも大きな影響を与えたものと考えられる。

また一高時代の和辻に対する影響という点で見逃すことのできないのは、一高校長であった新渡戸稲造である。和辻は新渡戸については、漠然としたものであった信仰に「最もはっきりと観念を与え」た師であり（『全集』25、九頁）、新渡戸の講話について「生涯を通じてあれほど強く魅せられるような気持ちで講義を聞いたことはほかにはなかった」（『全集』18、四五三頁）と述べている。アメリカ留学中にクェーカー（キリスト教フレンド派）の信者となった新渡戸は、その教義に基づき、万人に内在する神性である「内なる光」を重視し、「内なる光」として心霊のうちで把握される神の力によって、道徳的意志が発動し愛の実践が可能になると考えていた。また、新渡戸は、「全体の生命と個人の生命との同一性を思索すること」である「宇宙意識 cosmic consciousness」を宣揚し、「内なる光」のみならず、ソクラテスのダイモニオンも、仏教の涅槃も、王陽明の良知もみな「宇宙的意識」のことを指していると言い、宗教とは、この「全体の生命」である力としての神と交わり、その力を他に対して発揮することであると述べた。

以上のような、全体の生命と個人の生命との同一性を宣揚し、神秘主義的で諸宗融和的な傾向を有する新渡戸の主張は、海老名弾正らの自由主義神学とともに、和辻が初めて一高の校友会誌に掲載した論文の題名ともなった「霊的本能主義」、つまり、和辻の言うところの「吾人は絶対に物質を超越し絶対に心霊に執着せざるべからず」(『全集』20、三一頁)という姿勢に大きな影響を与えたと考えられる。彼らからの影響の下で育まれた、自由主義神学的かつ生命主義的な宗教性を基盤として、和辻は仏教の思想・文化とも出会ったのである。

†校友会雑誌における仏教に対する言及と鈴木龍司との交友

次に、和辻の仏教との関わりについて具体的に検討してみよう。上京後の和辻の仏教に対する態度や興味が文章として残されている最初期のものに、明治四十一年(一九〇八年)発行の『第一高等学校校友会雑誌』(第一七五号)の記事がある。「批評」と題された記事の中で、当時、文芸部委員だった和辻は、前号に掲載された「鈴木生」の仏教的なエッセイ「独想余録」(同一七四号、明治四十一年)に対する好意的な講評を述べている。

また、ここで言及されている「鈴木君」(「鈴木生」)とは、和辻と一高の同級生で、当時、本郷森川町にあった求道学舎で近角常観から指導を受けていた鈴木龍司《たつじ》であると考えられる(7)。自らも東京帝大哲学科で学んだ真宗大谷派僧侶、近角常観は、信仰体験を重んじる布教活動を展開し、キリスト教の日曜礼拝にならって求道学舎で行なわれた「日曜講話」には、一高生や帝大生をはじめ多くの知識青年たちが熱心に耳を傾けた。鈴木龍司もその一人であった。中学時代以来、人生問題に煩悶し他力信仰にその活路を見出そうとしていた鈴木の宗教的情熱に対して、自分自身もキリスト教に強く心を惹かれていた和辻は、宗教の違いを超えて共感を示した。和辻の姫路の実家の宗旨は浄土真宗で、祖父はその篤信者であったが、先述のように、和辻は従来の檀家制度の中での仏教に対しては興味を持たなかった。しかし、一高の親しい同級生である鈴木を通じて、真宗の中に起こった新たな信仰運動を知り、改めて仏教というものを、キリスト教とも比し得る深い思想を有する宗教として見直すことになったことが、和辻の生涯続く仏教研究の出発点となったものと思われる。

鈴木は、校友会誌の中で、「自己一切を捨てて全身全霊を揚げて」信仰の道を進み、「霊性の大に打たれて」「慈悲憐憫の涙に満ちたる如来の膝下に跪きて人生の帰趣を得大安慰に充たされ」たいと述べる。このような鈴木の信仰の吐露に対して、和辻は「君の信仰は真実なり。内心の歓喜常に存す。」と共感を示した上で、和辻自身の癒しがたい「悲哀」を満たすことができるのは「christian love」だけであるが、それは鈴木にとっては「如来」なのだろうと述べる（『全集』20、58－59頁）。自他の隔絶から来る「悲哀」を癒し、自他を結び付けるものとして和辻は、阿弥陀仏の慈悲とキリストの愛を同列に見ている。鈴木が『入信之徑路』（森江書店、一九一一年）において、学生時代の自分の友人に関して「僕と交わる人で、い丶加減な友情の人はない」（一一七頁）と断言しているように、一高時代から大学卒業後にも親しく付き合った二人は、「心と心を語り合う友達」として親交を結んだものと思われる。

†『メモランダム』ノートに見られる仏教思想への関心

『校友会誌』からうかがえるような和辻の仏教への関心と鈴木との交流の継続を示すのが、和辻家に遺された、生前未発表の研究ノート「MEMORANDUM 1913. X. —Wie man wird, Was man ist. ——Nietzsche」である。和辻の最初の著作『ニイチェ研究』が刊行された月に書き始められたこのノートは、当時和辻が関心を持っていた思想的問題や、今後の創作の具体的な計画などが、短い文章で書き付けられている。その見出しの中には「自力と他力」「涅槃は活動その者也」「一にあらず、異にあらず」「仏の大小」「「法」〔ダルマ〕といふ語について」[8]「因縁」などの仏教に関わるものが多く、これ以外の見出しの下で書かれた文章中でもしばしば仏教に言及される。さらに、鈴木龍司の名も、「鈴木の説くところの仏の大小」(『全集』別巻1、一三頁)[9]、「鈴木に聞く」(同、一五頁)と二か所に出てきており、和辻が鈴木と仏教教理について話し合っていたことが分かる。

本稿では、「自力と他力」と題された文章を取り上げて検討してみよう(同、三 - 四頁)。ノートの冒頭に置かれているということからも、この問題は、当時の和辻にとって最も関心のある問題の一つであったと考えていいだろう。ここで、和辻は、自己とは表面的に考えられているような、独立した主体ではなくて、「自己の奥にはもつと深いものがひそんでゐる」とし、「他力」とはまさにこの「自己の深い奥底」にある働きであり、そこでは自力即他力となり「自他の区別は忽ち消滅し去る」と述べる。(なお、この自他の融和・合一は、和辻の生涯に渡るモティーフである。)

さらに、和辻は、自力を捨て阿弥陀仏の絶対他力にひたすらに帰依することを説く(鈴木のような）「他力信者」は、表面的な自己の限界を自覚する点では評価できるが、自己をすべて捨て去ることを説いているのは「早計」だと言う。つまり、和辻は、自己の奥底にあり、表面的な単なる意識されるだけの自己から見れば他力と見える、「深奥な神秘」である「力」は、実は「自力」だと言うのだ。和辻にとっては、このような自己の根源にある力を直覚することこそが、人間としてなすべき営為であり、宗教の根底に据えられるべきだと考えていたことは注目に値しよう。

また、次項の「自己と運命」において、和辻は、常識的には外から自分に降りかかって来ると考えられがちな「運命」も、前項のような「自力即他力」の立場からは、全く違った相貌をもって立ち現われてくると言う。つまり、「運命」は、永遠の生命の自己形成の一つの形であり、「今在ること――今存在するものの性質」となると和辻は主張する。このような和辻の「運命」の解釈は、仏教思想を、ニーチェの「運命愛」の観点から捉え直そうとする営為であり、和辻がノートの副題に付けたニーチェの Wie man wird, Was man ist.（如何にして人は、自分があるところのものになるのか）という言葉も、これと同様のことを物語っている（同、二一頁）。

このように仏教思想をニーチェと重ね合わせて読み解こうとする傾向は、(10)「ニイチェと、自己否定（譲抑）との調和」「涅槃は活動その者也」「問題は『自己』に帰着す」などと題された諸項でよりはっきりと表現されている。これらの文章の中で、和辻は、仏教が求める悟りの境地である涅槃とは、活動を止めることなどではなく、「最も純粋なる活動」（同、一一頁）であると見る。そして、表面的な意識によって捉えられる自己は我執としての吾我に過ぎず、本来の自己とは、そのような我執を乗り越えた先に見出される根源的働きであり、それを追究するのが仏性の自己、すなわち仏としての本質を顕現した自己として生きることだとする。

以上のように、和辻の仏教論も、ニーチェ解釈も、表層的な自己を超えた真実の自己の根柢にある「最も純粋なる生命その者」（同、一二頁）に立脚したものであった。和辻は、日常的、表層的な自己、すなわち自己と対象、自と他との二元対立的構図の中に閉じ込められた「我」を突破したその根底に、「力＝純粋生命」としての真の「自我」を見出すべきだとする。その上で、さらにその「力＝純粋生命＝真の自我」を解釈し、「象徴」としてその限りにおいて固定化し、新たに「単化」したものが、芸術であり科学であると、和辻は言う。和辻によれば、人間の創造的な営為はすべてこの「力＝純粋生命」の新たな解釈による「象徴」化であるのだ。後述のように、和辻が古代日本の仏教を理解するにあたって採用し、また自らの身を以て体験したのは、まさにこの純粋生命と象徴という図式なのである。

三　日本古代仏教研究の「機縁」となった体験をめぐって

†『日本古代文化』序文と書簡からみる「仏教への驚異」

前節においては、一高の同級生鈴木龍司との交友の中で育まれた、和辻の仏教思想に対する興味は、ニーチェ思想を補助線とすることで、和辻の思想の核心部分をなすに至ったことを述べた。本節においては、青年期の和辻の仏教文化に対する関わり方、とりわけその体験に着目して検討していきたい。

さて、和辻の仏教文化に対する関わりを考える際によく引用されるのは、次のような『日本古代文化』初版序（大正九年九月二十日付）の文章である。

日本文化、特に日本古代文化は、四年以前の自分にとっては、ほとんど「無」であった。……が、一人の人間の死が偶然に自分の心に呼び起こした仏教への驚異、及び続いて起こった飛鳥奈良朝仏教美術への驚嘆が、はからずも自分を日本の過去へ連れて行った。そうしてこの種の偉大なる価値を創造した日本人は、そもそも何であるかという疑問を、烈しく自分の心に植えつけた。

（『全集』3、一一頁）

ここで言及されている「一人の人間」とは、照夫人の父親の高瀬三郎を指す[11]。義父が癌で亡くなった大正五年（一九一六年）が、日本古代文化の序の執筆時点から遡ってちょうど四年前に当たる。初版序からは、大正五年十二月二十日の義父の死がきっかけとなり、和辻は「仏教への驚異」を感じ、さらに、その後、「飛鳥奈良朝美術への驚嘆」を感じ、日本古代文化研究に赴いたという流れが見て取れる。

ただし、初版序では、「日本古代文化は、四年以前の自分にとっては、殆ど「無」であった。」と言われてはいるものの、事実としては、和辻の日本古代の仏教美術に対する関心は、仏教思想に対するそれと同様に一高時代に遡る。「西の京の思い出」にあるように、明治四十年（一九〇七年）の夏、一高生の和辻は、初めて奈良の仏像や寺院を見学して回り、大学在学中の明治四十三年（一九一〇年）四月から七月までの一学期間、岡倉覚三（天心）の「泰東巧芸史」を聴講し、薬師寺金堂三尊像の素晴らしさのみならず、「哲学的理念の感覚的具体化というような意味で、仏像彫刻の理解を試み」（『全集』24、一八五頁）ることを教えられ、大きな影響を受けた。また、書簡によれば、和辻は、明治四十五年（一九一二年）六月には照夫人と奈良を旅行しており（『全集』25、五二頁）、さらに照夫人の縁から原三渓の仏画仏像などのコレクションをしばしば鑑賞していた。しかし、この『日本古代文化』初版序の「驚異」「驚嘆」という言葉からは、それらの前史とは次元の違う決定的な「驚異」が、義父の死によって「偶然に」「呼び起こ」されたことがうかがえる。では、この「一人の人間の死が偶然に自分の心に呼び起こした仏教への驚異」とは具体的にはどのようなことを意味しているのだろうか。まず、義父の死の前後の状況から検討してみよう。

和辻は、義父を亡くす直前の十二月九日、少年時代から敬愛し続けた漱石を亡くしている。当時、和辻は、漱石を慕う人々の集まりである木曜会にしばしば鵠沼《くげぬま》から上京して出席するなど、少年時代から小説家として憧れを抱いていた漱石と親しく交流していた。漱石の妻、鏡子夫人の回想録『漱石の思ひ出』（改造社、一九二八年）や、和辻が木曜会のメンバーで池崎忠孝（筆名：赤木桁平）に宛てた二通の書簡（十二月五、七日、『全集』25、八一－八二頁）からは、重体の漱石に和辻が気合術を受けさせようとした事件が浮かび上がる。逐次の引用は省略するが、上述の資料から経緯を整理してみると、癌を患っていた和辻の義父には、当時流行していた「霊術」の一つである「気合術」が効き、和辻はそれを「この目で見」た「非常に合理的なもの」であるとして、胃潰瘍が悪化し重体となっていた漱石にも受けさせたいと思った。そこで、漱石の家族を説得しようとしたが、申し出を受けた鏡子夫人からの賛同を得られないでいたところ、和辻の義父の容態が悪化したという電報が届き和辻はすぐ鵠沼の義父のところに戻った。和辻は、漱石と義父という二人の病人のために心を煩わせ心神耗弱し、つい場所柄も弁えず漱石にも気合術を強引に勧めてしまったことについては反省の意を示すが、気合術そのものについては、気合術師が何か不思議な力を持っているわけではなくて、自分自身の信仰の力であり、その信仰は漱石も共にするはずだと述べている。

そして書簡では、その信仰の内実は、「自分のサトリによつて自分の病キ《ママ》をよくする事」とある。和辻が当時抱いていた、ニーチェ的な「力への意志」の考え方からすれば、世界の根源にある流動する力の把捉こそが重要であり、「サトリ」とはまさにこの宇宙に遍満する力を自覚することである。そして、そのような力の自覚によって、人間を苦しめる、固定化してしまったニーチェのいうところの「凝固」が打ち破られる。義父が受けた「気合術」の詳細は不明であるが、東洋医学である「気合術」の背後にある世界観には、世界に充満する気を自分の体と通底させることで病気を治す、病気は気の停滞によるという考え方が一般に見られ、和辻の中では、この二つが結び付いたものと推測される。

後に倫理学講座の教授になってからの、弟子たちが伝える温厚でバランスのとれた常識人としての和辻像からはおよそかけ離れた、二人の死を前にして心を弱らせ、「気合術」を信じ右往左往する和辻の姿は、和辻の中にあり、確実に和辻の思想形成の重要なファクターとなった傾向性を鮮やかに示している。

さて、和辻の願いも空しく漱石は十二月九日に永眠した。和辻は、漱石の死の八日後に執筆した、「夏目先生の追憶」（初出『新小説』大正六年一月臨時号）の中で、心乱れ「先生を思い出すごとに涙ぐ」

みながら、義父との間の次のような出来事を綴っている。「先生の死の光景」に「興奮」した和辻は、病気の真実を隠され疑心暗鬼となり「肉体の苦しみよりもむしろ虚偽と不誠実との刺激に苦しみがいていた」義父に、「過激な言葉をもって反対者を責め家族の苦しみを冒して」本当のことを告げるようにした。和辻は、この時のことを、「病人が、その瞬間に宿命を覚悟し、心の平静と清朗とを取り返すのを見た時、私の心はいかに異様な感情に慄えたろう。……私は感謝し喜び、そうして初めてまじり気のない感情でしみじみと病人を悲しみ傷んだ。」（『全集』17、八六頁）と述べている。

和辻にとって、漱石とは、人間のエゴイズムを見つめその克服を生涯模索した作家であった。漱石が一生をかけて追究した「道義」を改めて思った時に、和辻は、義父をたとえ善意からであろうと欺き続けることは不正であるとし、死の運命の受容を促したのであった。実の娘の夫という血のつながらない立場でありながら、異例ともいえる強い主張をした和辻の態度は、まさに漱石の死による興奮に後押しされてのものであった。

十日余りの間に立て続けに起こった、敬愛する夏目漱石の死と、自分たち夫婦を可愛がってくれた義父の死とを前に、和辻は、周囲の思惑を顧慮せず、気合術を勧めたり、余命宣告をさせたりと、自らの信念に従って動き続けた。そのことは、死という非日常を前に、ただでさえ感受性の鋭い和辻の心を乱し、興奮させ、疲れさせた。このような和辻の状態は、日本古代文化初版序の「一人の人間の死が偶然に自分の心に呼び起こした仏教への驚異」が起こる前段階として留意すべきであろう。その「驚異」の体験の具体的詳細について、さらに次のような和辻の書簡（大正九年八月二日　和辻照宛）の一節を検討してみよう。

鵠沼の父さんの死ぬ頃には、自分が日本の研究をはじめるだらうなどとは夢にも思わなかった。七日七日の供養に遊行寺で仏教を見出した時にでも、まださうは思はなかつた。（この機縁を与へてくれた父さんの霊にあの本〔『日本古代文化』〕を捧げやうかしらとも思つてゐる。）（『全集』25、一一三頁）

注目したいのは「七日七日の供養に遊行寺で仏教を見出した」という言葉である。当初は、それが仏教文化をはじめ日本古代文化研究に結実するなどということは考えてもみなかったと書かれていることから、「遊行寺で仏教を見出した」というのは、知的な興味を惹き起こすようなもの、研究対象の発見というようなものではなく、もっと深く根源的な体験であったことがうかがえる。既述のように、和辻は、同級生の鈴木龍司を通じて仏教思想に関心を向け、それをニーチェと結び付け理解していた。仏教の思想的側面について和辻はすでに知っているのであるから、ここでの体験は知的なものではなく、二つの死によって興奮し心乱れていた和辻の心に、ダイレクトに響く体験であったことが、容易に推測される。

では、遊行寺での「七日七日の供養」とは何か。遊行寺とは、和辻が当時住んでいた鵠沼からほど近い、時宗の総本山の遊行寺（清浄光寺）のことで、高瀬家は、遊行寺の直檀（総本山直属の檀家）であった。和辻は、葬儀とその後四十九日まで七日ごとに執り行なわれる法要に参列し、そこで時宗の力強い念仏や読経などの儀礼を目の当たりにした。後述のように、その儀礼が直接的に現わす「生の躍動」「力の神秘」とでもいうものが、もともと宗教的感受性が鋭敏な上に、漱石と義父の二人の死によって興奮し、また心身ともに疲労の極にあった和辻に大きく作用し、和辻は「驚異」を感じるに至ったものと思われる。

また、和辻が七日ごとに遊行寺に通っていた時期は、時宗開祖の一遍上人にまで遡ると伝えられる「歳末別時念仏」の期間に重なる。昭和五年（一九三〇年）以降は十一月に変わったが、それ以前、すなわち和辻が義父の法要のために遊行寺に通っていた大正五年（一九一六年）には、十二月二十四日から三十日までの七日七夜にわたり開催されており、二十九日夜には、ドラマティックな法要として有名な「一ツ火」（御滅燈）が執り行なわれる。「一ツ火」では、法要の進行の中で本堂内の灯が次々に消されて真暗闇になる。その暗黒と静寂の中で十八念仏（低音・中音・高音各六回ずつ称える念仏）が始まり、火打石で起こされた火が一つずつ燈明に移され、最後は阿弥陀仏の光明に満たされた世界が力強い念仏の声の中で復活する。この儀式には、死者供養、先祖供養のために在家信者も参加することができ、義父の法要のために遊行寺に通っていた和辻が参加した可能性も想定し得る。どちらにしても、遊行寺での儀礼が、心身ともに疲れ果てていた和辻を復活させ、「自己のうちの「生《いのち》」」に「驚異」（『全集』17、一〇三頁）とともに眼を向けさせるという体験を惹き起こしたと考えられる。このことは、和辻がこの体験後に書いた文章のいくつかからも読み取ることができる。以下、検討してみよう。

†「偶像崇拝の心理」(『偶像再興』所収) における古代仏教の美的／宗教的法悦と実体験

まず、遊行寺での体験の数か月後に発表された「偶像崇拝の心理」(初出『新潮』大正六年〔一九一七年〕四月) から見ていこう。この作品の中で、和辻は、「千数百年以前の我々の祖先」が「優れた芸術的作品を宗教的礼拝の対象」とした心理的態度を検討し、彼らは、「信仰を感覚的な歓喜と結びつけ」たと述べ、その一例として以下のような古代の法要の有様を描いて見せる。

> 我々の祖先は今、適度の暗さを持った荘厳な殿堂の前に、神聖な偶像の美に打たれて頭を垂れている。……堂内の空気はますます緊張を加えて行く。一瞬間深い沈黙と静止が起こる。突如として鋭い金属の響きが堂内を貫ぬき通るように響く。美しい高い女高音に近い声が、その響きにからみついて緩やかな独唱を始める。やがてそれを追いかけるように低い大きい合唱が始まる。屈折の少ない、しかし濃淡の細やかなそのメロディーは、最初の独唱によってまた身震いを感じないでいられなかった我々の祖先の心を、大きい融け合った響きの海の内に流し込む。苦しいほどの緊張は快い静かな歓喜に返って行き、心臓の鼓動はまたゆるやかに低い調子を取り返す。
>
> (『全集』17、二八一頁)

古代の仏教儀礼についての具体的でリアルな叙述は、このあともさらに続いていくが、紙幅の関係でここではその一部分だけを挙げた。しかし、引用部分だけ読んでもこれは単に和辻が自分の頭の中だけで空想したものではなくて、何らかの実体験に基づいて書いたものではないかと思わせられる具体性を持っている。

和辻は、この「偶像崇拝の心理」の中で、美的法悦と宗教的法悦とが一体となることで可能となった古代の仏教受容の具体的様相について、建築、彫刻、儀礼の三側面から叙述する。儀礼の最初の部分が上掲の引用なのである。

古代人が仏教建築や彫刻に接した時の法悦についての和辻の叙述を見ると、それが和辻の実体験に根差したものであることが分かる。詳細な引用は省略するが、たとえば、古代人が「かつて夢みたこともない壮大な伽藍の前に立った時の、甚深な驚異の情を想像」して、和辻は、伽藍の「相重なった屋根の線」に「軽快奔放にしてしかも荘重高雅な力の諧調」を指摘し、また「斗拱や勾欄の細やかな力の錯綜と調和とが、交響の大きい波のうねりの間の濃淡の多いささやかなメロディーのように、人の心のすみずみまでも響きわたる」(『全集』22、二七八頁)と述べているが、これは、和辻が大正七年(一九一八年)二月に発表した「神を人間の姿に」の中で言及している、和辻自身が法隆寺の建築に接した時の「大胆な力の調和」「非常に透明な一種の音響」(同、二八‐二九頁)の感得の実体験に基づいている。

さらに古代の人々が仏像を見た「感激」を和辻が想像し説明する際の「神秘な力の現われ」「永遠なるいのちの、「仏」の、象徴」(同、二七九‐二八〇頁)という表現は、同じく「神を人間の姿に」の中で、和辻が薬師寺の聖観音に接して実際に感得した「超人的な力と威厳」「力の神秘」(同、三一頁)の描写と重なり、また「その円い滑らかな肩の美しさ」(同、二八〇頁)以下の仏像の細部の具体的表現も、同じく「神を人間の姿に」の中の聖観音の叙述と重なり合っている。

以上から、「偶像崇拝の心理」の中で和辻が、仏教の建築、彫刻、儀礼に接した際の古代人のものとして空想した描写は、寺院建築と仏像彫刻については、すでに和辻が、奈良の古社寺での実体験（大正六年〔一九一七年〕三月の東京帝大美術史学教室の見学旅行に同行）によって得ていた印象に基づいていたことが分かった。とするならば、儀礼について上に挙げた叙述も、和辻の実体験に拠ることが容易に推測され、それは、遊行寺での体験だと考えることができる。とりわけ、静寂から独唱、合唱へという展開は、上述した「一つ火」法要における、静寂の暗闇の中で十八念仏がはじまり、さらに別時念仏特有の引き張り念仏の大合唱が続く展開と重なる。「偶像崇拝の心理」における儀礼に関するリアルな描写はまさに和辻の実体験に基づくと考えていいだろう。

四　ディオニュソス的法悦と根源的生命の体験

†木下杢太郎宛書簡に見るディオニュソス的体験

以上の体験について、和辻は当時の書簡や作品のいくつかで触れている。まず挙げられるのが、大正六年（一九一七年）四月十日太田正雄（筆名：木下杢太郎）宛書簡である。手紙は次のような言葉から始まる。

君の手紙はちやうどい丶時に来た。印度支那的文化への興味、仏教芸術への興味、その中に今僕も没頭してゐるのだ。……この二月頃弘仁か或は少しあとに出来〔た〕らしい「焔魔天」の画の前で僕は本当に涙を催ほしつゝ頭を垂れて、拝《オガ》みたい心持を経験した。それから僕には推古から天平、藤原までの我々の祖先を非常に尊敬するようになつた。……推古から白鳳へかけての彫刻の偉大さが今僕を圧倒してゐる。あの時代の人々の心が火の様に明るく熱く僕の心に触れてきたのだ。……仏教にはHeidentum+Christentum〔異教+キリスト教〕といつた風の面白さがあつて何とも云へない。それが日本人に反応した様子は全くDionysisch〔ディオニュソス的〕だ。日本人の宗教を基督教的宗教と同じだと考へると大変に違ふ。……僕は暮から春にかけてこのDionysisch-religiös〔ディオニュソス宗教的〕な血が自分の内にも渦巻いてゐた事を、ある事件のために（死に関したことで）経験した。（『全集』25、八四－八五頁）

この引用の最後の部分で言われている「暮から春にかけて」「ある事件のために（死に関したことで）経験した」というのは、これまで見てきたように、「七日七日の供養に遊行寺で仏教を見出した」出来事を指す。では、その際に感じた「このDionysisch-religiös〔ディオニュソス宗教的〕な血が自分の内にも渦巻いてゐた事」とは何か。「ディオニュソス宗教」とは、和辻が大学時代から研究し、大正二年（一九一三年）には『ニイチェ研究』という研究書まで出版した、ニーチェの『悲劇の誕生』に因んだ概念である。

和辻のニーチェ解釈によれば、真の意味で実在するものは、流動としての力のみであるが、人間はそれを凝固させ一定の解釈を与えて、一つの像、流動する力を表現する「かたち」、すなわち力の象徴として認識する。力そのものを認識することはできないのでこの凝固は必然であるが、凝固したままだと、生の流動性は失われ退廃してしまうので、常にこの凝固は打破され新たな「かたち」、すなわち流動する力のシンボル的表現が必要となる。このように凝固を打破する創造者こそが「超人 Übermensch」であり、根源的な流動へと自らを投げ入れ自己超越していく意志こそが、「力への意志 Wille zur Machat」である。

そして、ニーチェは、凝固を絶対化するような哲学や宗教（その代表が、ソクラテスであった）を否定し、悲劇的認識を復興することを主張した。ここでいわれている悲劇とは、ギリシア悲劇であり、悲劇的認識の内実とは、一言でいえば、アポロ的なるものとディオニュソス的なるものとの相互補完的な認識ということになる。アポロもディオニュソスも、古代ギリシアの神であるが、アポロが、純ギリシア起源の光明と明晰の神であり、その礼拝形態も冷静な尊信であるのに対して、ディオニュソスは、小アジア起源の酒と陶酔と狂気の神であり、その礼拝形態は舞踏と音楽によって興奮した人々による狂噪的密儀である。そして、そもそもディオニュソスを讃える賛歌ディチュランボスを母胎としてギリシア悲劇が誕生したのであり、この点を捉えて、ニーチェは、ギリシア悲劇をはじめギリシア文化を、「アポロ的清朗さ」においてのみ解釈する従来の理解は誤っていると主張する。その文化の根幹には暗いディオニュソスなるものが横たわっているのである。

そして、ニーチェは、このディオニュソス的なるものを、「生 Leben」の流動、無限なる生成 Werden として捉え、芸術の中では、音楽に当たるとした。ディオニュソスの祭りにおいて、人々は、興奮的な舞踏音楽と集団の狂踊の中で個体的な自己を消失させ亡我の境に達し、生との一体感を直接的に味わう。そして、ディオニュソス的流動は、アポロ的仮象によって凝固させられるが、それは一時のことで、すぐにその仮象は根源的流動によって打破され、流動ー凝固（形象）ー流動……と永遠の生命の過程が展開していく。アポロ的な明晰な「かたち」とディオニュソス的力の流動との相互補完、そして、両者の無限の交代・反復こそが、和辻のニーチェ解釈の強調点であった(12)。

和辻は、遊行寺での力強い念仏の響きの中で、無限の生成を身を以て感得したのであろう。大正六年（一九一七年）五月に発表された「日本文化について」の中で、和辻が、念仏修行の中に「ディオニゾ《ママ》ス的歓喜」「霊肉共鳴の法悦」を見出し、「念仏修行の甚深な意義」として「力の充ち渡った全身の軽快、血行の活潑、雑念の消滅、――そこからは力強い生《いのち》が涌き上《のぼ》らないではない。そこには再び新鮮な生の統一が取り返されるのである。」（『全集』21、一七四頁）と述べているのは、まさに実感のこもったものであったということになる。

そして、この出来事に続いて和辻は、「焔魔天」を見て「本当に涙を催ほしつゝ頭を垂れて、拝《オガ》みたい心持を経験した」という。この「焔魔天」とは、当時和辻がしばしば訪れていた原三渓所蔵の「焔魔天」の画であったと思われる(13)。これは、同じく三渓が所蔵していた有名な「孔雀明王像」（平安後期、国宝、現東京国立博物館蔵）と並ぶ平安時代の密教絵画の最高峰とも言える優品である。では、和辻は、この作品の何に涙を流して感動し、拝みたいという気持ちになったのだろうか。和辻は「焔魔天像」に関して直接的には言及はしていないが、たとえば同時期であると和辻が考えていた平安仏画であり、『古寺巡礼』の中で「陶酔」を感じたとしたとしている「法華寺中尊阿弥陀仏像」（国宝）に「永遠なるものの相」（初版二〇八頁(14)）を見、また古寺巡礼の旅で見た「高野山明王院の赤不動像」（国宝）を「力そのもの」「宇宙の生命の力」「精神の力」「世界に瀰漫《びまん》する法の権威」の「具象化」（『新小説』大正十年十一月、『全集』22、三二二頁）と捉えていることを踏まえれば、和辻に涙を流すほどの感動を与えたのはまさに、上述のニーチェの説いた、宇宙に遍満する根源的な流動する力そのものであったと言えよう。つまり、法要の中で感得したその同じ根源的力を、和辻は、「焔魔天像」に見出し、その力に対して頭を垂れ拝みたい気持ちになった。和辻にとって、念仏の交響する法要から受ける感動も、「焔魔天像」などの造形美術から受ける感動も同じく「ディオニゾス的な歓喜」だったのだ。

そして二月のこの体験の後、三月末から和辻は、先述のように美術史学教室の奈良見学旅行に同行し、そこで遊行寺での法要や「焔魔天像」に接して得たのと同様の根源的力の体験を、推古、白鳳、天平の仏像を前にして持つことになった。そしてこの一連の経緯の中で和辻は、自分の体験はまさに、古代日本人が仏教受容の中で体験したものと同質のものであることを確信し、「推古から天平、藤原までの我々の祖先を非常に尊敬」し「火の様に明るく熱く僕の心に触れてきた」「あの時代の人々の心」を解明したいと思い、古代日本研究に赴くことになったのである。上に引用した太田正雄宛書簡は、奈良見学旅行から戻った直後に書かれたものであり、ディオニソス的なるものを古代日本に発見した和辻の興奮した息遣いが感じられる。この後、和辻は、同人として名を連ねた『思潮』（岩波書店）の創刊号（大正六年五月）から毎号のように日本文化や古代日本仏教に関わる論考やエッセイを発表していくのである。

✝「信仰と懐疑」（『偶像再興』所収）に見る自己の内なる「生《いのち》」の感得体験

さて、次に大正六年（一九一七年）三月に発表され後に『偶像再興』に収められた「信仰と懐疑」を手がかりとして、和辻の体験についてさらに検討してみよう。
まず、和辻は冒頭において「嶮しい道程をたどる者の貧しい体験の告白」を試みると述べ、以下のように続ける。

私は近ごろ一つの機縁に逢着した。そうしてまた一つ自分の目があいたことを経験した。自分ではそれが非常に嬉しい。しかしその機縁となった出来事は、要するに、恥ずべき自己の混乱迷惑に過ぎないのである。一昼夜の間私は性格を奪われ理知を奪われ、自己そのものさえも奪われかかっていた。私の精神はあたかも泥酔したものの肉体のようにいくじがなかった。けれどもその惑乱は幸いにもむだではなかった。再び自分の足で大地を踏みしめた時には、私はかつて経験しなかったほど強く自分の性格を、自分の理知を、そうして自己の力を感じたのであった。そうして今さらのように自己の内の「生《いのち》」に対して驚異しないではいられないのであった。……そうして私の心は熱い感謝に充たされた。／私はその機縁を与えた人が貴い心情の持ち主でなかったからといって、その人に対する私の感謝を差し控えようとは思わない。（『全集』17、一〇三―一〇四頁）

この引用の中で和辻は、「自分の目があいた」経験を語るとしているが、「その機縁となった出来事は、要するに、恥ずべき自己の混乱迷惑に過ぎない」とする。具体的に何があったのかを書いていないのではあるが、結論を先取りして言えば、これは、漱石、義父と立て続けに亡くし、悲しみと疲労で心が乱れている状態で法要の場に出席し、感覚的刺激を受けていわば忘我の状態に陥ったことを意味していると思われる。宗教的な修行においても、身心を疲労困憊させて日常的な心身の定型性、安定性をあえて奪い、非日常的な精神状態を実現するという手法が使われることがあるが、漱石と義父という二人の看取りと死、そして葬送儀礼を経験する過程で、もともと宗教的な感受性の鋭い和辻は、はからずもこれと同じ状況に陥ったのであろう。しかし、忘我は一昼夜の後に去り、和辻は日常的な自己から離脱することによって「自己の内の「生《いのち》」」を直接に感得し、新たな自己として生まれ変わったのを感じた。このことについて和辻は、別の箇所では「要するに「生」は我々の内にあるのである。我々は自ら直接にそれを体験することができる。そうして我々の最も直接に体験する所は、ただ不断に流動して休むことのない活動である。力である。」とし、それを「「生」本来の姿である所の、無一物にして、しかも万物を包容する生々たるある者」と言い換えた上で、「このある者に含まれた無限の深さ、恐ろしさ、歓ばしさ、強さ、偉大さ、充実さなどに圧倒され」「驚異」を感じることによって初めて「生々たるある者の無限の意義が人の胸に湧き立ってくる」と言う。そして「何ゆえに、いかにして、かくのごときことが起こるかは説明し得べきでない。ただ実際に、事実として、かくのごとき驚異が突発する。」（同、一〇六－一〇七頁）と述べる。つまり、実際にこのような「不断に流動する」「自己の内の「生」」の把捉を体験をした者として和辻は語っているのであり、しかもそれは無限の深さや喜び、偉大さの感覚だけではなくて、恐怖でもあったと和辻は言う。その体験において、和辻が日常的な自己の存在様式としての「性格」も、日常世界を意味を把捉する「理知」をも失ったことは、日常世界の立場から見れば恐怖になる。しかし、この恐怖を乗り越えて、「凝固」した固定観念を打ち破り、根源的な生に触れ、自己の「生」に新たな統一を与える必要があり、それこそが「信仰」の意義であると和辻は言う。

この意味で和辻は信じる内容ではなくて、「信じかた」が大切だと主張する。つまり、どのような内容を媒介にするとしても、それによって根源的な力に触れ、凝固を打破して新たな「生」の統一を実現するものであれば、そのような「信じかた」は「人に力を与える」ことができる。信じる内容は多様であるが、「生に対する驚異にうたれる」という「信じかた」は共通していると和辻は言うのである。

さらに興味深いことに、和辻は、このような経験をする「その機縁を与えた人が貴い心情の持ち主でなかったからといって、その人に対する私の感謝を差し控えようとは思わない。」と言い切る。そして、ある司祭の読んだ福音書の言葉が、聖フランチェスコの心に「激動」を与え回心させた時、その司祭自身は「貴い心情」の持ち主でなくても構わないと言い、自分の経験の場合も同様であるということを暗示する。つまり、法要を司る僧侶がどのような心情の持ち主であろうと、それは「驚異」の体験の妨げにはならないというのである。このような和辻の論調は、上述の「信仰の内容」ではなくて「信じかた」が重要であるという主張と重なってくる。和辻は、法要の中で「生に対する驚異」を生々しく感じ、根源的な生を感得することができたが、それだからといって時宗の信仰内容を是としてそれを自己の信仰の内容とするわけではないと示唆する。もちろん、このような「信仰の内容」と「信じかた」とを切り離すことは、和辻自身が自覚しているように実際には困難を伴うが、それでもあえて和辻がこのような分離を主張したのは、この「懐疑と信仰」という文章の結論部分にある

「自己の生に対する信仰」をこそ自己の信仰としたからであろう。

†『古寺巡礼』に見られる法悦体験

大正七年（一九一八年）五月、和辻は、原善一郎（原三溪の長男）夫妻、西郷健雄（三溪の長女で和辻の妻照の親友、春子の夫）、矢代幸雄（美術史家、和辻の義弟）らとともに奈良を旅行し、仏教美術から受けた感動を『古寺巡礼』（初出『思潮』同年八月－大正八年一月）という作品として結実させた。同書の中でも圧倒的迫力を持つ、薬師寺東院堂聖観音に関わる和辻の叙述を見ておこう。

和辻は、すでに前年の美術史研究室の見学旅行の際にこの像を見て感銘を受け、大正七年二月に発表したエッセイ「神を人間の姿に」で、この像は奈良の仏像の最高峰であるばかりでなく、世界的に見ても「これほど宗教芸術としての威厳と偉大とを印象するもの」はないと最大限の賛辞を与え、「わが聖観音」は「超人間的力と威厳とが溢れるように盛られ」、「宇宙人生の間に体得した神秘を、人の体に具体化」（『全集』22、三一－三二頁）していると述べている。

そして、この像に再会した感激を、和辻は、「いよいよあの大きい廚子《ずし》の前に立った。小僧が静かに扉をあけてくれる。――見よ、見よ、そこには「観音」が立っている。／この瞬間の印象を語ることは僕には不可能である。全身を走る身ぶるい。心臓の異様な動悸。自分の息の出入がひどく不自然に感ぜられるような、妙に透徹した心持《こころもち》。」（初版一八八頁）と、心身ともに聖観音像に惹きつけられる有様を述べ、さらに、そのあまりに自分が取った行動について、次のように書いている。

僕は小僧君の許しを得て厨子の中に入り込んだ。あの偉大な銅像に自分の体をすりつけるほど近よせた時の奇妙なよろこびは、生涯僕の心から消え去るまい。美しく古びた銅のからだから磁気か電流のように放射して来た一種の生気は、今になお僕の全身にその印象を残している。殊《こと》に僕があの静かに垂れた右手に縋《すが》りに行ったのは幸福だった。象牙のように滑《なめ》らかな銅の肌を撫《な》でながら、横から見上げたときの新しい驚きは、とても言葉には現わせない。（初版一九〇頁）

ここで和辻が入り込んだ厨子は、明治中期に奈良の指物師の名工、川崎富三郎が制作したと伝えられている聖観音を安置する入れ物である。第二次大戦後の昭和二十二年（一九四七年）に刊行された改訂版ではこの部分は「わたくしは小僧君の許しを得て厨子のなかに入り細部を観察した」（『全集』2、一二七頁）と大きく書き直され、厨子に入ったのは観察のためであるとしているが、初版では、聖観音に惹かれて、本来人が入る場所ではない厨子にまで入り込んでしまったというニュアンスが読み取れる。和辻は、狭い厨子の中で聖観音に体を密着させた時に受けたその感動は「生涯僕の心から消え去るまい」と言い切り、聖観音の体から「磁気か電流のように放射して来た一種の生気は、今なお僕の全身にその印象を残している」と言う。仏の体の発する生気が和辻にも伝わり厨子の中で仏と和辻とがまさに「感応道交」する「法悦」の体験を和辻は生々しく描く。厨子の中で今でも消えない生気を浴び、それが和辻の全身に変容を起こしたのならば、厨子の中では「永遠の生命」のイニシエーションが行なわれたとも言えるのだ。（なお補足すれば、宗教学や民俗学の知見によれば、古代社会や未開社会に広く見られる擬死再生のイニシエーションとして、洞窟や特設された小屋などの聖なる空間にこもることによって、古い自己として死に、その空間に漲《みなぎ》る霊力を受けて新たな自己として再生するという儀礼がある。和辻が聖観音の厨子に入ったことも、そのような潜在的文脈の中で理解することが可能であろう。)

以上、初期の和辻の作品や資料を手がかりとして、和辻が、自由主義キリスト教、そしてニーチェから学んだ、世界を貫く流動する力、永遠の生命、流動を一時的に、その限りにおいて凝固させるものとしてのシンボル(仮象)、そしてシンボルを通じての力の感得という図式のもとで、鈴木龍司に刺激されて仏教思想に対する関心を深めたこと、そして、義父の法要の際や仏像・仏画を見ての法悦の体験は、その図式の現実化の追体験に他ならなかったことを述べた。

次に問題となるのは、このようにして形成された和辻の仏教理解が、この後の原始仏教研究において、また倫理学体系において、どのように展開していくのかであるが、紙幅も尽きたのでこの問題については別稿を期したい。

(1) 和辻の少年時代、青年時代の宗教性に関しては、木村純二「和辻哲郎における死の問題」(『理想』六七七号、理想社、二〇〇六年)、犬塚悠「和辻哲郎における「信仰」と「さとり」」(『国際日本学』一五号、二〇一八年)、拙稿「和辻哲郎と仏教」(『現代思想・文学と仏教』〈現代日本と仏教　第三巻〉平凡社、二〇〇〇年)、拙稿「和辻哲郎の思想形成と宗教」(『倫理学紀要』第二六輯、二〇一九年)参照。また、和辻における非日常的なもの、宗教的なるものの持つ意味については、坂部恵『和辻哲郎』(岩波書店、一九八六年)、苅部直『光の領国――和辻哲郎』（創文社、一九九五年）、弓谷葵「和辻哲郎の文化史研究における〈他者〉の現れについての考察」（『日本学報』三五号、大阪大学大学院文学研究科、二〇一六年）参照。

（2）和辻哲郎『初旅の記』（新潮社、昭和四十七年）一七〇頁、三八頁。

（3）姫路文学館収蔵品検索システム所収。二〇二〇年九月二十日閲覧。

（4）和辻の「村の子」時代の宗教性の詳細は、注（1）の拙稿（二〇〇〇年、二〇一九年）参照。

（5）和辻哲郎全集（岩波書店、一九八九－九二年）第一八巻二九八－二九九頁を意味する。以下同じ。なお、引用文中の／は改行を示す。

（6）青年時代を中心とした和辻のキリスト教との関わりについては、注（1）の拙稿（二〇一九年）参照。

（7）鈴木龍司は宗教哲学者で、著書としては自らの宗教体験を綴った『入信之徑路』（森江書店、一九一一年）等がある。なお、和辻の明治四十五年五月八日高瀬照宛書簡にも鈴木龍司についての言及があり（『全集』25、三〇頁）、大正二年（一九一三年）三月十六日小泉鉄《まがね》（和辻の一高、帝大の同期生、第二次新思潮・白樺同人）宛書簡（『全集』25、五五－五九頁）の「鈴木」も、鈴木龍司を指すものと推定される。鈴木については、天野貞祐「和辻君と私」（和辻照編『和辻哲郎の思ひ出』岩波書店、昭和三十八年所収）、和辻照『和辻哲郎とともに』（新潮社、昭和四十一年）も参照。後者は、大学卒業後も和辻家をたびたび訪れたこと、後年明治大学教授をつとめ昭和二十一年に亡くなったことに言及する（五三－五四頁）。

（8）〔　〕は引用者による補足（以下同じ）。ここで検討される「法」についての考え方は、和辻が同人となった『思潮』誌上における、岩崎真澄との「法身」論争を経て、『原始仏教の実践哲学』における「法＝カテゴリー」説へと展開していく。この「法」をめぐる問題系は、和辻の仏教理解を考える上で重要なものであるが、紙幅の関係で別稿を期したい。

（9）「仏の大小」とは、懐感『群疑論』の「大念は大仏を見、小念は小仏を見る」（大正四七・七六c）に基づく。

（10）大河内了義『ニーチェと仏教——根源的ニヒリズムの問題』（法蔵館、一九八二年）によれば、ニーチェはキリスト教と同様に仏教をも「ニヒリズム」として批判していたが、ニヒリズムを克服する際に用いた「永劫回帰」「運命愛」などの思想には仏教との類似性が見られる。なお、和辻のノートの副題は、ニーチェの自伝的作品『エッケ・ホモ』（この人を見よ）の副題でもある。

（11）「一人の人間」が誰を指すのかについては、苅部直『光の領国——和辻哲郎』（創文社、一九九五年）六一頁、宮川敬之『和辻哲郎——人格から間柄へ』（講談社、二〇〇八年）八頁ですでに指摘されている。

（12）詳細は、拙稿「和辻哲郎の思想における「かたち」の意義」『講座比較思想』第二巻（北樹出版、一九九三年）参照。

（13）原三渓旧蔵「焔魔天」は、現在はミホミュージアムが所蔵している（重要文化財）。芥川龍之介は、同年一月二十八日に原三渓を訪れ「焔魔天」を見て感動したことを、原善一郎宛書簡に「瑞《ママ》魔天を見たことは一生わすれませんあんなに甚大な感動をうけた事は今迄殆ないと云つてもよい位です」と書き残しており（『芥川龍之介全集』第十八巻書簡Ⅱ、岩波書店、一九九七年、八五頁）、阿部次郎は、同年二月十一日に、原三渓、善一郎親子、美術史家の矢代幸雄と初めて会い、和辻哲郎も一緒に絵を見たことを日記に書き残している（『阿部次郎全集』第十四巻、角川書店、一九六三年、一八二頁）。ただし「焔魔天」の名は出ていない。

（14）和辻哲郎『初版　古寺巡礼』（ちくま学芸文庫、二〇一二年）二〇八頁を意味する。以下同じ。

Ⅳ　和辻の日本文化史研究

第九章　近世芸能と和辻思想史
――『阿弥陀の胸割』と『曾根崎心中』を中心に――

吉田真樹

一　『歌舞伎と操り浄瑠璃』の可能性(1)

『倫理学』『日本倫理思想史』といった主著を書き上げた後の和辻に、近世の芸能を論じた『歌舞伎と操り浄瑠璃』という著作がある。従来、同書は和辻退官後の趣味的著作とみなされてきたが、そうした中で、かつて坂部恵が、同書を和辻倫理学理解のための重要な著作と捉えて注目を促したことがあった(2)。坂部は、和辻の原理論が生み出された源泉を窺い知ることのできる著作として同書を押さえ、一定の示唆を残した。

しかしそれは、『歌舞伎と操り浄瑠璃』の可能性のごく一部を汲み取ったにすぎなかった。同書は、原理論というよりもむしろ倫理思想史の文脈においてこそ捉え直されるべき著作であり、和辻の『日本倫理思想史』を具体的に補い得る可能性さえもつ、極めて重要な著作である。同書を和辻倫理学・倫理思想史体系の中に正当に位置づけるならば、『日本倫理思想史』において欠落してしまったある部分を補うべき課題をもつはずの著作であったと捉えねばならないだろう。同書は、『日本倫理思想史』でほぼ完全に欠落している、近世仏教の色濃い近世芸能を扱おうとする著作だったからである。『歌舞伎と操り浄瑠璃』の「序」で和辻は次のように問いを設定している。

現在、歌舞伎の舞台に上演せられる諸種の戯曲のなかで、特に大物として重んぜられている一類がある。『菅原伝授手習鑑』『義経千本桜』『仮名手本忠臣蔵』『妹背山婦女庭訓』『伊賀越道中双六』『一谷嫩軍記』『鬼一法眼三略巻』などのような、いわゆる浄瑠璃劇である。ところで、これらの演劇において舞台上に作り出されてくる世界、すなわち想像力によって作り上げられた世界には、一種独特な、不思議な印象がある。それはただ現実の世界を芸術的に再現したというにとどまらず、何か現実と異なったもの、といって単に非現実的あるいは夢幻的であるのではなく、むしろ現実よりも強い存在を持ったものを作り出しているように見える。そういう意味でエキゾーティックな（外から来たものらしい）珍しさや、超地上的な輝かしさが、そこに感ぜられるのである。そういう不思議な印象は一体どこから生じたのであろうか。（三頁）[3]

和辻が神戸で初めて歌舞伎芝居（『恋女房染分手綱』）を見て、「印象の不思議さ」をもったのが、数え年七歳の明治二十八年（一八九五年）五月であり、その後十年間「歌舞伎芝居と縁がなく」、最初の「この記憶が特異な離れ小島として、意識の中に特別の位置を占め」、「歌舞伎の印象の不思議さを強めた」という。明治三十九年（一九〇六年）四月に神田の東京座にて『本朝二十四孝』と『沓手鳥孤城落月』とを並べ見て、「この疑問を意識」することになり、以後「三、四十年」の間、疑問を抱き続け、遂に『歌舞伎と操り浄瑠璃』を書くに至ったというわけである。和辻が胸に秘め続けたこの問いの根は、『日本倫理思想史』の構想よりも、はるかに深いものだったことになる。和辻の答えの方向性はおよそ次のようなものであった。

とにかく改めてこの問題を考えているうちに、わたくしは、きわめて当たり前のことに初めて気づいて、愕然としたのである。それは、重の井子別れとか、本朝二十四孝とか、忠臣蔵とかというような、正真正銘の歌舞伎芝居と思っていたものが、もとは歌舞伎芝居ではなかったということである。それらはもと浄瑠璃で語られるに伴なって人形が演じたのであって、歌舞伎役者が演じたのでなかった。従ってこれらの戯曲を作者が作る時には、人形芝居として作ったのである。……人形芝居であったということと、作者の想像力の作り出す世界の不思議さとの間には、何か必然の関係があるであろう。……ここにあの疑問を解く鍵があるであろう。（七－八頁）

以上の着想を「歴史的に実証してみよう」とするのが同書の内容である。そこでは、問いとしての「不思議さ」を可能な限り跡づけてゆくことが試みられるはずである。和辻はこの問いが「解けた」ことに大きな「喜び」を感じている。また「わたくし一己にとっては、長い間の疑問を解くという意味を持った仕事であり、そうしてそれがこの程度にでも解けたということは非常に嬉しい。幸いにして同じ疑問を心に抱く人がほかにもあるならば、同じように喜んでもらえるかと思う。」（九頁）という言葉からすれば、和辻が歌舞伎や浄瑠璃を愛好していたことは疑いないところである。そしてさらにいえば、和辻は歌舞伎・浄瑠璃愛好という形において、近世芸能に流れ込んだ近世仏教的な感覚を無自覚ながらも持ち続けていたとも推定されるのである。仏教的感覚抜きの近世芸能というものは想定し得ないし、仏教的感覚を抜いて歌舞伎や浄瑠璃を愛好することはできないと考えられるからである。

実感レベルと知識レベルとの齟齬があるにせよ、同書は和辻個人にとって最も書きたい問題を扱ったものであった。あるべき日本倫理思想史の構想という観点からいえば、同書は『日本倫理思想史』では決着がつかずに残ってしまった問題を、不十分ながらも展開させ得た著作として評価できよう。和辻個人の実感レベルにとっては、芸能化された近世仏教が最重要課題であった可能性もあったはずであるが、あくまで和辻は自らの問いとしての「不思議さ」の背後に仏教を認めない知的立場をとる。つまり、同書の対象である歌舞伎や浄瑠璃を、和辻は倫理思想史の問題としては捉えることができなかったのである。

したがって、和辻倫理学・倫理思想史体系から見れば、同書の具体的な内容は各論の集積にとどまるものとみなされよう。和辻による「不思議さ」の跡づけは、仏教を回避するため奇妙な屈折を帯びざるを得ない。総論になってゆかないのも、『日本倫理思想史』ではみられたようなトータルな視点から、時代全体との関わりにおいて個々の作品を押さえようとしなかったためである。

和辻がこだわるこの「不思議な感じ」を、坂部は「死」の問題に由来するものと捉えてみせたが、倫理思想史の問題として考えるならば、その先にさらに、「仏」が見据えられなければならないはずである。第一の引用箇所にいう「不思議な印象」、即ち「エキゾーティックな（外から来たものらしい）珍しさや、超地上的な輝かしさ」とは、確かに浄瑠璃がもつ外来性・宗教性[4]に由来するものであるといえるかもしれないが、次節で見るように、そこには和辻の根深い誤解が含まれていたのである。

二 『阿弥陀の胸割』における仏・菩薩

以上述べたように、『歌舞伎と操り浄瑠璃』は『日本倫理思想史』で欠落した近世の庶民仏教的な感覚をもつ近世芸能を扱っている点で重要であるが、和辻はその考察を「特異な離れ小島」として倫理思想史から切り離して行なっているために、倫理思想史の観点からすれば問題が残る著作である。そこで、以下では『歌舞伎と操り浄瑠璃』が扱う対象のうち最も代表的なものを改めて取り上げて、それが実は仏教的な感覚の浸潤した作品にほかならないことを示すことを試みる。そうすることによって、和辻の各論的考察を活かしつつ、倫理思想史の次元にまで引き上げる途の可能性が開かれるはずである。

本節では和辻が同書において作品として最も力を込めて説く、江戸時代初期の古浄瑠璃作品『阿弥陀の胸割[5]』について取り上げる。その上で次節において、『阿弥陀の胸割』が和辻説に反して古代以来の庶民仏教思想の流れに棹さすものであることを見届けることにしたい。まず、そのあらすじを示しておく。

天竺ビシャリ国エンタの庄カタヒラの里の長者カンシ兵衛は、若返ることのできる松などあらゆる宝を手に入れ、遠い未来の弥勒菩薩の出現まで、いっそのこと悪事でも働いて遊ぼうと妻とともに極悪非道の限りを尽くした。従者や近隣の者たちも長者の真似をした。釈迦仏は、カンシ兵衛夫妻をとり殺させたが、七歳の娘天寿の姫と五歳の息子テイレイは助けられた。

姉弟は乞食となって流浪し、七年忌にあたる今年に身を売って両親の菩提を弔おうとテイレイがもちかけた。阿弥陀堂で買い手と引き合わせてくれるよう祈ると、夜半に姉弟の夢に阿弥陀仏が現われ、大まん長者の名を教えた。

大まん長者の一人息子松若が不思議な病で死ぬ寸前であった。天竺一の博士に、松若と同じ歳同じ相性の姫の生き肝を延命水という酒で洗い清めて薬とすれば病は治ると占われた。

姉弟は大まん長者の家に辿りついた。両親の菩提を弔うため、阿弥陀三尊を本尊とする光堂を建ててもらうことを条件として、天寿は生き肝を差し出すことを決めた。光堂の完成後、天寿はテイレイの養育を大まん長者に託し、もはや思い残すことはないと阿弥陀三尊に極楽往生を誓い、父、母、弟、自分のために法華経を唱えた。

松若の容態が悪化したため、大まん長者は五人の武士に命じて取らせた天寿の生き肝を、博士の教えの通りに延命水で洗って薬とすると、夜半に松若は完治した。大まん長者が天寿の死骸を見にゆくと、姉弟は光堂で眠りこけていた。本尊の阿弥陀仏を見るとその胸が割れ血だらけになっていた。大まん長者たちは、阿弥陀本尊が親孝行者の天寿を不憫に思って身代わりとなったのだといって、皆で阿弥陀本尊を拝んだ。天寿は有り難い姫だと松若の御台に迎えられ、テイレイは出家となって光堂で両親の菩提を弔った。有り難いことだといって皆で拝んだ。

以上の物語の中で「胸を割かれて血みどろになっている阿弥陀如来の像」(一四九頁)に和辻は驚嘆し目を奪われている。そして、そのような像を拝むということは仏教伝来以来千年の間「日本では行なわれたことがないように思う。」(一五〇頁)と述べ、「阿弥陀如来の伝統的な姿からいえば、こういう姿は全く例外的である。なぜなら阿弥陀如来は、そういう穢土の姿を遠く離れて、西方の極楽浄土に閑かに鎮座するのを常とするからである。」(一五一頁)と述べる。そして和辻なりにこの表現を位置づけるべく、同時代のキリスト教と結びつける。「フランシスコ・デ・シャビエルがキリスト教を日本にもたらし、それ以来十字架上の血みどろの救世主の姿は、日本人の眼にも親しいものとなっていた。」(一五〇頁)といい、直接の影響関係は「わからない」としながら、とにかく「相通ずるもの」を認めようとする叙述を行なっている。この和辻のキリスト教の想起は、果たして妥当なものであろうか。

「血みどろ」の「阿弥陀如来の像」が与える印象は確かに鮮烈なものではあろう。しかし『阿弥陀の胸割』の本文中にキリスト教が現われる余地は全くない。そしてまた、和辻は「血みどろ」の「阿弥陀如来の像」の表現にのみこだわるが、それは同作の題名に反映されるものではあっても主題ではない。「血みどろ」であること自体に意味があるようなものではない。「血みどろ」であることにおいて超越者の「慈悲の美しさ」(一五一頁)——十字架上の救世主に通じるような——を描こうとする作品ではないのである。和辻はキリスト教のイメージによって同作を理解しようとするために、超越者の「慈悲の美しさ」しか見ることができていない。つまり端的にいえば、和辻は天寿姉弟が菩薩であるということを見落としてしまっているのである。菩薩の観念こそ、仏教をキリスト教から決定的に区別するものであろう。

キリスト教ではなく、改めて仏教の文脈を思い起こしてみよう。すると以下に見てゆくように、仏ないし菩薩が己れの身を捨てて他に与えるということは、仏教思想の最基底部に属するものであったことがわかる。そのことは特に庶民に受容された知識的でない仏教思想、教説的でない仏教思想のイメージの根幹であったと考えられる。したがってその観点からすれば、阿弥陀仏が己れの生き肝を差し出すことはまさに仏教的な行為にほかならないものであった。

和辻のいう「穢土の姿を遠く離れて、西方の極楽浄土に閑かに鎮座する」という阿弥陀仏のイメージは、誓願成就後における極楽浄土の法主としてのものである。しかし当然ながら、成仏して阿弥陀仏となる以前の法蔵菩薩としてのありようが、阿弥陀仏の本質を形作っていることを忘れることはできない。法蔵菩薩が行なったいわゆる「五劫思惟」の行（「具足五劫、思惟摂取、荘厳仏国、清浄之行。」『大無量寿経』[6]）は菩薩行であり、菩薩行である限りにおいて、その中味は釈迦仏の菩薩行と重ねて理解されていたはずである。『阿弥陀の胸割』では、阿弥陀仏が身をもって衆生を救ってくれることが、仏ないし菩薩の本質的なありようとして庶民の側から要請されていたのである。庶民にとっての阿弥陀仏は「極楽浄土に閑かに鎮座する」だけでは不足であった。種々の来迎図にも描かれるように、阿弥陀仏に随う菩薩たちだけでなく、阿弥陀仏自身がこちらの世界に来てくれてこその有り難みある阿弥陀仏なのであった。

三　「捨身飼虎」という原像

ここで改めて古代の仏教に遡り構造化を試みよう。以上に述べたような庶民的な仏教思想のイメージは、玉虫厨子の「捨身飼虎《しゃしんしこ》」図に淵源するものである。「捨身飼虎」図は、飛鳥時代に遡る法隆寺の玉虫厨子の須弥座右側面に描かれた、日本仏教史最初期の図像表現である。須弥座左側面に描かれた「施身聞偈《せしんもんげ》」図と並んで、最初期の日本仏教が、仏教の本質と捉えた物語を図像として描いたものである。いずれの図も経典の物語に基づき、釈迦仏の前生における菩薩行を描いている。日本仏教の祖である聖徳太子の『勝鬘経義疏《しょうまんぎょうぎしょ》』において「捨身飼虎」に触れる箇所があり(7)、同図は何らかの聖徳太子との関わりにおいて描かれたものと推測される。

「施身聞偈」図が、真理を求める修行者としての前生の釈迦仏が、自分より上位の存在である帝釈天から真理を授かるために身を捨てるという物語を描くのに対し、「捨身飼虎」図は、慈悲の実践を求める修行者としての前生の釈迦仏が、衆生を救うために身を捨てるという物語を描いている。修行者としての前生の釈迦仏が、身を捨てて真理へと上昇しようとする「施身聞偈」図と、身を捨てて衆生へと下降しようとする「捨身飼虎」図とは、一対のものとして仏教の本質を示すべく構想されていることがわかる。至高の求道者であるだけでなく、身をもって衆生を助けてくれる「捨身飼虎」図の釈迦仏は、衆生にとって身近で有り難い存在であるはずである。「捨身飼虎」図は、衆生の側から捉えられた釈迦仏の本質を示すものであり、したがって当然ながら大乗性を色濃くもつものであった。

改めて「捨身飼虎」の物語のあらすじを示せば、以下の通りである（『金光明最勝王経』を和訳して再構成する源為憲『三宝絵』の上巻十一「薩埵王子」によって示す）。

薩埵王子は二人の兄王子とともに、七匹の子虎を産み飢えで痩せ疲れた母虎に出逢った。母虎は食べ物を探すこともできず、今にも子虎を食べてしまいそうだった。虎は温かい人肉しか食べないと兄に教えられた薩埵王子は、「我レ法界ノ諸ノ衆生ノ為ニ無上道ヲ志シ求ム。当ニ凡夫所愛ノ身ヲ捨テ、智者ノ所楽ノ大慈悲ヲ可受。」(8)といって、自分の体を虎に差し出した。薩埵王子は疲れた虎が食べやすいように竹で頸を刺し血を流して近づいた。天地に異変が起こり、虎に身を食わせた薩埵王子の死を兄王子、父王、母后はいうまでもなく、全ての者が悲しんだ。昔の薩埵王子は今の釈迦仏である。

以上の物語のうち、「捨身飼虎」図には薩埵王子が衣を脱いで竹にかけ、飢えた虎のもとに身を捨て、飢えた虎が薩埵王子の体を食う様が描かれている。つまり、「捨身飼虎」図は「薩埵王子が飢えた虎のために身を捨て、飢えた虎が薩埵王子の身を食う」ことを仏教思想の核心として捉えたものである。

こうした捉え方は、衆生を強く意識した視点からなされたものであると考えられる。「捨身飼虎」図を見る者には、描かれた内容が一目でわかり、仏教とは何かを一目で直観させるものとなっている。「捨身飼虎」図で示されるのは、難解な教説を学ばなければわからないような仏教思想ではない。「捨身飼虎」図は、一目でわかるもののうちにこそ仏教、特に衆生を救ってくれる大乗仏教の思想があるとするのである。後世において「捨身飼虎」の物語が唱導の題材として好んで用いられ、庶民の間に広く浸透していったことはゆえなしとしない。衆生としての私たちは「施身聞偈」図の中には容易に位置をもち得ないが、「捨身飼虎」図の中には衆生としての虎に己れを見出すことができるのである。まさに、この「捨身飼虎」図から出た流れが庶民仏教を形作るものとなったといえる(9)。

以上のような直観できる次元での仏教の基本としての「捨身飼虎」図の仏教思想を踏まえれば、『阿弥陀の胸割』の阿弥陀仏が天寿を救おうとするのは、「捨身飼虎」図の薩埵王子が虎を救おうとするのと同じ構造になっている。さらには天寿（とテイレイ）が父母を救おうとするのも、薩埵王子が虎を救おうとするのと同じ構造になっていることがわかる。つまり天寿は阿弥陀仏に救われる衆生であるだけでなく、救う側の阿弥陀仏と同じ位置に立つ菩薩ともなっているのである。

「捨身飼虎」図は知識的でない仏教の原型として、衆生の側に有り難みの実感をもたらす。仏ないし菩薩とは己れの身を捨てて、この私を救ってくれる有り難い存在であるということが感得されるのである。また「捨身飼虎」図は菩薩たろうとする者にとって、衆生を救うこととは通りすがりのこの者に己れの身を切り食わせることであるという、知識的でない切実な実感をもたらす。衆生とは己れの身を捨てて救うべき存在であることが感得されるのである(10)。

四　本質論としての遡及的方法

前節では、『阿弥陀の胸割』から古代仏教としての「捨身飼虎」図に一挙に遡り、そこに日本仏教の原像を見定めた上で、再び『阿弥陀の胸割』に戻って考察を加えた。本稿ではこの遡及的方法を日本倫理思想史の方法論の重要な一環と考えているが、従来この方法が十分に吟味されたこともなく、また日本倫理思想史の創始者ともいえる和辻の方法との関連性も問題である。

和辻は『阿弥陀の胸割』の考察において古代もしくは古代仏教へと大きく遡ることはなかったが、実は和辻も遡及的考察を行なっている。前節で「同時代のキリスト教」としたものに遡っている。これはより正確には「時代区分的には同時代に括られうる近い過去のキリスト教」の意味であるから、和辻は『阿弥陀の胸割』から近い過去のキリスト教に遡り、そこに「血みどろ」の原像を見定めた上で、再び『阿弥陀の胸割』に戻って考察したことになるのである。

次に、和辻の遡及的方法の中味が本稿の遡及的方法と同じかどうか考えよう。日本倫理思想史の方法論としての遡及的方法は、常に本質論的なものでなければならない。本稿では『阿弥陀の胸割』に描かれた全体を、直観としての庶民的な仏教思想の物語であると捉え、その根源に遡って考えようとした。これに対して、和辻は『阿弥陀の胸割』に描かれるものを、鮮烈な絵画ないしは映画の一コマのように捉え、その根源に遡って考えようとした。和辻の関心は、「血みどろ」とされる表現そのものの影響関係に局限されているといえる。遡及した場合、「血みどろ」の意味はキリストの贖罪（さらにはキリストによる救済）の直観形態となるはずだが、そこでの和辻はもはや意味を問うていないのである。したがって『歌舞伎と操り浄瑠璃』の和辻の方法は、全体の意味を問うような本質論的な遡及的方法ではなかったということがわかる。

表現そのものにしか向かわないこの方法的態度は、『歌舞伎と操り浄瑠璃』が意識的に「芸術史研究」[11]たろうとしたことから来ている。倫理学者として二つの主著を完成させた和辻は、それまで自らに課していた倫理学の規矩から自由になり、ある作品を「倫理思想」として捉えることをやめ、別の新たな方法論を採用したのである。

なぜそうなるかといえば、和辻は『日本倫理思想史』においてすでに一つの方法論を貫徹し、まとまった答えを出してしまっていたからである。即ち、『日本倫理思想史』では「各時代の社会構造から帰結される思想類型」を取り上げて論述するという方法論を採用していたため、それに当てはまらないものは取り上げられずに終わった。そして『歌舞伎と操り浄瑠璃』は、それら諸思想——特に、時代の社会構造から帰結され得ない仏教思想——を改めて取り上げるものだったからである。

したがって、和辻はそれら諸思想を『日本倫理思想史』と同じように「倫理思想」として考察するわけにはいかなかった。さらに面倒なことには、和辻がそれらの中心にある仏教思想を仏教思想として捉えようとしないということもあった。『歌舞伎と操り浄瑠璃』が方法論的な考察を欠く背景には、こうした事情があったとみられる。

以上を裏打ちするために、和辻の方法論を主要著作から改めて捉え直しておこう。和辻は『日本倫理思想史』において、「倫理」と「倫理思想」(と「倫理学」)の概念を明確に区別していた。

「倫理」とは、個人にして同時に社会であるところの人間の存在の理法である。……倫理思想とは、人間存在の理法たる倫理が、その実現の過程たる特定の社会構造を媒介として、そこにおいて規定せられる特殊の行為の仕方としてロゴス的に自覚せられたものなのである。[12]

ここでいわれる「倫理」や「人間存在の理法」とは、すでに『倫理学』で示された和辻の答えの全体を指すものである。本稿では、この『倫理学』の「答え」自体を不動のものとして受け入れることはしない。なぜなら「倫理」の意味を「間柄」としての「人間」に局限することは、倫理学の問題設定自体の矮小化をもたらしてしまうと考えるからである。『倫理学』という著作の問題設定としてはそれでよかったし、和辻は十分な成果を挙げたといえる。しかし和辻自身がいう通り、「倫理学を呼び出したものは、教えに対する懐疑」であり、その「根源にさかのぼって、普遍的な倫理を把捉しようとする無限探究の努力が始まって」、「倫理学を形成する」のではなかったか。当然ながら和辻後の倫理学者が行なうべきは一般的な意味での「人間存在の理法」の探究ではあっても、和辻的な特殊な意味での「人間存在の理法」の探究ではあり得ない。和辻から継承すべきは、倫理の「無限探究」の方であって、和辻が出した一端の「答え」を固定化し道徳化することではない。

和辻の「答え」ではなく、「問い」を見よう。『人間の学としての倫理学』冒頭には次のように極めて明確に述べられていた。

> 倫理学は「倫理とは何であるか」という問いである。……この問いの中味は倫理学自身によって明らかにせられるほかはない。……出発点においては我々はただ「倫理とは何であるか」という問いの前に立っている。[13]

問いにおいて倫理の中味は具体的に想定され得ない。そうであるからこそ私たちは倫理を探究するのである。和辻後の倫理学者はこのような「問い」としての倫理から出発しなければならない。

倫理は『倫理学』では「普遍的な倫理」といいかえられていた。いわば倫理そのものである。それが「特定の社会構造」を媒介にし「特殊の行為の仕方」として「ロゴス的に自覚」され、「実現」されたものが倫理思想である。倫理は様々な表現として、即ち倫理思想として「実現」されるものなのである。したがって、私たちには直接倫理が見えているのではなく、実現されたものとしての倫理思想だけが見える。倫理そのもの、もしくは普遍的な倫理は、私たちが倫理思想を読み解き、そこから読み取るべきものとしてあるのである。[14]

それらの読み取られた倫理が体系をもつまでに至れば倫理学を構築することも可能であろう。私たちは倫理の語に和辻が詰め込んだ答えを一端空っぽにし、倫理思想の側から、問いとしてある倫理の意味を探究してゆくべきである。

ここに、倫理そのものを目指す遡及的方法が根拠づけられる。倫理そのものには形がなく、常に倫理思想という表現された形としてのみ存在する。倫理学と称されるものも、個々の表現としては倫理思想に含まれる。[15]形のない倫理そのものを形のある倫理思想において捕まえようとするからこそ、より倫理そのものに近いと目される表現＝倫理思想を求め、それを足がかりにしようとする遡及的方法が要請されるのである。遡及的方法は、特殊な倫理思想から少しでも倫理そのものに近づき、形を与えるための一つの方法である。

『歌舞伎と操り浄瑠璃』の前までは、文化史家として、また倫理学者として、和辻は作品を取り扱うための解釈学的方法の試行錯誤を繰り返していた。どのようにすれば作品を「根源」から捉えることができ、またどのようにすれば「倫理」を捉えることができるかと問い続けていた。例えば『日本精神史研究』の和辻は、ありとあらゆる方法を試し、主として哲学的な理論ないし概念に遡及していた。「仏像」には「空」を、「もののあはれ」には「永遠の根源への思慕」を見出そうとしたが、まだ対象と理論との齟齬が大きかった[16]。遡及的方法は普遍を捕まえるために用いるものだが、やり方によっては見る見るうちに普遍が逃げていってしまうことがある[17]。普遍は外にあるわけではないから、機械的に外に遡及しようとする時、いよいよ普遍から遠ざかってしまう[18]。私たちは、遡及の基準ないし方向性を切実に求め、見定めなければならない。

日本における本質論としての思想史という学問形態は、広い意味での古学[19]の解釈学的伝統を受け継ぐものである。それらの本質論的遡及をモデルとすれば、大づかみではあるものの、およそ次のような基準ないし方向性のイメージが得られる。儒学なら遠くは孔子、近くは朱子に遡る。国学なら歌や『古事記』に遡る。日本仏教なら近くは聖徳太子、遠くは釈迦仏に遡り、宗派仏教なら開祖あるいは開祖が遡及する経典や人物に遡る。こうした遡及は本質論であるからこそ可能となってきたはずのものである[20]。

本質論としての思想史において研究されるべき対象とは、倫理そのものの表現としての純度から、論者によって主体的に選ばれる。純度が高いテキストはそれだけを読むことにより、普遍を目指すことが相対的に行ないやすいはずではあるが、論者にとって難解に過ぎる場合もある。論者にとって、上記の意味での一テキスト主義が困難である場合、思想史上の結節点や原点を参照し、連結し、位置づけることが重要な課題となる。その際、普遍項は共通点に見出されると仮定してよい。このように押さえて先に進もう。

五　『曾根崎心中』における仏・菩薩

本節では、和辻が『歌舞伎と操り浄瑠璃』で作家として最も力を込めて説く、江戸時代中期の近松門左衛門の浄瑠璃作品『曾根崎心中』（元禄十六年〔一七〇三年〕）を取り扱う。まず、そのあらすじを示しておく。

天満屋の遊女お初と醤油屋の手代徳兵衛は恋仲であった。お初は三十三番の観音めぐりの後、次第に追いつめられてゆく徳兵衛に会った。徳兵衛は伯父・平野屋主人久右衛門に見込まれ、姪と結婚し跡を継ぐよう迫られるが、お初を思ってその話を断わった。徳兵衛は母がすでに久右衛門から受け取っていた金を返済するため、親友九平次に貸した金を取り返そうとしたところ、九平次は金など借りていない、証文の印判は紛失したものだから徳兵衛が証文を偽造したのだと巧妙にやりこめ、徳兵衛は九平次たちに叩きのめされた。九平次は天満屋でも徳兵衛の悪評をいいふらし徳兵衛を追いつめようとするが、お初は足下に徳兵衛を匿ったまま、徳兵衛はそのような人間ではない、きっと徳兵衛は死んで無実を証明するだろう、自分も一所に死ぬつもりだと、無言のうちに覚悟を決めた徳兵衛とともに、宣言する。お初と徳兵衛は深夜人目を忍んで天満屋を抜け出し、道行きの中で様々なことを思いつつ、曾根崎の森を最期の場所と定め、一所に死ぬ「嬉しさ」を語りながら、「南無阿弥陀仏」と唱えて後生を誓い、心中した。二人が極楽往生したことは疑いなく、恋の手本となった。

「第五篇　歌舞伎と操り浄瑠璃との対立と交流」において、和辻は近松を議論の中心に据え、近松がもともと歌舞伎の作者であり、歌舞伎の荒事や和事から多くの影響を受けながら浄瑠璃を書いたことを辿りつつ、『曾根崎心中』において初めて歌舞伎を越えた、戯曲のリアリズムを達成したと捉え、大きな演劇史の流れの中に近松を位置づけている。

和辻は、近松の処女作『世継曾我』が既成の曾我物をしゃれのめした作風をもっていたこととの対比において、『曾根崎心中』を捉えた。

今度の『曾根崎心中』では、その諧謔の調子で茶化し去ってよいはずの遊女や放蕩児の恋愛生活の底に、どうしても茶化し去ることのできないあるものが残ってくる、それをいや応なしに生まじめな態度で取り扱わせられるのである。ここにわれわれは、どんな生まじめなことをもしゃれのめしてしまうような気分の中から、どうしてもこれだけはしゃれのめすわけに行かないという、最後のもの、いわば「侵すべからざるもの」が浮かび上がってくるのに接する。それが心中なのである。（六四七頁）

この点、和辻にこれ以上の展開はない。よって重要な「問い」を提出するに留まった箇所といえる。

宗教性については次のような屈折した記述がある。

自殺を「神への不信」という最も大きい罪悪と解する立場では、その自殺と恋愛とを結びつけた心中において救済に類する境地を見いだすなどということは、恐らく冒瀆に類することと考えられるであろうが、その同じ考えがここでは煩悩即菩提という標語の下に是認せられているように見える。そういう見地から見て、観音めぐりの道行をもってこの曲を始めた近松の意図が、ほぼ察せられるようにも思えるのである。（六四九頁）

和辻はここでもキリスト教の立場を意識しつつ、納得できなさを保留したままに語っているようで歯切れが悪い[21]。またこれと連動して、『曾根崎心中』の鍵となる作品末尾の文言「未来成仏疑ひなき、恋の．手本となりにけり[22]」には、和辻はこの後も一切触れない。とはいえ、全体的には『阿弥陀の胸割』を論じた部分ほどの誤りは認められず、着実な読みが示されているといってよいだろう。

以上を踏まえた上で、これまで述べてきた、『歌舞伎と操り浄瑠璃』の可能性を倫理思想史的に読み替えるべく、『曾根崎心中』を読み解いてみよう。ただし、同作は『阿弥陀の胸割』のようには一筋縄で捉え切れないところがあるため、今回は遡及的方法により、仏教に関わる根幹部分を見定めるのみとする。

①観音菩薩・阿弥陀仏

『曾根崎心中』は、説経節を色濃く受け継ぐ古浄瑠璃『阿弥陀の胸割』と比べれば、仏や菩薩が直接現われるわけではないため、仏の自明さの度合いが下がっているようにも見えるが、宗教性が低いというわけではない。『曾根崎心中』は「観音めぐり」から始まり、先ほどの「未来成仏疑いなき、……」の言葉で終わっている。また、心中場面を中心として作中には「南無阿弥陀仏」の声が響き渡っている。以上から『曾根崎心中』は、『阿弥陀の胸割』と同様に、第一に仏教に遡及すべき作品であると判断できる。(23) よって、本稿第二、三節の『阿弥陀の胸割』についての考察を、『曾根崎心中』の考察の下敷きとすることができることになる。

『曾根崎心中』は「げにや安楽世界より．今この娑婆に示現して．我らがための観世音、仰ぐも高し」と、観音菩薩の登場を語るところから始まっている。「示現」とは具体的には、観音菩薩が極楽浄土から大坂の三十三箇所の寺社に来てくれている、即ち観音菩薩像として現われていることを指す。観音菩薩は修行中の菩薩であるため、その分だけ、悟りを開いた阿弥陀仏よりも、私たち衆生に近い存在であり、阿弥陀仏と私たちとを媒介してくれる存在である。

お初はその三十三箇所全ての観音菩薩をめぐる。多様な衆生のあり方に応じて変化して救うという観音菩薩の三十三身（『法華経』普門品）の、少なくともいずれか一身には自分も救ってもらえるはずだ。どの観音様が自分にふさわしいその観音様であるかはわからないから、全ての観音様をめぐってでも、その観音様に預かって願いを叶えたいというのである。お初は観音菩薩に「恋の祈り」をしている。「色に焦がれて死なうなら．しんぞこの身はなり次第」とまでいっている。徳様に会いたい。その思いがお初を観音菩薩に向かわせ、結縁することができたのである。

②菩薩としてのお初

この娑婆世界に示現している観音菩薩は、娑婆世界の衆生と極楽浄土の阿弥陀仏とを結びつける存在である。阿弥陀仏の脇侍である観音菩薩と結縁したお初は、同時に阿弥陀仏へのルートをも確保できたことになる。

「生玉社の場」において、お初は徳兵衛に会うことができた。とても小さなことのようだが、徳様に会いたいという願いが観音菩薩によって聞き入れられ、叶えられたことになる。ここに、お初に対する観音菩薩の利生が確証された。お初の側からいえば、お初は観音菩薩と連絡され、観音菩薩に加担することができるようになったことになる。それは程度の差はあれ観音菩薩が阿弥陀仏に加担するのと同じ構造である。観音菩薩の力、そしてその背後の阿弥陀仏の力が、連結され、お初に流れ込んでくる。祈ることしかできないお初の祈りは、そのままで発心としての意味をもち得、お初は菩薩となるのである[24]。

③お初と徳兵衛の心中

徳兵衛は見る見るうちに追い込まれ、「蜆川新地天満屋の場」では、お初の足元の縁の下に隠され、お初が九平次に対して徳兵衛に代わり啖呵を切った場面では、お初の「足を取って、おしいたゞき、膝に抱き付き、焦がれ泣き」している。即ち、お初を心底拝み有り難がっている。

その果ての心中においては、そもそもは死ぬ必要のなかったお初が身を捨てて、徳兵衛に与えている。そうすることで徳兵衛の死に対して、徳兵衛は金の問題（の無実証明）のために死んだのではなく、恋のために死んだのだとする新たな意味づけをし、徳兵衛の死をその意味一色に塗りつぶしたのである。これにより、徳兵衛の生は意義あるものであったことになり、その尊厳が回復された。

続いて徳兵衛も、お初の菩薩行としての捨身をモデルとして反復し、お初に身を捨てて、与える。[25]ここに徳兵衛も菩薩としてのお初に接続され、観音菩薩・阿弥陀仏まで連結されるのである。

④回向

根拠という観点から読み解けば、以上のようになるはずである。お初と徳兵衛は、「捨身飼虎」図の菩薩が衆生のために身を捨てるというありようを、あくまでお初が先という順序はあるにせよ、二人において相互型として実現させていることになる。そこではお初と徳兵衛はともに、まず救われる衆生であり、そしてその上で救う菩薩にもなるという奇蹟的な存在形態をもっている。救うことで救われるという大乗性を相互に端的に実現しているのである。

そもそもこのようなことは、根拠としての阿弥陀仏が存在しなかったら、あり得ない。阿弥陀仏がいなければ心中死はできないし、心中後の二人は悪霊と化すほかない。阿弥陀仏がいる[26]からこそ、菩薩行の模倣というものがあり得るのである。

しかし究極的にいえば、この二人が成仏したかどうか、残された者にはわからない。「観音めぐり」があることで、凡夫の諸形態に応じた観音菩薩の救済があり得ることを示し、凡夫の極みである二人も救済されるかもしれないという枠組みは作られてはいる。しかし、そこまでなのである。

回向しなければならない――二人の心中を知った人々が、みなそのように感じたのには理由があった。お初と徳兵衛が、成仏できるなどとは到底思えなかったのである。だから、やむにやまれず皆が二人のために南無阿弥陀仏を唱えた。この多くの者による念仏の功徳を回すこと（「貴賤群集の回向」）によって、二人に「未来成仏」を果たさせようとしたのである。

近松は「未来成仏疑ひなき」という。この回向によって二人の極楽往生が果たされたならば、念仏を唱えた側からすれば、結縁になる。回向は、自分の一部（念仏の功徳）を他に与える菩薩行なのである。二人の心中は、二人を救おうとするさらなる菩薩行を生み出し、またそれらの菩薩行によって、二人の菩薩行が補完されたのである。

以上で、和辻の「問い」の一部には答えたことになろう。

（1）　本稿の第三節までは、吉田真樹「近世庶民仏教思想と和辻思想史図式の捉え直し（中）」（『思想史研究』一四号、日本思想史・思想論研究会、二〇一一年）を修正しつつ利用した。同（上）一二号・（下Ⅰ）一七号・（下Ⅱ）二二号による一連の流れから独立させ、本稿後半の『曾根崎心中』論のための準備的な考察として位置づけ直した。なお、和辻が『歌舞伎と操り浄瑠璃』で扱う説経刈萱については（下Ⅰ）・（下Ⅱ）で考察した。

（2）　坂部恵『和辻哲郎』（岩波書店、一九八六年）。

（3）　『歌舞伎と操り浄瑠璃』（一九五五年初出）の引用は、『和辻哲郎全集』第十六巻（岩波書店、一九六三年）に拠る。引用の際、必要に応じて頁数を示す。なお本稿では、和辻のいう「不思議さ」は、歌舞伎の浄瑠璃劇における「ノリ地」や「人形振り」のような特殊な技法のみを指すものではないと考える。

（4）折口信夫は「説経は江戸時代になると、浄瑠璃になつてゐるが、つまり、神佛の縁起を説く語り物である。」と端的に浄瑠璃の宗教性について述べている（「江戸時代の文学」『日本文学啓蒙』、『折口信夫全集』第十二巻（中公文庫版、一九七六年）五八頁）。

（5）『阿弥陀の胸割』（慶長十九年〔一六一四年〕に上演記録あり）は、阪口弘之校注の新日本古典文学大系本（『古浄瑠璃　説経集』岩波書店、一九九九年所収）に拠る。慶安四年（一六五一年）九月の草紙屋賀兵衛板を底本とする。

（6）『浄土三部経（上）』（岩波文庫、一九九〇年）一五四頁。

（7）『勝鬘経義疏』「正説　第四　摂受正法章」。日本思想大系『聖徳太子集』（岩波書店、一九七五年）一三九頁。

（8）馬淵和夫・小泉弘校注『三宝絵』（新日本古典文学大系『三宝絵　注好選』岩波書店、一九九七年所収）四五－四六頁。

（9）以上は、吉田真樹『平田篤胤――霊魂のゆくえ』（講談社学術文庫、二〇一七年）第四章と連絡する論点である。

（10）仏道修行者、即ち菩薩にとって、衆生が己れの身を捨てて救うべき存在であるということは、教説的な仏教においても繰り返し説かれてきた。例えば、和辻も指摘する『正法眼蔵随聞記』における捨身の強調などが挙げられる（『日本倫理思想史』第三篇第五章参照）。

（11）『歌舞伎と操り浄瑠璃』の原著は、『日本芸術史研究　第一巻（歌舞伎と操り浄瑠璃）』と題されていた。

（12）『日本倫理思想史』（岩波文庫版（一）、二〇一一年）一七－二〇頁。

（13）『人間の学としての倫理学』（岩波文庫版、二〇〇七年）九－一〇頁。

（14）個々のテキストとの対話によって倫理思想から倫理学に向かうべきであるということについては、相良亨『日本の思想』（『相良亨著作集5　日本人論』ぺりかん社、一九九二年所収）三六〇－三六九頁参照。

（15）和辻は「永い歴史の眼で見れば、時と処とに制約せられている倫理思想よりも、普遍的倫理を把捉したと称する倫理学の方が、かえって多種多様であるという結果をさえも生じている」と述べている（前掲『日本倫理思想史』（一）、二二頁）。
（16）吉田真樹「和辻哲郎における「文芸」と「道徳」」（『道徳と教育』三〇六・三〇七号、二〇〇〇年。誤植訂正版（https://sites.google.com/view/yoshidamasaki/page）を参照。
（17）和辻は鎌倉仏教を理解するために中国仏教、さらにはインド仏教に遡及したが、結局鎌倉仏教には戻れなかった（『日本精神史研究』「序言」、岩波文庫版、一九九二年、七－八頁）。
（18）和辻は遡及の果てに、信仰対象としての釈迦仏に行き着くのではなく、（もう一度逆流してか）龍樹の哲学的な理論ないし概念に着地した。ここが和辻の考えた普遍の在り処であった。菅野覚明「日本仏教の特殊性をめぐって」（『春秋』四〇〇号、一九九八年）を参照。
（19）竹内整一・窪田高明・西村道一編『日本思想史叙説4　古学の思想』（ぺりかん社、一九九四年）参照。
（20）佐藤正英『小林秀雄――近代日本の発見』（講談社、二〇〇八年）は、遡及的方法を極限まで用いて小林の論じた原典に遡及する。
（21）『風土――人間学的考察』では「日本的なる一つの恋愛の類型」を述べる中で、「徳川時代の文芸が好んで主題とした情死のごときも、単に精神的な「あの世」の信仰にもとづいたものではない。それは生命の否定において恋愛の肯定を示しているのである。恋愛の永遠を欲する心が瞬間的な昂揚に結晶するのである。」と述べていた（岩波文庫改版版、二〇一〇年、二〇七頁）。和辻の情死についての捉え方については、荒木夏乃「和辻哲郎の「情死」理解について」（『比較日本学教育研究センター研究年報』一二、二〇一六年）がある。
（22）『曾根崎心中』の引用は、山根為男校注の新編日本古典文学全集本（『近松門左衛門集②』小学館、一九九八年所収）に拠る。
（23）他方、近松を儒学と結びつける論者もいる。中村幸彦は、伊藤仁斎を代表とする同時代の儒学的文学観の中に近松を位置づけている（「文学は「人情を道ふ」の説」『近世文藝思潮攷』岩波書店、一九七五年所収）。また、栗原剛（「倫理学遠望――近世日本思想における信と知」『理想』六八五号、二〇一〇年、他）は、仁斎と近松を同時に視野に収める論者である。詳しくは本稿脱稿後に執筆した、吉田真樹「『曾根崎心中』の恋（上）」（『パラゴーネ』七号、青山学院大学比較芸術学会、二〇二〇年）を参照。

(24) 以上のように考えれば、しばしば見られるお初＝菩薩論（例えば、諏訪春雄『聖と俗のドラマツルギー』学藝書林、一九八八年、二一〇‐二一一頁）も全く無意味なわけではないことになる。

(25) 徳兵衛が自分の「脇差」によってではなく、お初の「剃刀」によって死ぬことを選んでいる点に注意。

(26) 阿弥陀仏の存在は、釈迦仏の説法中に示されたものである。浄土三部経を参照。

第十章　和辻哲郎の美術史研究をめぐって

原　浩史

一　はじめに
――和辻と美術史研究――

本稿の目的は、和辻哲郎の多様な業績のうち、美術史学の分野の、特に仏教美術に関する著作に関して、その美術史研究としての価値に光をあてることである。和辻の著書中、最も多くの読者を獲得した『古寺巡礼』と、初期の論集『日本精神史研究』所収のいくつかの論文を取り上げ[1]、現在の美術史研究の立場から見直してみたい。

美術史研究の分野において、和辻の『古寺巡礼』が取り上げられることはそれほど多くないが、必ずしも無視されてきたわけではない。和辻と同世代で「一緒に奈良の西の京や法隆寺を旅行したこともある」という美術史家・矢代幸雄は、昭和三十三年（一九五八年）に「この本の非常なる好評が日本の仏像鑑賞史の事実上の発端をな」し、「仏像に対して、あるいは西洋美術に養われたる眼を以つて、あるいは近代人として旺盛に持つようになつた人間的情覚をもつて、新しく見直す、というような風潮が、澎湃として我が知識人の間に起つた」とすでに指摘している[2]。また、仏教彫刻史の分野でも、上原昭一が「仏教彫刻の美」の教養主義的な鑑賞態度は『古寺巡礼』が植えつけたものと指摘。浅井和春も近代における仏像への眼差しの変化を論じる中で「大和古寺巡礼のブームを定着させた人物」として和辻を取り上げている[3]。

さらにこれらをふまえて、近代美術史の鈴木廣之は、『古寺巡礼』の影響力の大きさについて、「この書物はその後の仏教彫刻史の研究ばかりでなく、日本美術史学全体の展開にとっても見過ごせない役割を果たしたのではなかったか」と述べ、その影響力を二つの事実で具体的に示している[4]。一つは、戦中から戦後にかけて、井上政次の『大和古寺』、亀井勝一郎の『大和古寺風物誌』、竹山道雄の『古都遍歴—奈良—』と、いずれも美術史を専門としない著者による同種の本がいくつも出版されたこと。もう一つは、『古寺巡礼』が後の美術史研究者を生む一つの要因になったことである。すなわち、仏教彫刻史の分野で多くの業績を残した美術史家・町田甲一は、著書『大和古寺巡歴』の「あとがき」で、「私の「古寺巡歴」の端緒は、やはり和辻先生の『古寺巡礼』であった」と記し、自身の原点に和辻の『古寺巡礼』があったことを告白しているのである[5]。

一方、鈴木は『古寺巡礼』に「実をいふと僕には古美術の研究といふ事が自分にとつてわき道だと思はれるのだ」とあるのを引いて、和辻の目指したものが美術史研究とは違うものであったことも指摘している。町田が感じていた『古寺巡礼』への違和感も取り上げ、和辻の興味は文化、風土、民族にあり、「和辻が古美術に求めたのは、美術史的な解釈ではなく、異なる文化のあいだの諸関係を明らかにしてくれる証拠」だったというのである。

もちろん『古寺巡礼』は美術史研究の書ではない。しかし、この書には美術史研究と同じ視点で、美術史研究が問題とするべき問題が論じられた部分もある。また、『日本精神史研究』には、明らかに美術史学の範疇に含むべき論文が収められている。

以下、鈴木も取り上げていた町田甲一の『大和古寺巡歴』を手がかりに、『古寺巡礼』を美術史研究の視点で見直すところから始めたい。

二　町田甲一の和辻批判

仏教美術史の研究者が、学術的な著作で和辻を取り上げることはあまりない。先に言及した上原や浅井の論考も、和辻の美術史研究としての学術的価値については論評していない。そうした中にあって、町田の『大和古寺巡歴』は、『古寺巡礼』を美術史家の視点で正面から批判した希有な書である。これは、同書が一般読者に向けた著作であったためでもあるが、大学の同級生であった中国絵画史の鈴木敬に「学生時代から論争好き、悪くいえば喧嘩好きであった」と評された(6)町田の性格によるところも大きいだろう。

町田甲一は、大正五年（一九一六年）、東京生まれ。昭和十七年（一九四二年）四月に東京帝国大学文学部美学美術史学科に入学し、和辻の同僚でもあった西洋美術史の児島喜久雄に師事した。『大和古寺巡歴』が講談社学術文庫として再刊された際の「まえがき」には、「私は、戦時下の大学で和辻先生の講筵の末席にあった」と記しており、学生時代には和辻の講義を受講。同書には、『古寺巡礼』の中で和辻が絶賛している聖林寺十一面観音像の造形を、町田が手酷く批判したことに関して、「晩年の和辻哲郎は、聖林寺の観音の評価に関して再検討の必要のあることを認め、「そういわれれば、そうかなあ」と私に洩らしていた」との逸話も載り、晩年まで交友のあったことが知られる。

そもそも『大和古寺巡歴』を執筆した町田の念頭には、常に和辻の『古寺巡礼』があった。学術文庫版『大和古寺巡歴』の「まえがき」は次のように始まる。

> 和辻（哲郎）先生が、戦後、二十八年振りに戦前の名著『古寺巡礼』の改版を上梓された時（一九四六年）に、いろいろ苦慮されたことを「改版序」にのべられている。今回、小著『大和古寺巡歴』が、講談社の「学術文庫」に入れられることになり、その改訂をもとめられて、事情は和辻先生の場合と異なるところもあるけれども、私もまた大いに苦渋した。……
>
> 和辻先生の『古寺巡礼』は、御自身明記はされていないが、書名から察せられるように、先生の念頭にはブルクハルトの名著『チチェローネ』があった筈である（しかしその内容も、執筆の態度も記述の形式も、全く異なっている）。私もまた、旧著の筆を執るにあたっては（一九七六年）、念頭に和辻先生の『古寺巡礼』があり、ブルクハルトの『チチェローネ』があった。

実際、町田は同書の中で、和辻の『古寺巡礼』をたびたび引用している。東大寺法華堂（五三―五四頁。文庫版の頁数。以下同じ）、法華堂不空羂索観音像（六〇頁）、東大寺観音院（八四頁）、薬師寺東塔水

煙の飛天（一四五頁）、薬師寺金堂薬師三尊像（一四九頁、一五一頁）、唐招提寺旧講堂木彫群（一七八頁）、法隆寺南大門・中門（一八五―一八六頁）、法隆寺百済観音（二三一頁）、法隆寺夢殿救世観音（三〇四頁、三一五―三一七頁）、中宮寺（三二一頁）、法華寺十一面観音像（三三七―三三八頁）とほぼ全編にわたっている。

図１　観音菩薩立像（救世観音）（奈良・法隆寺東院夢殿）

これらのうち、町田が和辻を最も厳しく批判しているのが、夢殿救世観音（図１）の箇所である。和辻は秘仏であった救世観音を「発見」したフェノロサの「モナリザの微笑に似なくもない」との発言を引用した後、次のように述べている。

　このフェノロサの発見は我々日本人の感謝すべきものである。しかしその見解には必ずしも悉く同意することが出来ない。例へばこの微笑をモナリザの微笑に比するのは、正当でない。なるほど二者は共に内部から肉の上に造られた美しさである。さうして深い微笑である。しかしモナリザの微笑には、人類のあらゆる光明と共に人類のあらゆる暗黒が宿つてゐる。我観音の微笑は冥想の奥で得られた自由の境地の純一な表現である。……

モナリザの生れたのは、恐怖に慄へる霊的動揺の雰囲気からであつた。人は土中から掘り出された白い女悪魔の裸体を見て、地獄の火に焚かれるべき罪の怖れに戦慄しながらも、その輝ける美しさから眼を離すことが出来ないといふ時代であつた。しかし夢殿観音の生れたのは、素朴な霊的要求が深く自然児の胸に萌し初めたといふ雰囲気からであつた。そのなかでは人はまだ霊と肉との苦しい争を知らなかつた。彼らを導く仏教も、その生れ出て来た深い内生の分裂からは遠ざかつて、むしろ霊肉の調和のうちに、――芸術的な法悦や理想化せられた慈愛のうちに、――その最高の契機を認むるものであつた。だからそこに結晶したこの観音にも暗い背景は感ぜられない。まして人間の心情を底から掘り返したやうな深い鋭い精神の陰影もない。たゞ素朴にして、しかも云ひ難く神秘なのである。この相違はモナリザの微笑と夢殿観音の微笑との間に明かに認められると思ふ。

町田はこれに対し、フェノロサと和辻の二人をまとめて「いずれにしても、美術史的な記述とは本質的に異なるものであり、きわめて主観的文学的哲学的観照であって、正しい美的観照、古美術を正しく理解しようとする観照態度ではない」と批判する。「もちろん、このすぐれた救世観音の像から受けた彼等の率直なる印象の文学的哲学的表現として、その価値を否定するものではないが、作者の作因、美的意図を無視したり、それらを越えて、観照者のきわめて主観的に誇張された……感情をもって、極端な受け取り方をしているものとして、私はそのような観照方法、観照態度は、正しい芸術観照の方法、態度として認めない」と言うのである。

これと同様の批判は同書の中で繰り返されている。竹山道雄『古都遍歴』の法隆寺中門に関する記述を批判する際にも「和辻哲郎、亀井勝一郎、井上政次といったような人たちの書いたものを、一つの文学的作品、思想的作品として味わい評価するのならばいいけれども、……芸術観照、古美術理解の正しい態度、方法とでも受け取られるならば、……明らかに誤りである」と述べ、文庫版の「まえがき」には、「『古寺巡礼』は、和辻先生の古美術についての美術史的な観照を展開されたものではなく（先生自らも「学問の書ではない」と断られている）、奈良の古美術によせて先生の自由な文学的哲学的随想を述べられているのだ、と受け取るべきであろう」と書いている。

確かに『古寺巡礼』は学問の書として書かれたものではないし、主観的・文学的と呼び得るような鑑賞態度が随所に見えることも確かである。しかし、亀井らの著書と一括りにして批判するのは少々乱暴だろう。次章で示すように、『古寺巡礼』には明らかに「美術史的な観照を展開」した部分がある。

三　美術史的な観照
――法華寺本阿弥陀三尊及び童子像――

亀井勝一郎が『大和古寺風物誌』に戦後になって付け加えた「書簡――古都の友へ」には、次のような箇所がある。(7)

僕は時々陶器蒐集家として著名な或る友人を訪れ、様々の陶器をみせて貰ふのだが、僕はそれらを比較し鑑賞する。必ず比較するのだ。この比較癖が頑固な習性となつて、僕らの信仰や愛情を知らず知らずの裡に歪めてゐるのではなからうか。一つの茶碗を熱愛し、この唯一つにいのちを傾けるだけの時間をもたぬ。他の二三の茶碗を手にとつて、素早く比較し、比較において味ふという態度には、近代人の致命的な弱点がひそんでゐるのではなからうか。

亀井は博物館を「愛情の分散を強ひるやうにつくられた近代の不幸」と呼び、像の比較を拒絶する。同書「東大寺」「不空羂索観音」の章でも「美術の様式論をもつて仏像を鑑賞するといふ当世流行の態度が、一切を誤つたと云へないだらうか」と述べ、様式論＝美術史研究的な視点にきわめて否定的である。他方、井上政次も『大和古寺』で、救世観音について「此の像は決して、それが北魏式だとか止利式だとかいふ様式論などで片付けらるべきものではない。これは宗教的帰依のところへまで観照し込まれて、はじめて全く観照されたといひ得るたちのものなのである」と述べている(8)。

これらは、和辻以降盛んになった近代的な仏像の見方への反動とも言うべきものだろう(9)。では、和辻は宗教美術とどのように対峙したのだろうか。和辻は信仰と観照との関係について、博物館で法華寺本阿弥陀三尊及び童子像（図2）を観る場面で次のように述べている。

もし我々の心に「阿弥陀浄土」への願望が生きてゐたら、この画の色と形が我々に印象するところは、もつと強く烈しいに相違ない。偉大な芸術はいかなる国のいかなる人の心をも捕ふべき筈

図2　阿弥陀三尊及び童子像（奈良・法華寺）

であるが、しかし小供が名画に対して強い感動を持たなかつたからと云つてそれを怪しむ人はない。その如く仏徒の心情に就て小供であるものが、仏徒の心情と離すことのできないこの画に対して、充分の感動を持ち得ないのも不思議はない。僕はこの画に対する親しみのうちに、漠然とではあるが、なほこれ以上の感動の余地のあることを感ずる。が今は主として「画」を見てゐるのである。仏を感ずる心がかすかに動いてゐるにしても、それは中心の力となるほどではない。僕は単に「画」としてこの画に対する。さうしてそれ以上にさま〴〵の聯想の快感を味ふ。

ここに和辻の謙虚で、かつ自由な観照態度が示されていると思う。そもそも『古寺巡礼』での和辻はその書名に反して、しばしば作品を博物館で観ている。(10)『大和古寺風物誌』に博物館が登場しないのとは対照的である。そして、この法華寺本阿弥陀三尊及び童子像こそ、『古寺巡礼』において、和辻が特に美術史的に観照している作品である。当該部分を引用しよう。

がそれはそれ丈として興味は他へ移つた。法華寺三尊は藤原初期の作とせられてゐる。しかし第一に、中尊と左右とは著しく時代を異にしてゐはしないか。第二に、これが光明皇后の枕仏であつたといふ寺伝は、もつと顧みて然るべきものではないか。

中尊と左右とが時代を異にするといふ観察は、僕にとつてはまづ直接の感じとして起つた。……第一、線の感じが非常に違つてゐる。例へば雲である。中尊の乗つてゐる雲は、その柔かい、ふうわりとした性質が、潤ひのある鉄線で以ていき〳〵と現はされてゐる。しかし童子や観音勢至などの乗つてゐる雲は、感じの薄い、型に堕しかけた線でかなり固く描かれてゐる。二十五菩薩来迎図の雲のやうにひどくはないが、しかしその方向に進みかけてゐるといふ感じはある。衣の線などでも中尊の含蓄の多い（即ち描かうとするものに奉仕する度の深い）線に比べて、両脇のは筆端の遊戯がかなり目に立つ。次には色の感じである。中尊に於ける簡素な調和は左右には認められない。色彩の好みもかなり違ふやうに思ふ。確かにそこには製作者の精神の相違が感ぜられる。次には構図の相違である。左右は動いてゐる。中央は静止してゐる。さうしてこの静止した阿弥陀を雲に乗せたまゝ動かして行かうとする注意はどこにもない。このやうな統一を欠いた構図が、中尊を描き得た画家の心から生れやうとは思へない。――

……或画家は僕に向つて定説であるかのやうにかう云つた。左右は浄土教が流行し始めてから附けたものです。一尊仏だつた弥陀を来迎の弥陀に変化させたのです。御覧なさい、あの印相は来迎の印相ではない。――なるほど来迎の印相ではない。ところが山越の弥陀もこの弥陀と同じく、来迎の印を結ばずに説法の印を結んでゐる。印相は確証には出来ない。しかしこの画家の言葉の前半は真実ではなからうか。さうしてその理由としては僕の挙げたやうな事実を挙げるほかないのではなからうか。

そうして和辻は「左右が藤原初期に附けられたものだといふことは、童子を見ても明か」とする一方、中尊の年代を古く遡らせようとする。「僕はこの阿弥陀像が臨終の床にある光明后の瞳に映つてゐたといふ空想を正当のものたらしめるために強てこの画の時代を古くしやうとする。しかしいろ〳〵にコヂつけては見ても、法隆寺壁画とこの画との間にあるあまりに大きな巨りが、僕の勇気を沮喪させる」と言い、結局、製作年代は「百済河成巨勢金岡などの時代、若くはそれよりあまり古からぬ時代」（すなわち九世紀）と結論付けている。ただ、「この画像は何らか天平時代と関係のあるものであらう」とも言い、光明皇后の臨終本尊の写しとみなすのである。

まず「線の感じ」・「色の感じ」の相違、「構図の相違」によって、中幅（阿弥陀幅）と左右幅（観音・勢至幅と童子幅）との年代差を指摘。線については「二十五菩薩来迎図」と比較。阿弥陀の印相、すなわち図像にも目配りして「山越の弥陀」と比較している。[11] 願望が入り交じりつつも、自身の観察、他の作例との比較によって年代などを推定する手法は、まったく美術史学の手法と言って良いだろう。

しかも、管見の限り、『古寺巡礼』以前に、作風の相違によって中幅と左右幅との年代差を指摘した研究はない。明治三十五年（一九〇二年）の『真美大観』は、「三幅の幅員各々相同じからざるより察すれば、是れ或は阿弥陀来迎図幅などの年を経て毀損し、一部の僅に残れるを改装したるものなる可し」と、三幅が当初からの一具ではないとするが、年代についてはいずれも「藤原時代（西暦第十一世紀の初頃）の作品」として年代差は認めない。同三十七年（一九〇四年）、『国華』一六七号掲載の作品解説も三幅は同時同筆とし、時代は「弘仁初期」とする。また、同四十一年（一九〇八年）の『東洋美術大観』に解説を書いた大村西崖は、「三幅別々の物」か「或は観音、勢至図は更に他の幅ありて、一層大規模の聖衆来迎図」かとして断定を避け、「恵心僧都に先だちて浄土教思想の滂湃を始めし頃の作」とする。また、同四十三年（一九一〇年）の『特別保護建造物及国宝帖』の解説も三幅同時とし、異筆と見えるのは、「同工異曲」を目指しながら「未だ技芸に徹底せざる」ためとする。[12]

もちろん、和辻の記述が美術史研究として十分でないことも間違いない。大正十五年（一九二六年）発行の『法華寺大鏡』（『南都七大寺大鏡』）と比較してみよう。[13] 同書はまず中幅について、「像の肉身は黄土を塗り、朱線をもつて劃す、螺髪は群青彩色、衲衣は表は朱で彩りより濃い朱線で全面に卍繼ぎ文様を描く」などと詳細に記述し、画面上方の色紙形に記された墨書にも言及。像が「画面一杯に拡がつて甚だ大きく描かれて居る」点、「平安朝初期」の広隆寺講堂像と同じ印相、法隆寺金堂壁画や勧修寺繡帳にも見られる朱衣を纏う点などを指摘して、中幅を「古様」と指摘。続いて二菩薩・童子についても中幅と同様に「描線朱墨、肉身胡粉、頭髪群青、瓔珞鐶釧金泥」などと記述した後、中幅と左右幅との相違点として、中幅が抑揚肥痩のまったくない鉄線で描かれるのに対し、左右幅の描線には裳などにしきりに肥痩が用いられていること、左右幅は金泥を用いて文様を描いていること、台座と雲の描き方の相違などを指摘。これらをふまえて、中幅と左右幅とは作者が異なるものと結論。いずれも藤原時代の製作とし、年代差については「判じ難い」としつつも、左右幅が「多少後れて作られたか」と推定している。

作品記述の詳細さ、比較作例の豊富さにより、和辻よりも客観的で説得力を持った論述と言える。その後の研究史を簡単に追うと、戦前には中幅と左右幅の異時成立を支持する研究者が多かったが[14]、戦後、亀田孜《つとむ》が筆致・彩色法の相違は認めつつ、絵絹の幅及び組織に大差がないことなどを根拠に同時異筆を主張[15]。柳澤孝《たか》も同じく同時異筆を主張したが、中尊髪際の緑青線、角張り整然とした卍繋ぎ文、色紙形の墨書などから製作年代を下げて鎌倉時代のものとし、泉武夫や谷口耕生もこれに賛意を示している[16]。他方、中野玄三は製作年代を鎌倉時代と認めつつ、運動感・絵絹・顔料の相違を根拠に異時説を主張[17]。山本陽子や安藤香織はこれを支持する[18]。

現在、法華寺本の製作年代を「藤原初期」と考える研究者はおらず、和辻の論が「時代遅れ」なのは間違いない。しかし、中幅と左右幅が同時に描かれたものか否かは現在でも議論のある問題であり、両者の描き方に相違があることは定説となっている。もちろん、和辻の書きぶりから、当時にあっても、作風の相違にもとづく異時成立説が和辻独自の見解ではなかったことが分かるが、それも含めて『古寺巡礼』が法華寺本研究史において注目すべき著作であることは間違いない。しかも、山本陽子は「光明皇后御臨終仏」との伝承を生かして、同画像が同寺で行なわれていた光明皇后追善往生講で用いられていたと推測している。画像を光明皇后に何とか結びつけようとした和辻の着想も、ここに継承されていると言ってよいのではないだろうか。

四　感受性と客観性
――美術鑑賞の微妙な範囲――

続いて『日本精神史研究』所収の仏教美術史に関する論考を取り上げたい。これらも美術史研究の分野では取り上げられることの少ないものである。和辻は何を目指し、それは現在の美術史研究にとって、どのような意義を持つのだろうか。

まずは、大正十一年（一九二二年）七月の『思想』十号に掲載された「推古時代に於ける仏教受容の仕方について」を見よう。この論文は、仏教伝来当初、それがどのように理解され、信仰されたかを問題にする。和辻は当時の仏教理解について、浅薄であっても彼らなりの理解があり、当時造られた仏像も決して単なる模倣芸術ではなかったと主張。彼らは、微笑する弥勒や観音の像の「幼児を愛する母の表情」、「無垢なる少女の天真なほゝゑみ」を、法の世界の象徴として憧憬の対象とすることを初めて学び、「生の悲哀の故にひたすらに母なる「仏」に縋り寄」ったという。この「悲哀と憧憬との結晶」として見た時、「法隆寺の建築や、夢殿観音、百済観音、中宮寺観音などの仏像は、彼らの創作として最もふさはしい」と言うのである。

和辻は『古寺巡礼』で「しかし夢殿観音の生れたのは、素朴な霊的要求が深く自然児の胸に萌し初めたといふ雰囲気からであつた」と述べ、町田はこれを「主観的文学的哲学的観照」と批判していた。他方、鈴木廣之も和辻の世代が「個々の美術をそれがもつ歴史的あるいは慣習的な文脈からやすやすと切り離し、彼ら自身の創造の文脈のなかに移すことができた」とする。しかし、むしろ和辻は夢殿観音の様式に、飛鳥時代の人々が理解したところの仏教が反映していると考え、その理解にもとづいて像を見ようとしていたのではないだろうか。

渡辺和靖は、和辻の日本研究について「彫刻あるいは絵画という形をとって現れた線や表情のうちに時代の精神を読みとり、さらに再びそれらを精神史の展開のうちに跡づけるという、野心的で独創的な試み」であったと指摘し、そうした「精神史的方法」の成果として『古寺巡礼』を評価している。[19]『日本精神史研究』の諸論考は、書名の通り、この方法を一層追求したものと言えるが、過去の美術をその歴史的な文脈において理解しようとする姿勢も、より明確になっている。問題はその主張の説得力である。町田が「主観的」と断じたように、少なくとも『古寺巡礼』の救世観音に関する記述は客観的とは言い難い。「推古時代に於ける仏教受容の仕方について」も、推古彫刻が「単なる模倣芸術でない」ことには同意できても、その造形を「悲哀と憧憬との結晶」と見るべきかは、個人の感受性にゆだねられるように思われる。

個人的主観的な感受性が議論の要点として表へ出てくる時、その議論が客観性を欠き、説得力を失うことは、岩波文庫版『日本精神史研究』に解説を書いた加藤周一がすでに指摘している。[20]加藤は「白鳳天平の彫刻と万葉の短歌」を取り上げ、そこに「感じる」の語が多用されることを指摘。議論の説得力が「感じ方の共有」に帰されていることを批判している。

「白鳳天平の彫刻と万葉の短歌」は、大正九年（一九二〇年）二月の『歴史と地理』五巻二号に掲載された、『日本精神史研究』所収論文の中で最も執筆時期の早いものである。この論文でも和辻は、天平彫刻が外来のもので「我々の民族の芸術ではない」とする通説に対し、「当時の国民の実生活から遊離したものでなかつた」と主張する。そして、万葉の歌の変遷を分析して仏教美術のそれと対照させ、そこに「同一の精神生活の表現」を見ることで、これを論証しようとするのである。その論証の妥当性についてはここでは検討しない。注目したいのは、この論文が、中国と日本の仏教美術について、「様式は同一でありながらなほ各の時代の日本人自身の心のリズムを表現してゐる」が、「この問題は美術鑑賞の微妙な範囲にはいつて行く」ため、「論証するには難かしい」と述べていることである。その後の和辻はこの「美術鑑賞の微妙な範囲」に明らかにふみ込んでいる。

大正十一年（一九二二年）五月の『思想』八号に初出の「仏像の相好に就ての一考察」は、「東洋各国の各時代の仏像」は「各その特殊な美を持」ち、そこに「厳密な様式伝統の束縛に拘はらず、なほ芸術家が自由に働き得た「余地」を、発見し得る」と指摘。その「余地」の一例として、白鳳天平期の仏菩薩像の作家が、嬰児の清浄な人体の美しさを捉え、これを成長した人体に生かすことによって彼らの仏や菩薩を創作したと主張する。これは明らかに「美術鑑賞の微妙な範囲」の問題だろう。

和辻は、推古朝の仏像と白鳳天平期の仏像のかたちを比較して、後者の作家が「嬰児を通じて仏を現はさうとした」と論じ、インド・中国の仏像と日本の白鳳天平期の仏像のかたちを比較して、後者は「嬰児の美を生かせる点に於て決して原本的であるとは云へぬが、しかもそれを純粋に生かせ、それを強調し、そこから特殊な美を造り出した」とする。議論の一部を引用してみる。

嬰児と仏像とはどういふ風に似てゐるか。先づ著しいのはその眼である。推古仏の眼は比較的

図3　十一面観音菩薩立像（奈良・聖林寺）

単純な弧を描いてゐる（夢殿観音、百済観音、法隆寺金堂釈迦及び薬師）。やゝ複雑な曲線を描くものでも、顔全体に対するその釣合が普通の人間のそれに近いために、その曲線を際立つて感じさせないか（中宮寺観音）、或は感じさせてもそこには柔かい感じを欠くか（広隆寺観音）である。これらには嬰児のそれと比較すべき何物もない。然るに白鳳以後の仏像（薬師寺三尊、同聖観音、三月堂本尊、同両脇侍、聖林寺十一面観音、等）になると、上瞼の線はあの、初めに隆起して中程に沈み、再びゆるやかに昇つて眼尻に至つてまたゆるやかに降るといふ複雑な曲線になり、それをうける下瞼の線も、長い流動を印象する微妙な彎曲を以て、鋭い眼尻のはね方まで一気に流れて行く。さうして眼の「長さ」を特に強く人に印象する。……眠れる嬰児の眼の、あの生々《うひ〳〵》しく微妙な、長い、新鮮な明白さを持つた曲線は、やゝ成長した子供、少年、或は大人《おとな》の眼に見られると同じき曲線でありながらも、たゞその、後には失はれるところの、柔かい、新鮮な明白さの故に、他に見られない清浄と端正との印象を与へる。それは確かに仏像そのまゝである。こゝに於て自分は、逆に、仏像の眼の清浄と端正とが実は嬰児のそれを借りたものではないかを思ふのである。

加藤周一は「幼児の寝顔と仏像の相好との間に共通の美しさを見た」点に和辻の鋭い感受性を見るが、仏像と嬰児とがよく似ている、と感じることは、古代の仏像を見慣れた者にとって、それほど特異なこととは思われない。しかし、嬰児に仏像との類似を感じることと、仏像の作家が「嬰児の美」を生かして像を創作したと主張することの間には大きな飛躍がある。和辻の特異な点は、あくまで具体的なかたちに依拠し、時代や場所を異にする作品の比較にもとづいて、この点を詳細に論じたことにある。これは間違いなく美術史学の手法である。

とはいえ、和辻の主張に同意できるかといえば、それは別の問題である。百済観音や中宮寺観音（菩薩半跏像）は、現在の美術史研究では「推古仏」ではなく、白鳳期の作と考えられており[21]、議論の前提にも問題がある。ただ、それ以前に、こうしたことが果たして「論証」し得るものなのか、少なくとも何らか文献等の傍証が必要なのではないか、疑問を感じざるを得ない。それにしても、自ら「論証するには難かしい」と指摘していた部分に和辻が議論を進めたのはなぜなのだろうか。

五　芸術史の方法と仏の理念

『日本精神史研究』から最後に見るのは「推古天平美術の様式」である。この論文は、推古様式から天平様式への展開を問題にする。和辻はここでも天平様式を初唐及び盛唐様式の輸入・模倣によって説明する通説を批判し、当時の日本の特殊性は東アジアの一つの文化潮流内における地方的・民族的特殊性として理解すべきで、推古様式から天平様式への展開は、六朝様式から初唐様式への展開の特殊化にほかならないとする。

ではその展開は具体的には如何なるものであったか。和辻は彫刻・絵画・建築のすべてに言及するが、主として論じられているのは彫刻である。百済観音と戒壇堂四天王や三月堂月光菩薩との比較を具体例として挙げながら、推古彫刻は「人体を形作る線及び面が、人体の形を作ることを唯一の目標とせず、それ自身に独立の生命を持つてゐる」のに対し、天平彫刻は「人体を形作れる線や面は、人体の輪廓、ふくらみ、筋肉や皮膚の性質、更に衣の材料的性質やそれに基く流れ方皺の寄り方、衣と体との関係などを、忠実に表現することを目ざし、この目標と独立にその生命を主張することはない」とする。ただし、人間の形を手段として「内より表現を迫る精神的内容が最奥の製作動機」であることは両者共通し、「推古彫刻がその直接の精神的表現のために特殊の抽象的な線や面を択び出すに対して、天平彫刻は特殊の写実的形象を択び出し、それを手段として用ゐる」点が相違するという。和辻によれば、「天平の彫刻家は、現実の人間の姿の内に「理想の姿」を直視するのではない」。理想は決して姿となり得ず、姿は象徴に過ぎないからである。そのため、「象徴としての姿〔は〕、具体的な一つの現実の姿からではなく多くの現実的の姿から、理想の標準のもとに択び出され構成されたもの」であるという。そして次のように結論する。

以上の如く考へれば、天平様式の根柢には、その Sehform〔視覚形式〕を支配する仏の理念を考へねばならぬことが明かとなると思ふ。さうして推古様式〔から天平様式〕への展開も結局仏の理念についての理解の推移と平行的に考へ得らるゝと思ふ。これはやがて日本に於ける仏教思想史の題目であるが、自分の乏しい知見を以てすれば、美術の様式と思想的或は宗教的理解とは確かに相関の関係にあり、両者の根柢に時代精神を想定することは決して困難ではないと思ふ。

和辻の時代精神への関心が、ここでは一層明確になっている。この論文は、大正十四年（一九二五年）に刊行された『天平芸術の研究』（『仏教美術』第五冊）掲載の「天平美術の様式（未定稿）」を改稿したものである。その末尾には、「この一篇は曾て試みに日本美術の様式発展を講じた際の草案の一部であつて、未だ充分に考究を尽くしたものとは云へない。源君の熱心な勧誘により同じ題目を新しく考究して見ようとして果さず、止むなく旧稿を発表すること、とした」との付記があるが、「源君」とは研究雑誌『仏教美術』で主幹を務めていた美術史家・源豊宗を指す。この論文は、源の依頼によって、仏教美術史の専門誌に掲載されたものなのである。また、「草案」とは、大正十二－十三年（一九二三－一九二四年）頃の執筆とされる和辻の講義ノート『日本芸術史』（国立国会図書館蔵。二冊）を指している。この講義ノートは、既発表の諸論考を各所に組み込み、和辻が日本美術史を最も体系的に論じたものである。

ノートは序論と本論からなり、序論ではヴェルフリンの理論に依拠しつつ、それに当てはまらない東洋美術の特質を論じ、本論では、彫刻・絵画・建築に文学を加え、飛鳥時代から平安初期までの様式展開とその背後にある時代精神を論じている。[22] ただし、平安初期は彫刻のみやや詳述し、絵画・建築は作例を挙げるのみなので、未完と見るべきものである。その内容は多岐にわたるが、ここでは「天平美術の様式」の原型となった部分についてのみ取り上げたい。

公刊された論文と比較してこのノートの興味深いところは、具体的にどのような作例にもとづいて和辻が立論しているのか、時代ごとに作品が列挙されていることに加え、推古様式から天平様式へ「仏の理念」がどのように変化したか、美術の外側の史的状況を含めてより具体的に述べられていることである。やや長文になるが、後者の当該部分を引用する[23]。

我々は前に推古様式の最奥の根柢として〝神秘〟と〝慈悲〟とを取り出した。この両者は勿論仏の理念の内に含意される。しかしたゞその一面であつて仏の全面目ではない。前に〝仏教受容の仕方〟について論じた如く、仏から主として〝神秘〟と〝慈悲〟とを感ずるのは、母のふところを求める子供の心、自然人的な無限への憧憬である。今や、仏の哲学的内容は非常な熱心を以て探求せられて来た。大化改新以来、学問僧が仏教哲学の攻究につくした力は、まことに我々をして驚嘆せしめるものがある。三論、法相の受容を経て、天平の初めには華厳の研究さへも盛んであつた。この大勢が何時までも自然人的な憧憬の心を以てのみ、外から仏に縋りついてゐる筈はない。たとひ一般の民衆に於て、依然として最初のまゝの祈禱教として続いてゐたにもせよ、択ばれたる人としての彫刻家には、仏教の哲学的内容が浸み込んで行つたらう。況んや行基の宗教運動が示してゐる様に、一般民衆すらもはや昔のまゝでなく、深く仏教の思想動機に浸つたらしく思へるに於てをやである。こゝに於て我々は、当時の作家を動かした仏の理念が、大乗仏教の荘大な哲学的建築中に現はされてゐる如き、荘厳にして偉大な、無限の権威と力と慈悲との源泉なる、又あらゆる真と善と美との源泉なる、清浄そのものとしての仏、――しかもその仏の本質は、涅槃の具現者である、――かくの如き仏の理念であつたらうことは疑を容れぬ。[24]𦬇の理念もほゞ同様である。観音経を見よ。推古様式が極めて一面的な美を表現するに対し、天平様式が豊満な、自由な美を表現する所以は、究局的には上の点に帰着するであらう。（例へば、夢殿観音、中宮寺観音等を東院堂聖観音、三月堂日光、聖林寺十一面観音等と比較せよ。）

かく解すれば仏𦬇の像以外の諸天諸神の像が像が《マヽ》著しく発達した所以も解し得られやう。法隆寺金堂の四天王は古朴なよき作品であるが、それは四天王としての意味を提示するけれども、その意味を形の上に現はしてゐるとは云へぬ。然るに三月堂の四天王、戒壇院の四天王となれば、仏の世界の威厳を部分的に表示する四つの威力が、それぞれ具体的な形に表現されてゐる。そは推古様式の根柢たる〝慈悲と神秘〟とが天部の像に於て表現さるゝを要せず、又表現さるゝに不適当なものであつたに反し、白鳳天平様式の根底たる仏の世界の理念は、その威厳と力と慈悲とのあらゆる方面に於て豊富な表現を必要としたからである。人体の姿に現はるゝもののうち、この仏の世界の理念を表現するにふさはしいものは、凡て択び出されて具体的な形に作り上げられた。嬰児の姿に於て仏体構成に必要な諸要素が見出されたと同じやうなことが、他の諸方面、男性的な力、筋肉の緊張、森厳な顔の表情などに於ても行はれた。しかしこの時代にはなほこれらの種々の姿を択出する標準として仏の世界の理念が力強く働いてゐる。中心は理念にあつて姿にはない。この関係がやがて次の時代には変つてくるのである。

引用部分の後半、法隆寺金堂四天王（図4）と、三月堂や戒壇堂の四天王（図5）とのかたちの相違

図4　四天王立像（増長天）（奈良・法隆寺金堂）

図5　四天王立像（増長天）（奈良・東大寺戒壇堂）

の理由が、当時すでに仏教理解の深度によって説明されていたことは注目に値する[25]。また、公刊時には、引用部分の前半にあった三論・法相両宗の受容や行基の活動など、仏教史的な記述は省略され、代わりに「白鳳天平時代の仏教思想に就ては南都六宗に於ける熱烈なる学問的研究を理解するを要する」との注記が加えられる。この変更は、『日本精神史研究』の序言にあるように、和辻が日本の仏教思想の特殊性に対する理解不足を自覚したことによるのかもしれない。しかし、別の要因も講義ノートから読み取ることができる。それは序論の次の箇所である。

　しかし芸術史の問題としては、他の方法、即ち宗教史、思想史等の助けを藉りてその時代の精神を明かにし、それによつて〃何を表現せんと欲したか〃を規定し、そこからSehformを明かにして様式の根柢を確立するといふ様な方法は避けねばならぬ。美術である以上それはまづ最初に〝見られ〟ねばならぬ。さうして様式の根柢をば先づSehformに求めねばならぬ。このSehformが、西洋のそれと違つて、Kunstwollenと引離し難いものであるならば、Sehformを明かにするといふ道によつて直ちにKunstwollenを明かにし得るであらう。さうしてそこから、この種の作品の根底にある精神内容が把捉さるゝに至るであらう。……芸術の最奥の根柢たる精神はやはり芸術自身の中から求められねばならない。時代精神といふ如きものは、宗教、哲学、芸術等に現はれた精神の綜合として考へらるべきであつて、先づ時代精神を知りそれによつて芸術の精神を理解せんとするのは、前後を顚倒せるものと云はねばならない。(26)

和辻はここで、「芸術史の問題」はあくまで芸術自身によって論じるべきであり、宗教史や思想史の助けを借りることは避けるべきだと主張している。公刊時に、仏教史的な記述が省略された背景にはこうした和辻の姿勢が関わっているのではないだろうか。

先に取り上げた「白鳳天平の彫刻と万葉の短歌」には、「仏教美術が上代人の心を捉へた記録は、続紀の内にも随処に見出される。日本霊異記は史料としての価値の乏しいものではあらうが、仮構談として見ても、当時の民衆に仏像の美に対する感受力のあつたことを証するものとしては十分である」と言いつつ、「なほ一歩を進めて、創作の側からも、当時の仏教美術が時代の心生活と関係あることを証したい」とある。ここで言う「創作」は歌のことだが、その二年後、和辻は本格的に彫刻を論じるようになるのである。そしてそこでは、『続日本紀』や『日本霊異記』といった文献史料へ言及が、おそらくは意図的に避けられている。「仏像の相好に就ての一考察」や「推古天平美術の様式」は、芸術自身によって芸術の精神を求める、和辻による芸術史の実践であったと捉えられるのである。

六　おわりに

和辻の美術史研究は『古寺巡礼』から各論文へと進んだが、その関心は早くから「様式の根柢」である各時代の仏教理解、仏の理念にあった。そして、自身が目指す芸術史の方法論をその論文で実践した。その和辻の独特の研究手法は、あらためて注目すべきものである。ただし、その説得力は十分とは言い難く、学説として受け継がれることもなかった。しかも、和辻の仏教美術史研究は、そこでその歩みを止めている。「天平芸術の様式（未定稿）」も、結局「殆んど未定稿の如き状態のまゝで」（序言）、他の論考とともに『日本精神史研究』に収録され、和辻の『日本芸術史』が完成することはなかったのである。

美術はまず「見られ」ねばならず、芸術の根底にある精神は、芸術自身の中に求めなければならない、とする和辻の主張は、美術史学の立場からすればまったく正当である。しかし、その実践は和辻自身も指摘していたようにそれほど容易ではない。仏教絵画史の林温は「美術史の基本は様式分析と図像学である」としつつ、様式分析の難しさについて「あくまでも蓋然性に留まらざるをえないし、論者の感性がどこまで普遍的な共感を得られるかも不確かではある」と書いている[27]。議論の要点が「感じ方の共有」に帰されることは、美術史学では避け難い。重要なのは、その中で如何に説得力のある様式分析を行なうかである。あくまでかたちにもとづき、平明な日本語で語った和辻になお足りなかったものを考えることは、意味あることだろう。

一方、和辻の著作を美術史学の研究史上に本格的に位置付ける仕事も、今後に残された課題である。特に日本の彫刻史研究の歴史を考えるにあたっては、和辻が与えた影響について詳細に検討する必要がある。例えば、昭和二十六年（一九五一年）に刊行された国立博物館編『ミューゼアム』三号は飛鳥彫刻を特集しており、上野直昭、小林剛など名だたる美術史・彫刻史研究者がそれぞれ短文を寄せている。紙幅が尽きたので詳述しないが、中でも野間清六と西川新次の文章には、明らかに和辻の影響が感じられる[28]。学説史にはあらわれない和辻の重層的な影響力も適切に評価する必要がある。

科学的な調査方法が次々に新しい成果を生み、機能論など新たな視点も加わって、美術史研究は近年ますます多様化している。宗教史や思想史など多様な方法論や成果をどのように取り入れるのか。その中で、これからの仏教美術史は何をどのように問うべきなのか。その目的と方法、可能性をあらためて問おうとする時、和辻の著作には、あらためて読み返すべき固有の価値があるように思われる。

（1）『古寺巡礼』は大正八年（一九一九年）五月、岩波書店刊。大正十三年（一九二四年）及び昭和十四年（一九三九年）に部分的に修正され、同二十一年（一九四六年）全面的に改訂された（詳細は『初版古寺巡礼』筑摩書房、二〇一二年所収の衣笠正晃による解説を参照）。本稿における『古寺巡礼』からの引用はすべて初版（実見し得たのは大正八年六月十日発行の「三版」）による。『日本精神史研究』は大正十五年（一九二六年）十月、岩波書店刊。昭和十五年（一九四〇年）に改訂版が刊行されている。同書からの引用もすべて初版によるが、改訂版も参照して一部の字句を〔　〕で補った。また、両書に限らず文献の引用にあたっては、旧字体を新字体にあらためた。

(2) 矢代幸雄「日本美術の再検討(三)」(『芸術新潮』九巻三号、新潮社、一九五八年)。

(3) 上原昭一編『飛鳥・白鳳彫刻』(『日本の美術』二一、至文堂、一九六八年)。浅井和春「仏像と近代」(東京国立博物館編『特別展　大和古寺の仏たち』日本テレビ放送網、一九九三年、所収)。

(4) 鈴木廣之「和辻哲郎『古寺巡礼』――偏在する「美」」(『美術研究』三七九、東京文化財研究所、二〇〇三年)。

(5) 『大和古寺巡歴』は昭和五十一年(一九七六年)、有信堂高文社刊。「西の京」を補うなどして平成元年(一九八九年)に講談社より再刊(講談社学術文庫)。

(6) 鈴木敬「序」(町田甲一先生古稀記念会編『論叢仏教美術史』吉川弘文館、一九八六年、所収)。

(7) 『亀井勝一郎全集』九(講談社、一九七一年)。以下、『大和古寺風物誌』からの引用はすべて同書による。なお、『大和古寺風物誌』は昭和十八年(一九四三年)に天理時報社から刊行され、同二十年(一九四五年)十二月に養徳社より改訂増補版が刊行された。

(8) 井上政次『大和古寺』(日本評論社、一九四一年)。

(9) 近代における仏像に対する見方の変化とその後の変遷については、山名伸生「仏像と日本の近・現代」(『中国21』四七、愛知大学現代中国学会、二〇一八年)、碧海寿広『仏像と日本人――宗教と美の近現代』(中央公論新社、二〇一八年)に詳しい。

(10) 博物館制度の存在が『古寺巡礼』の成立条件になっていることは、鈴木がすでに指摘している(前掲注(4)鈴木廣之論文)。

(11) おそらく「二十五菩薩来迎図」は和歌山・高野山有志八幡講十八箇院本、「山越の弥陀」は、京都・禅林寺本を指す。いずれも高山樗牛「日本美術史未定稿」(『樗牛全集』一、博文館、一九〇四年、所収)に、延喜以後、恵心僧都の作として取り上げられている。
(12) 田島志一編『真美大観』七(日本真美協会、一九〇二年)。「筆者不詳 阿弥陀三尊図」(『国華』一六七、国華社、一九〇四年)。田島志一編『東洋美術大観』一(審美書院、一九〇八年)。内務省編『特別保護建造物及国宝帖』解説(審美書院、一九一〇年)。
(13) 東京美術学校編『法華寺大鏡』二・三冊(『南都七大寺大鏡』五〇・五一集(西大寺大鏡別集)、南都七大寺大鏡発行所、一九二六年)。
(14) 源豊宗「来迎の芸術」(『仏教美術』二、仏教美術社、一九二五年)。望月信成「日本浄土教芸術の概観(三)」(『仏教考古学講座』一二、雄山閣出版、一九三七年、所収)。大串純夫「来迎芸術論(三)」(『国華』六〇四、国華社、一九四一年)。
(15) 亀田孜「法華寺阿弥陀三尊画像の意想(一)」及び「同(二)」(『大和文華』二〇・二二、大和文華館、一九五六年・一九五七年)。
(16) 『大和古寺大観』五(岩波書店、一九七八年)。『特別展覧会 王朝の仏画と儀礼 善をつくし美をつくす』(京都国立博物館、一九九八年)。『日本美術全集』八(小学館、二〇一五年)。いずれも当該作品の作品解説を参照。
(17) 中野玄三『来迎図の美術』(同朋舎出版、一九八五年)。
(18) 山本陽子「法華寺蔵阿弥陀三尊及童子図の使途に関する一考察」(『美術史研究』三〇、早稲田大学美術史学会、一九九二年)。安藤香織「来迎図の尊像構成と迎講に関する一考察――法華寺本菩薩・童子幅を中心に」(『MUSEUM』六二五、東京国立博物館、二〇一〇年)。
(19) 渡辺和靖「和辻哲郎の構想――世界のなかの日本」(玉懸博之編『日本思想史 その普遍と特殊』ぺりかん社、一九九七年、所収)。
(20) 加藤周一「解説 作品・方法・感受性および時代」(『日本精神史研究』岩波書店、一九九二年、所収)。

(21) 例えば、文化庁協力『国宝事典』第四版(便利堂、二〇一九年)六九―七〇頁。
(22) このノートは序論のみ『和辻哲郎全集』別巻一(岩波書店、一九九二年)に収録される。
(23) 引用は国立国会図書館がウェブサイトで公開しているデジタル写真による。以下同じ。
(24) いわゆる「抄物書き」(聖教等に用いられる略字)で、「菩薩」を「𦬇」、「菩提」を「𦬆」と略すのが一般的だが、ここでは明らかに「菩薩」の略字として「𦬆」が用いられている。
(25) 法隆寺金堂と東大寺戒壇堂の四天王像の表現の違いについて、現在の美術史研究も、それぞれの時代の四天王に対する信仰のあり方の変化、四天王が担っていた役割の相違によって説明する(長岡龍作『日本の仏像――飛鳥・白鳳・天平の祈りと美』中央公論新社、二〇〇九年)。
(26) 『全集』別巻一はKunstwollenに「芸術衝動」との訳語を与えるが、和辻自身は「芸術意志」と訳している(「東洋美術の「様式」」『続日本精神史研究』岩波書店、一九三五年、所収)。
(27) 林温「はじめに――日本美術史における「様式」の問題」及び「あとがき」(『様式論――スタイルとモードの分析』(『仏教美術論集』一)竹林舎、二〇一二年、所収)。
(28) 西川が仏像に興味を持ったのも「和辻哲郎の『古寺巡礼』の名文に刺戟されたから」だという(西川新次「読書遍歴――少・青年時代のころ」『三色旗』三一二、慶応通信、一九七四年)。

〔挿図出典〕
図1:『奈良六大寺大観』四(岩波書店、一九七一年)。
図2:『大和古寺大観』五(岩波書店、一九七八年)。
図3:『入江泰吉写真集　新撰大和の仏像』(集英社、一九八八年)。
図4:『奈良六大寺大観』二(岩波書店、一九六八年)。
図5:『奈良六大寺大観』一〇(岩波書店、一九六八年)。

あとがき

本書の刊行に至るまで、いくらか曲折を経て来たので、無事に刊行の目途が立った今、心の重荷を一つ降ろした思いでいる。

本書の企画が最初に持ち上がったのは、二〇一四年三月のことであった。当時、年二回ほど開かれていた「ネットワーク日本哲学」の研究会に参加した際、あとの酒席で、同研究会の主催者の一人である宮野真生子さんのご著書『なぜ、私たちは恋をして生きるのか』を出版されたナカニシヤ出版の米谷龍幸さんとお話をする機会を得た。酒が入っていたこともあり、そこに至る会話の流れをいま思い出すことはできないが、私のほうから「和辻ブームも広まっているようで、ナカニシヤ出版さんで『甦る和辻哲郎』に次ぐ和辻の本を出されるとよいのではないか」と持ちかけたのだと思う。米谷さんの快い返事を得て、言い出した責任上、まずは私が企画書を書くこととなった。

総合的な和辻論として、外すことのできないテーマを絞りつつ、それを誰に書いてもらうか、なかば個人的な妄想のように思いをめぐらせるのは、なかなかに楽しい作業であった。面識の有無にかかわらず、「このテーマならこの人」と配置をしてゆき、全体の構想ができあがった段階で、面識のない方々には、字義そのままの乱筆ではあるが、自分なりの思いを込めて企画への協力を依頼する直筆の手紙をお送りした。

その中で、いま和辻の仏教論を依頼するならばこの人、と思い描いたのが、当時愛媛大学法文学部に着任したばかりの杉本耕一さんであった。新設された京都大学文学部日本哲学史研究室から次世代の西田研究者が台頭したことを感じさせる充実したご活躍ぶりで、ひとりひそかな注目を寄せ、公刊された論文があれば目を通すようにしていた。その頃は、ちょうど博士論文を基に『西田哲学と歴史的世界』（京都大学学術出版会）を出版された直後で、しかも一方では、近代哲学にとどまらず、道元論なども公にされていた時期であった。「この人の和辻論を読んでみたい」という個人的な動機から発せられたものではあったが、必ずや学界に裨益するものになるはずだとの確信はむろんあり、何の面識もないまま乱筆の私信をいきなり送り付けたのである。ほどなくして、「仏教学の専門家ではないのですが」と前置きしつつも非常に意欲的な返信をメールでいただき、研究室でひとり快哉のガッツポーズを決めたことを思い出す。

他方、美術史や近代文学に関しては相応の見識が自分にないため、同期の畏友吉田真樹に協力を仰いでふさわしい人を探してもらい、佐藤淳一さん、原浩史さんにご寄稿いただけることとなった。おおよそ執筆の内諾が得られたところで、顔合わせも兼ねて、法政大学図書館で管理されている和辻文庫を見学に訪れたのが、二〇一五年九月のことであった。その晩、神楽坂の居酒屋で共に酒を酌み交わしたことも、忘れがたい思い出である。

米谷さんの了解を得て正式な原稿依頼を済ませたあとの二〇一六年四月、杉本さんが亡くなられた。不整脈による突発的な出来事だったそうである。期待していた和辻論も読むことが叶わず、将来の学界の損失も計り知れないものではあったが、何よりも、あの謙虚で実直なお人柄に再び接する機会を突如奪われたことに胸を衝かれる思いであった。本書の企画も、いったんは頓挫を余儀なくされた。

その後の話し合いで、和辻の仏教論に関しては、もともと別のテーマでご寄稿いただく予定だった頼住光子さんに担当を代わっていただけることとなり、また、西田研究を通じて杉本さんと関わりの深かった板橋勇仁さんにも、畏敬すべき気鋭の研究者への弔意を込めて原稿をお寄せいただけることとなった。こうして企画の立て直しを図るさなかで、編者を務める自分が勤務先を移ることとなり、身辺慌しく、思うようにことが進められなかったのは、なんとも面目次第のないところである。

刊行に向けて再スタートを切った矢先の二〇一九年七月、今度は本書の生まれる機縁であった宮野真生子さんの訃報に驚かされることとなった。活動的で顔の広い宮野さんゆえに、本書の執筆陣にもよしみのあった者が多い。自分としても、本書が刊行された折には、まずもって喜んで下さるはずの一人に、当然のように数えていた。

実のところ、杉本さんが亡くなられる直前、本書の企画とは別に、高等教育に関わる大学教員としての業務でもつながりを持つようになっていたために、突然のことであった杉本さんの訃報を比較的早い段階でその関係から聞き及び、同じ日本哲学史研究室のご出身である宮野さんにお伝えしたのが私であった。常に笑顔を絶やすことのない宮野さんであったが、自分の心に深く残っているのは、電話口で絶句された、この時の沈痛なお姿である。よもや、その宮野さんの訃報を聞くことになるとは。間に合わせることができなかったのは、痛恨と言うほかない。

宮野さんが企画編集に携わった「愛・性・家族の哲学」シリーズの編集を担当されたナカニシヤ出

版の石崎雄高さんに改めて編集の任を引き継いでいただき、ともかくもここまで漕ぎつけることができた。本書の刊行にご協力いただいたすべての方に感謝申し上げるとともに、杉本さん、宮野さんにあらためて心から哀悼の意を表し、本書を捧げたい。

木村純二

＊本書は科学研究費基盤研究Ｂ（研究課題番号17H02260）の研究成果の一部である。

飯嶋裕治（いいじま・ゆうじ）
1975年生まれ。東京大学大学院総合文化研究科博士課程満期退学。倫理学理論，近代日本思想史専攻。九州大学基幹教育院准教授。博士（学術）。『和辻哲郎の解釈学的倫理学』（東京大学出版会，2019年），他。
〔担当〕第六章

板東洋介（ばんどう・ようすけ）
1984年生まれ。東京大学大学院人文社会系研究科博士課程単位取得満期退学。日本倫理思想史・日本近世思想史専攻。皇學館大学文学部准教授。博士（文学）。『谷崎潤一郎』（清水書院，2020年），『徂徠学派から国学へ——表現する人間』（ぺりかん社，2019年，第41回サントリー学芸賞〔思想・歴史部門〕受賞，第14回日本思想史学会奨励賞受賞），「荻生徂徠と芸道思想」（『思想』No.1112，2016年），他。
〔担当〕第七章

頼住光子（よりずみ・みつこ）
1961年生まれ。東京大学大学院人文科学研究科博士課程修了。倫理学・日本倫理思想史・比較思想専攻。東京大学大学院人文社会系研究科教授。博士（文学）。『さとりと日本人』（ぷねうま舎，2017年），『正法眼蔵入門』（角川ソフィア文庫，2014年），『道元の思想』（NHK出版，2011年），他。
〔担当〕第八章

＊吉田真樹（よしだ・まさき）
1971年生まれ。東京大学大学院人文社会系研究科博士課程修了。倫理学・日本倫理思想史専攻。静岡県立大学国際関係学部准教授。博士（文学）。『平田篤胤——霊魂のゆくえ』（講談社学術文庫，2017年，日本倫理学会和辻賞〔著作部門〕受賞），『定本葉隠〔全訳注〕上・中・下』〔監訳注〕（ちくま学芸文庫，2017年），「光源氏の存在の基底について」（『思想史研究』4号，2004年），他。

〔担当〕第九章

原浩史（はら・ひろふみ）
1981年生まれ。東北大学大学院文学研究科博士後期課程単位取得満期退学。日本仏教彫刻史専攻。慶應義塾志木高等学校教諭。博士（文学）。「広隆寺講堂阿弥陀如来坐像の願意と造立年代」肥田路美編『古代寺院の芸術世界』（竹林舎，2019年），「興福寺蔵旧山田寺仏頭再考」（『仏教芸術』322号，2012年），「東寺講堂諸像の機能と『金剛頂経』」（『美術史』166冊，2009年），他。
〔担当〕第十章

▦執筆者紹介（執筆順，＊は編者）

＊木村純二（きむら・じゅんじ）
1970年生まれ。東京大学大学院人文社会系研究科博士課程修了。倫理学・日本倫理思想史専攻。東北学院大学文学部教授。博士（文学）。『折口信夫――いきどほる心』（講談社学術文庫，2016年），和辻哲郎『日本倫理思想史㈠～㈣』〔註・解説〕（岩波文庫，2011-12年），「恋の思想史――『源氏物語』の到達点」（『季刊日本思想史』第80号，2012年），他。

〔担当〕はじめに，第二章，あとがき

佐藤淳一（さとう・じゅんいち）
1973年生まれ。東京大学大学院人文社会系研究科博士課程修了。日本近現代文学専攻。和洋女子大学人文学部准教授。博士（文学）。『谷崎潤一郎――型と表現』（青簡舎，2010年），「解題」『決定版谷崎潤一郎全集』（中央公論新社，第九巻・第十四巻，2016・2017年），「蒼穹答へず」（『太宰治研究』21，2014年），他。
〔担当〕第一章

藤村安芸子（ふじむら・あきこ）
1971年生まれ。東京大学大学院人文社会系研究科博士課程修了。倫理学・日本倫理思想史専攻。駿河台大学スポーツ科学部教授。博士（文学）。『石原莞爾――愛と最終戦争』（講談社学術文庫，2017年），『仏法僧とは何か――『三宝絵』の思想世界』（講談社，2011年），「古代日本における愛と結婚――異類婚姻譚を手がかりとして」藤田尚志・宮野真生子編『愛――結婚は愛のあかし？』（ナカニシヤ出版，2016年），他。
〔担当〕第三章

板橋勇仁（いたばし・ゆうじん）
1971年生まれ。上智大学大学院哲学研究科博士課程修了。近現代日本哲学・近代ドイツ哲学専攻。立正大学文学部教授。博士（哲学）。『底無き意志の系譜――ショーペンハウアーと意志の否定の思想』（法政大学出版局，2016年），『歴史的現実と西田哲学――絶対的論理主義とは何か』（法政大学出版局，2008年），『西田哲学の論理と方法――徹底的批評主義とは何か』（法政大学出版局，2004年），他。
〔担当〕第四章

宮村悠介（みやむら・ゆうすけ）
1982年生まれ。東京大学大学院人文社会系研究科博士課程修了。倫理学・倫理思想史専攻。愛知教育大学教育学部講師。博士（文学）。「カント倫理学と徳の理念の問題」（『日本カント研究』第20巻，2019年），「個体であることの孤独について――人格の倫理学のために」（『実存思想論集』XXXI，2016年），「理想論の倫理学的射程――人格の倫理学のために」（『日本カント研究』第14巻，2013年，日本カント協会濱田賞受賞），他。
〔担当〕第五章

和辻哲郎の人文学

2021年３月28日　初版第１刷発行

編　者　木村純二
　　　　吉田真樹
発行者　中西　良

発行所　株式会社　ナカニシヤ出版

〒606-8161　京都市左京区一乗寺木ノ本町15
TEL（075）723-0111
FAX（075）723-0095
http://www.nakanishiya.co.jp/

印刷・製本／亜細亜印刷

ISBN978-4-7795-1540-8 Printed in japan